シリーズ統合的認知 第　巻

横澤一彦 ［監修］

身体と空間の表象
Representation of body and space

行 動 へ の 統 合

横澤一彦

積山 薫

西村聡生

勁草書房

シリーズ統合的認知

　五感と呼ばれる知覚情報処理過程によって，われわれは周囲環境もしくは外的世界についての豊富で詳細な特徴情報を得ることができる。このような，独立した各感覚器官による特徴抽出を踏まえて，様々な特徴や感覚を結び付ける過程がわれわれの行動にとって最も重要である。このシリーズでは，このような統合処理までの認知過程を総称して，「統合的認知」と呼ぶことにする。この統合的認知に至る過程が，単純な行動に限らず，思考や感情の形成にとっても重要であることは間違いないが，そもそも「認知」とは統合的なものであると考えるならば，わざわざ「統合的」という限定を加えることに，違和感を感じる方がいるに違いない。これは，認知過程を解明するために，旧来の脳科学や神経生理学で取組まれている要素還元的な脳機能の理解には限界があり，認知心理学的もしくは認知科学的なアプローチによって，人間の行動を統合的に理解することの必要性を強調しなければならないと感じていることによる（横澤，2010，2014）。たとえば，統合失調症における「統合」が，思考や感情がまとまることを指し示し，それらがまとまりにくくなる精神機能の多様な分裂，すなわち連合機能の緩みを統合失調症と呼ぶならば，統合的認知における「統合」と共通した位置づけとなる。統合失調症における明確な病因は確定されておらず，発病メカニズムが不明なのは，統合的認知という基本的な認知メカニズムが明らかでない状況と無縁ではないだろう。

　もちろん，要素還元的な脳機能の解明の重要性を否定しているわけではない。ただ，たとえば線分抽出に特化した受容野を持つ神経細胞が，線分抽出という特徴抽出過程において機能しているかどうかを知るためには，個別の神経細胞を取り出して分析するだけでは不十分であることは明白であろう。また，脳機能計測によって，特定の部位の賦活が捉えられたとしても，それがそのときの外的な刺激だけで誘発される可能性は必ずしも高くない。常に他の部位の賦活との関係も考慮しなければならず，その部位の機能を特定することは一般に難

しいはずである。要素還元的な脳機能の理解だけが強調されれば，このような認知に関する実験データの基本的な捉え方さえ，忘れがちになることを指摘しておく。

　一方，わざわざ新たに「統合的認知」と呼ぶのであれば，これまで認知機能の解明を目指してきた，旧来の認知心理学もしくは認知科学的なアプローチと差別化を図らなければならないだろう。ただし，現状では明確な差別化ができているとは言いがたい。そもそも，認知心理学もしくは認知科学的なアプローチは，典型的な脳科学や神経生理学におけるアプローチに比べれば，いわゆるメタプロセスに相当する認知過程の解明を担ってきたはずであり，そのようなメタプロセスの解明に用いられてきた洗練された科学的実験手法は，「統合的認知」を扱う上でも必要不可欠である。すなわち，フェヒナー（Fechner）以降に，精神物理学，実験心理学，さらに認知心理学の中で確立されてきた手法は，人間の行動を科学的に分析する際には今後共欠かすことができない。まずは，このような手法を否定している訳ではなく，「統合的認知」においても前提となっていることを忘れてはならない。

　その上で，統合的認知に取り組む意義を示す必要があるだろう。そこでまず，認知心理学における典型的なアプローチを例にして説明を試みたい（横澤，2014）。ある機能なり，現象なりに，ＡとＢという２つの要因が関与しているかどうかを実験によって調べる場合に，ＡとＢという要因以外のアーティファクトを統制した実験計画によって得られた実験データが，統計的に主効果と交互作用が有意であるかどうかを検定する。もし２つの主効果がそれぞれ有意であれば，図１（a）のようなそれぞれのボックス，交互作用が有意であれば，図１（a）の矢印で示すような関係で表すことができる。すなわち，ボックスは，ＡもしくはＢという要因に関わる処理過程の存在，矢印は，２つの要因同士が影響し合っていることを示している（交互作用だけでは，矢印の向きは分からないので，ここでは模式的に因果関係を示しているに過ぎない）。このとき，検定で使用する統計的な有意水準は，多くの場合，被験者の分散によって設定される。すなわち，個人差による変動を差し引いた平均像のモデルの妥当性に関する検定であり，すべての被験者に当てはまるモデルであることを保証しているわけではない。このようなボックスモデルでも，脳科学や神経生理学における多く

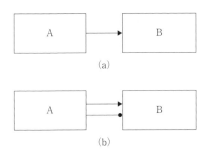

図1　2つの処理と接続関係（横澤，2014 を改変）

　の先端的な研究を先導してきたことは明らかである。すなわち，図1（a）の
ボックスや矢印が，神経細胞やシナプス結合に置き換えられることが分かれば，
脳の中の実体としての存在証明ができたことになるからである。極言すれば，
行動との対応関係を示す認知心理学的実験データの存在があってはじめて，脳
科学や神経生理学の研究は科学的になりうる場合が少なくない。

　これに比較して説明することで，「統合的認知」のアプローチとして強調し
たい点を明らかにできると考えている。図1（b）のように，2つの要因に関わ
る処理過程の間には，実は2種類の結合があると仮定してみる。両結合は逆作
用を持ち，一般的な記法に従って，矢印は興奮性結合，丸印は抑制性結合を表
しているとする。もし抑制性結合が弱ければ，現象として把握できるのは興奮
性結合の存在であり，図1（b）は図1（a）と区別がつかないことになる。一方，
興奮性結合と抑制性結合が拮抗していれば，お互いの作用が打ち消し合い，現
象として矢印や丸印の存在，すなわち交互作用を確認することが難しくなり，
AとBという両要因の独立性だけが確認されることになる。すなわち，交互作
用の有無は，各要因に関わる処理過程間の接続関係の有無を証明している訳で
はなく，興奮性結合と抑制性結合とのバランスの個人差を反映しているのに過
ぎないかもしれないのである。これは，統計的検定結果を安易に拡大解釈する
ことの危険性を指摘したい訳ではなく，単純な図式を前提とする典型的な認知
心理学的アプローチでは見逃されやすい，隠れた接続関係や個人差にも着目す
ることの重要性を，統合的認知では強調したいのである。

　図1 (b) から，ニューラルネットワーク研究（Rumelhart et al., 1987）との整合性を感じる方もいるに違いない。PDPといわれる並列分散処理アプローチの基本は，図1 (b) の関係を階層的な並列モデルで説明しようとしたが，残念ながら脳科学や神経生理学を先導した研究は多くないと思われる。もし，ランダムに接続されたネットワークが，興奮性結合と抑制性結合の加重を学習することにより，目的とする情報処理が実現できることを証明したとしても，それは偶然の産物として局所解を得たに過ぎず，そこから脳科学や神経生理学全体を先導するような予測を生み出すことができるわけではなかったからなのかもしれない。統合的認知では，ランダムに接続されたネットワークから解を模索するのではなく，これまで進化の過程で蓄積された構造を基盤にしながら，明示的ではない要因や接続関係も考慮した総合的な理解を目指すことになる。たとえば，個人差に影響を及ぼす発達過程や文化なども考慮に入れた議論が必要になってくる。

　もう1つ，統合的認知の特徴に加えなければならないが，それは「行動」の定義が変わりつつある現状を反映している。たとえば，自分の体をできるだけ動かさないように，静止状態を保っていることを想像してほしい。このような体中微動だにしない状態は，一般には行動が観察できない状態ということになるだろう。もちろん，その場合でも基礎代謝があり，呼吸をし，心臓の鼓動で血液の循環が行われている。基礎代謝は一般には行動に含めないので，これまでの定義では観察できる行動がないことになる。しかし，脳機能計測の発展により微動だにしない体でも，脳活動という「行動」が精密に観察できるようになった。fMRIなどの脳機能計測は，基本的には体が微動だにしないように拘束することが前提で，脳活動が測定されている。注意や意識などの内部プロセスが認知心理学の主要なテーマになりつつあるのは，このような最先端実験機器の開発による「行動」の定義の変容と無関係ではない。もちろん，例えば注意という行動を旧来の定義でも観察することは可能である。しかし，脳内の活動という内部プロセスを含めて考えれば，外に現れる行動だけを扱っているだけでは分からない真実が明らかになるかもしれない。歴史的にみれば，行動主義心理学に比べて，内的過程も扱うことに認知心理学の特徴があったので，この点で違和感を感じる方も少なくないかもしれない。しかしながら，認知心理

表1 典型的な認知心理学と統合的認知の心理学の比較

	典型的な認知心理学	統合的認知の心理学
行動の定義と位置付け	統制された外的行動の観察による内的過程の推定	観察された内部処理過程を含めた「行動」
各処理過程の結合関係の同定	検定によって，結合の有無を判断	結合が前提で，バランスの変動として理解
個人差の取扱い	個人差を基準に，要因内の差異を検定	個人差を生じさせる要因が，研究目的の1つ

　学において扱われてきた行動の大半は，正答率と反応時間という外的行動であったわけで，これに脳活動も行動に含めると考えれば，ある種のパラダイムシフトが生じるはずである。すでに，先端的な認知心理学研究は，脳機能計測の結果をうまく融合させて進められており，「統合的認知」においても，それを追認しているに過ぎない。ただし，上述したように，先端的な脳機能計測は，要素還元的な分析に陥り易いことをあらためて指摘しておきたい。

　以上をまとめると，表1のように表すことができる。

　まず，行動の定義と位置付けについて，典型的な認知心理学においては統制された外的行動の観察による内的過程の推定をしてきたが，統合的認知の心理学では，客観的に観察された内部処理過程を含む「行動」としての理解を試みる。このとき，神経生理学や脳科学との連携が必須であるが，要素還元的な理解ではなく，脳情報処理過程全体としての理解を目指す。次に，各情報処理過程の結合関係を同定するにあたり，典型的な認知心理学においては，検定によって，結合の有無を判断してきたが，統合的認知の心理学では結合が前提で，相反する結合のバランスが実験条件や個人差による変動を生じさせると理解する。また，個人差の取扱いについて，典型的な認知心理学においては，個人差を基準に，要因内の差異を検定してきたが，統合的認知の心理学では個人差を生じさせる要因が，研究目的の一つとなる。

　そこで，いくつかの研究課題に分けて，統合的認知に関する研究を整理したい。具体的には，注意（Attention），オブジェクト認知（Object perception），

身体と空間の表象（Representation of body and space），感覚融合認知（Transmodal perception），美感（Aesthetics），共感覚（Synesthesia）というテーマである。このような分け方をすること自体，要素還元的な研究だというご批判もあると思う。しかし，それぞれのテーマの詳細を知っていただければ，そのような批判には当たらないことを理解していただけると思う。

　「注意」とは，視覚でいえば色彩や動きなど，様々な特徴の選択と統合に関わる機能を指している。1980 年に特徴統合理論（Treisman & Gelade, 1980）が発表されてから，視覚的注意の機能は特徴を統合することにあるという側面が取り上げられ，ここ 30 年間で最も研究が進んだ認知心理学における研究テーマであろう。すでに多様な現象が発見され，脳内の様々な部位の関与が明らかになっており，脳内にただ 1 つの注意の座が存在するわけではなかった。また，注意という機能は，視覚に限らず，他の感覚でも存在する。いずれにしても，統合的認知の基本機能が注意ということになろう。

　「オブジェクト認知」とは，日常物体，顔，文字などのオブジェクト（Object）の認知過程と，そのようなオブジェクトが配置された情景（Scene）の認知過程を指している。ここで扱われるオブジェクトとは，脳内の情報処理単位を意味する。Marr（1982）は，計算論的なアプローチにより，オブジェクトの統合的理解に取り組んだ。階層的な処理過程によって，段階をおって構成要素を組み立てることを仮定しているので，構造記述仮説とも呼ばれたが，まさに統合的認知そのものを想定していたといえる。ただし，構成要素の単なる集合体がオブジェクトではないし，オブジェクトの単なる集合体が情景ではない。オブジェクトに関しても，情景に関しても，脳内の表象について議論が続けられている。

　「身体と空間の表象」とは，自分の身体や外的世界を把握し，行動へと統合するための表象を指している。自己受容感覚により，目をつぶっていても，自分の身体の位置は把握できる。しかしながら，ゲームに没頭し，登場人物と自分が一体化しているときに，目をつぶっていたときに感じたのと同じ位置に自分の身体を感じているだろうか？　また，自分を取り巻く空間を理解するときにはいくつかの軸を手がかりにしているはずである。重力を感じることができれば上下軸，自分の顔などの前面が分かれば前後軸も手がかりになるに違いな

い。身体と空間の表象は行動の基本であり，当たり前と思うかもしれないが，これらに関する研究が本格的に取り上げられたのは，比較的最近である。

「感覚融合認知」とは，視聴覚や視触覚などの多感覚統合による理解過程を指している。五感それぞれの感覚受容器（すなわち視覚なら目，聴覚なら耳）から得られた情報は，脳内の初期段階でも独立して処理されていることが知られている。しかし，最後までまったく独立な処理ではお互いの時空間的な同期が取れず，的確な行動につながるような解に結びつかないだろう。また，それぞれの感覚受容器の利点を活かし，弱点を補うことで，それぞれが不完全な情報でも，妥当な結論を導く必要がある。一般的には，マルチモーダル認知，クロスモーダル認知などと呼ばれ，感覚間の相互作用の研究を指すことが多いかもしれないが，各感覚から切り離され，感覚融合された表象が行動の基本単位となっている可能性までを視野に入れるべきだろうと思う。

「美感」とは，知覚情報を元に，生活環境や文化との統合で生まれる美醜感覚形成過程である。自然や異性ばかりではなく，絵画や建築物などの人工物に対する美感について，誰しも興味は尽きないだろう。フェヒナー以降，実験美学の研究が進められてきたが，最近になって，認知心理学と再融合された研究テーマとして，美感科学（Aesthetic science）を標榜する研究が現れてきた（Shimamura & Palmer, 2012）。美を科学的に扱えるのかという点で根本的な疑問を持たれる方も少なくないと思うが，五感を通して得られた情報が，環境や文化などに関わる経験として脳内に蓄積された情報と干渉し，統合されることで美感が紡ぎだされているとすれば，まさに統合的認知において重要な研究テーマとなる。

「共感覚」とは，実在しないにも関わらず，脳が紡ぎだす多様な感覚統合過程である。すなわち，1つの感覚器官の刺激によって，別の感覚もしくは特徴を知覚する現象であり，ごく一部の人だけが経験できる現象である（Cytowic & Eagleman, 2009）。音を聞いたり，数字を見たりすると，色を感じるなど，様々なタイプの共感覚が存在するが，その特性や生起メカニズムが科学的に検討され始めたのは比較的最近であり，脳における構造的な近接部位での漏洩など，様々な仮説が検討されてきた。ただ，共感覚は脳内の処理過程で生じる現象として特殊ではなく，共感覚者と非共感覚者という二分法的な見方をするべ

きではないかもしれない。

　統合的認知は上述の 6 研究テーマに限られることを主張している訳ではなく，今後新たな研究テーマも生まれ，それぞれが拡大，発展していくだろう。今回，6 研究テーマを取り上げたのは，極言すれば自分自身の現時点での学術的な興味を整理したに過ぎない。2008 年以降，いずれの研究テーマにも取組んでおり，その頭文字をとって AORTAS プロジェクトと名付けている。AORTAS という命名には，各研究テーマの解明が「大動脈（aortas）」となって，「心」の科学的理解に至るという研究目標が込められている。最終的に，統合的認知という学問大系が構築されるとすれば，いずれもその端緒として位置づけられるかもしれない。各研究テーマには膨大な研究データが日々蓄積される一方，あまりにもたくさんの研究課題が残されていることにたじろいでしまう。それでも，各研究テーマにおいていずれも最先端で活躍されている研究者に著者として加わっていただき，6 研究テーマの学術書を個別に出版することになったことはよろこびにたえない。シリーズとしてまとまりを持たせながら，各分野に興味を持つ認知心理学や認知科学専攻の大学院生や研究者のための必携の手引書として利用されることを願っている。

横澤一彦

引用文献

Cytowic, R. E., & Eagleman, D. M.（2009）. *Wednesday Is Indigo Blue: Discovering the Brain of Synesthesia*. The MIT Press（サイトウィック，R. E. イーグルマン，D. M. 山下篤子（訳）（2010）. 脳のなかの万華鏡：「共感覚」のめくるめく世界　河出書房新社）

Marr, D.（1982）. *Vision: A Computational Investigation into the Human Representation and Processing of Visual Information*. W. H. Freeman and Campany（マー，D. 乾敏郎・安藤宏志（訳）（1987）. ビジョン：視覚の計算理論と脳内表現　産業図書）

Rumelhart, D. E., McClelland, J. L., & the PDP Research Group（1987）. *Parallel Distributed Processing -Vol. 1*. MIT Press（ラメルハート，D.E., マクレランド，J. L., PDP リサーチグループ 甘利俊一（監訳）（1988）. PDP モデル：認知科学とニューロン回路網の探索　産業図書）

Shimamura, A., & Palmer, S. E.（2012）. *Aesthetic science: Connecting Minds, Brains, and Experience*. Oxford University Press.

Treisman, A. M., & Gelade, G. (1980). A feature-integration theory of attention. *Cognitive Psychology*, **12**, **1**, 97-136.

横澤一彦 (2010). 視覚科学　勁草書房.

横澤一彦 (2014). 統合的認知　認知科学, **21**, **3**, 295-303.

はじめに

　認知とは，外界にある対象を知覚した上で，それが何であるかを判断したり解釈したりする過程であるが，その最終的な目的は外界に対して生存のために素早く適切な行動を遂行することである。もし何らかの対象を判断したり解釈したりする必要がなくても（極端にいえば，外界に何も存在しなくても），五感を通じて外界から我々に与えられた入力刺激は，様々な脳内処理過程において変換され，認知主体，もしくは認知主体を取り巻く環境についての表象としてまとめ上げられる。認知主体に関する表象が身体表象であり，認知主体を取り巻く環境に関する表象が空間表象である。すなわち，認知主体とそれを取り巻く環境が，身体表象や空間表象として統合されることを基盤として，外界にある対象を知覚した上で，素早く適切な次の行動が計画されることになる。本書では，このような統合的認知の1つの側面として，刺激の受容から身体表象や空間表象が形成される過程で生じる様々な現象を取り上げる。

　まずは身体表象に関して，我々の身体の各部に対応する脳内地図が大脳皮質において統合され，身体表象として形成されていることが知られている。カナダの脳外科医 Penfield らはてんかん患者の手術部位を決めるために，患者の大脳皮質を電気刺激し，運動野や体性感覚野と身体部位との対応関係をまとめた（Penfield & Boldrey, 1937）。身体の各部分の大きさが，大脳皮質運動野の対応領域の面積に比例するように描かれた結果，実際の身体形状に比べてとてもゆがんでおり，たとえば親指，顔，舌などが異常に大きい。このような各部の大きさに基づいて書かれた身体像が Penfield のホムンクルス（Homunculus, ラテン語でこびとの意）と呼ばれる。Penfield のホムンクルスの特徴は，体の表面積と脳の対応部分の面積は比例しないが，体の隣接する部分は大脳皮質でも隣接するように配置されている点である。大脳皮質の中心溝をはさんで両側にある1次運動野と1次体性感覚野は，ほぼ対称に配置されており，体の下の部

分は内側に，体の上の部分は外側に配置されており，体の左半分は右の大脳皮
質に，体の右半分は左の大脳皮質に対応部分を持っており，これらの配置を体
部位局在と呼ぶ。ただし，単に身体表象が投影されたスクリーンを見ているホ
ムンクルスを仮定するのでは，さらにホムンクルスの認知過程を調べなければ
ならず，結局のところ論理的錯誤に陥り，身体表象の問題を何も解決すること
はできない。脳は入力刺激を空間的，時間的に分散して処理しながら身体表象
を形成するので，運動野や体性感覚野などの脳の特定部位を選び出して，身体
表象として対応させることだけでは身体表象の問題は理解できたことにならな
いのである。また，自分自身の身体に限らず，人間の身体は外界に存在する他
のオブジェクトとは異なり，我々にとって常に特別な存在であり，たとえば芸
術作品において，男性や女性の身体に理想や道徳など，さまざまな意味が与え
られてきたが，脳内での身体表象に関わる心理現象についても，これまでに
様々な研究が行われている。

　四肢などの身体部分を喪失したときに起こる幻肢（Phantom Limb）という現
象は，失われた身体部分がいまだ現存するかのように感じられる錯覚である
（Ramachandran & Hirstein, 1998）。幻肢をもつ患者はそれを意図的に動かすこ
とができるというが，動かせない場合には非常に強い痛みを感じる。すなわち，
幻肢を経験するとき，派生症状として存在しないはずの手肢に痛みを感じるこ
とが多く，このような難治性の疼痛は幻肢痛（Phantom Pain）と呼ばれる。い
ずれにしても，幻肢という現象は，物理的に実在する身体とは必ずしも一致し
ない身体表象を我々が持ちうることを明らかにする。

　一方，空間表象とは，五感で階層的に処理された外的空間が脳内で統合され
た表象を指す。ただし，脳内の複数の領域で形成された様々な表象も空間表象
と呼び，上下，左右，前後の空間的広がりに関して，主にどの感覚系に依存し
た情報に基づくかによって，視空間，聴空間，触空間の表象として区別される。
動物種によって使われる主たる感覚は異なるが，人間では視覚系による空間把
握が優位になることが多いので，主に視空間の表象が空間表象と呼ばれること
が多い。視覚系は，網膜から後頭葉1次視覚野を経由し，二つの経路に分かれ
ることが知られている。一つは，頭頂連合野に至る背側経路であり，もう一つ
は側頭連合野に至る腹側経路である（Ungerleider & Mishkin, 1982）。特に，背

側経路は空間的な情報を処理する経路として，空間表象の形成を担う役割が非常に大きい。物体の詳細な形態や質感などを分析して，記憶を参照してその物体がどのようなカテゴリーに属するかの認知的判断を行なう腹側経路とは別経路が用意されている意味は大きい。

　空間表象に基づく知覚の成立に関しては，先験説と経験説との間に長い論争の歴史がある。空間が心の基本的なカテゴリーであることを示唆した Kant を代表とする，空間の概念がアプリオリなものと考えるのが先験説であり，外界の事物は触覚が教え導く（Touch teaches vision.）という Berkeley（1709）を代表とする，経験による感覚間の連合によって空間が獲得されると考えるのが経験説である。触覚優位の立場に立つ経験論者に対して，むしろ視覚が触覚を教育するのであって，その逆ではないという心理学的現象に基づく主張もある（Rock, 1966）。いずれにしても，知覚的空間性は様々な感覚が意識にのぼる上での固有の成立要件であるので，空間性のない視覚，聴覚，触覚などを想定することは通常困難であり，ある対象を知覚するということは，多くの場合空間内のある場所に定位されることを含んでいる。

　ここまで身体表象と空間表象を分けて論じてきたが，両者は独立に存在するわけではなく，お互いに依存関係を持っている。そもそも，上下，左右，前後という空間表象を形成する座標軸は，身体表象の座標軸が決まらない限り，確定できない相対的な座標軸であることは明白であろう。特に，身体の一部である手と頭は認知すべき空間の水先案内人としての重要な役割を担っていることが明らかになっている（積山, 1997）。Merleau-Ponty（1945）は，様々な身体経験の連合が空間的身体表象を形成するのではなく，身体表象を持つことが身体の空間的統一性だけでなく，世界と身体との有機的な関係を成立させると捉えた。たとえば，身体近傍空間（peri-personal space）と呼ぶ，自己の身体に近接した空間は，身体との関係が深く，外的空間との接触や衝突を避ける必要がある空間である。多感覚ニューロンは，身体のある部分に受容野を持ち，その受容野と近接した空間，すなわち身体周辺空間に視覚受容野を持つので，身体部位の動きにともなって視覚受容野が移動し，自己の身体を越えて手にもった道具の端にまで身体表象を拡張でき，身体と道具とを有機的につなぐ役割を持つことになる（Iriki, Tanaka, & Iwamura, 1996）。

　このような関連研究の歴史的経緯を踏まえ，本書では身体表象と空間表象を
めぐる研究の現状について概観しつつ，さらに掘り下げて考えてみたい。本書
は5章から構成されている。第1章はまず，主に手の表象に関して，心的回転
課題を中心に，心理学的な知見とその神経基盤について取り上げる。さらに，
身体近傍に呈示された視覚刺激が，触覚刺激と強い相互作用を引き起こすクロ
スモーダル一致効果で示されていることを明らかにし，運動前野や頭頂連合野
の部位のニューロンの可塑性から，道具の使用，腕の切断，変換された視野へ
の適応などによって身体表象が変化することが脳活動レベルでもとらえられる
ようになっていることが示される。第2章は，空間表象について検討する上で，
知覚と行為の相互作用を検討することは重要であるとの認識のもと，空間的特
徴共有に基づく刺激反応適合性を扱っている。たとえば左右に呈示される刺激
に対して左右の反応を行う場合，刺激と反応が同側にある方が逆側にあるより
も課題成績が良いという現象である空間的刺激反応適合性効果について，広範
にみられる頑健な現象の基本特性と生起メカニズム，および刺激と反応の表象
について説明している。第3章は，刺激反応適合性における左右の空間表象特
性について，上下の空間表象特性と対比させながら比較することで，上下と左
右では異なる身体表象の関与を示す知見を紹介する。第4章は，逆さメガネの
ような視野変換が，視覚と運動との関係を変換し，身体表象が空間知覚や視覚
行動に果たす役割を明らかにする。逆さメガネは，視野を逆さにするメガネで
あり，上下を逆さにするメガネでは，天井が下に，床が上に見え，左右を逆さ
にするメガネでは，自分の右手が身体の左側から出ているように見えるが，そ
の変換された空間に対する適応メカニズムに基づき，身体表象の可塑性につい
ても取り上げる。第5章は，身体知覚における錯覚として，身体歪み錯覚，ラ
バーハンド錯覚，幽体離脱体験を取り上げ，身体表象が視覚および自己受容感
覚から得られた情報に大きく影響されることを明らかにするとともに，人工物
や仮想現実感が得られる視覚環境であるにも関わらず，身体所有感を感じてし
まう現象から，身体表象における脳の高度な可塑性を知ることになる。
　第2章と第3章の関連は深いものの，それ以外の章は中心的な実験パラダイ
ムがそれぞれ異なり，独立しているので，どこから読み進めてもらっても構わ
ない。どの章においても，身体とその近傍空間は当然ながら最も身近な存在で

あるにも関わらず，不思議だと感じられる現象も少なくないことに気づかれるに違いない。ただし，身体表象と空間表象を考えるということは，我々人間の存在を確認するという深遠な研究テーマを含んでおり，すべて読み進んでもらうことで，身体表象と空間表象の両者を体系的に理解する指針となるだろう。

目　次

第1章　身体の表象

　自己身体の空間的状態を認知し，外界に対する適切な身体運動を導くためには，入ってくる感覚情報をボトム・アップに処理するだけでなく，自己身体に関する脳内の身体図式と関連づけることが重要であると考えられている。身体図式よりも一般的な表現としては，身体表象という語が使われる。身体図式の定義については，後述するように歴史的な変遷とともに現在でも諸説がある。

　身体図式（body schema）という語を用いた初期の研究者として知られているのは，イギリスの神経学者 Head である（Head & Holmes, 1911）。彼は，脳の一部の損傷によって受動的な姿勢変化が認知できなくなった患者について検討し，そもそも姿勢認知は直前の自己受容感覚情報を保持した「姿勢モデル」との比較で成立すると考え，この可変的な姿勢モデルのことを「身体図式」と呼んだ。

　一方で，本章で紹介するような近年の身体に関する多感覚間および感覚運動間の相互作用に関する数多くの発見から，身体図式もしくは身体表象の重要な役割は，視覚，運動指令，自己受容感覚などの関係の貯蔵および更新であるとする考え方が広く認められるようになってきた（Graziano & Botvinick, 2002; Maravita & Iriki, 2004; Moseley, Gallace, & Spence, 2012）。身体表象には，身体図式や身体イメージが含まれるが，それらの語を同義で用いる研究者もいれば，使い分ける研究者もおり，またその使い分け方も研究者によって異なっている（Knoblich et al., 2006; Schwoebel & Coslett, 2005; Moseley & Brugger, 2009; Newport, Pearce, & Preston, 2010）。ここでは，あまり細かい使い分けはせず，作業的定義として，身体図式を，自己身体に関する運動指令，触運動感覚，視覚などの複数情報の同時経験を繰り返すことで結びつきが強化される脳内ネットワークととらえておく。この考え方は，Hebb（1968）が「細胞集成体（cell assemblies）」を心的イメージや幻肢（1.4節参照）の基礎と考えたことにも符合

する。

　身体の中でも，手は特に視覚的経験を伴うことが多いため，身体図式のなか
でも手に関するものが重要な位置を占め，研究数も圧倒的に多い。この章では，
身体図式の一部である手の表象に関して，手の心的回転課題やクロスモーダル
一致効果の実験パラダイムを中心に，心理学的な知見，およびその神経基盤に
ついて考える。

1.1　手の心的回転課題によるアプローチ·······························

　心的回転（メンタルローテーション，mental rotation）課題とは，2つの物体
が同じであるか鏡映像であるかを求める鏡映像弁別課題の一種で，2つの物体
の間に回転角度差をつけ，心の中でどちらかの物体を回転させて両者を照合す
ることを想定した課題である。心的回転課題は，もともと視覚的イメージの研
究方法として考案され，比較すべき2つの物体を刺激として呈示していた
(Shepard & Metzler, 1971; 図1-1)。この実験パラダイムにより，反応時間を指
標として心的イメージを客観的に研究する道が開かれた。後に，1つの物体を
回転させて呈示し，記憶されている標準的な物体（たとえば文字）との鏡映像
弁別を求める課題も用いられるようになり，単一刺激呈示の方が，心的イメー
ジの研究としてはより自然であると考えられるようになった（Cooper &
Shepard, 1973）。反応時間に基づくと，我々は，直立した文字が通常の文字か
裏文字であるかをただちに判断することができるが，文字が大きく傾いている
とそうした鏡映像弁別が困難になり，心のなかで文字を回転させて直立させて
から判断するらしい（図1-2）。

　こうした単一刺激呈示において，手を刺激とした場合，身体図式の一部と考
えられる手の記憶表象との照合が生じるらしい（Cooper & Shepard, 1975）。し
かも，その際には手に特有の結果が得られる（Sekiyama, 1982）。すなわち，刺
激図形が右手であるか左手であるかを判断するためには，手の表象を活性化さ
せてイメージし，それを自分の手を動かすのと同じようなやり方で動かして刺
激と照合する過程が生じるらしい。このイメージ過程は，おそらく運動指令や
運動感覚，自己受容感覚などを含んでおり，視覚イメージという考え方では説

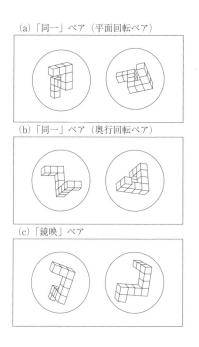

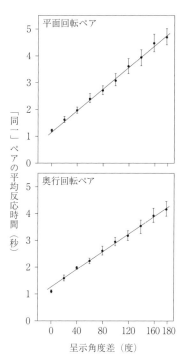

図1-1　最初の心的回転課題の刺激（左）と各刺激対の回転角度差の関数としての反応
　　　時間（右）（Shepard & Metzler, 1971 より）。刺激対の呈示角度差の一次関数
　　　としての反応時間から，外界の物体を等速回転させるのと同様のプロセスが心
　　　のなかで生じていると考えられた。

明しきれないことが指摘されてきた（Sekiyama, 1982; Parsons, 1987a, 1994）。こ
うしたことから，手の心的回転課題は，身体運動イメージ（motor imagery）
を研究するパラダイムとして広く用いられるようになった（Parsons et al.,
1995）。身体運動イメージは，無意識的な身体図式が活性化された状態である
と考えられる。なお，以後，身体運動イメージを単に運動イメージ，あるいは
その多様相的性質から視覚運動イメージと呼ぶ場合がある。

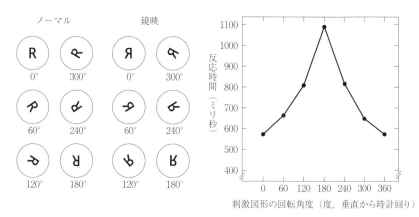

図1-2　文字の心的回転。単独呈示された文字の鏡映像弁別課題の刺激図形（左）と回
　　　　　転角度ごとの反応時間（右）（Cooper & Shepard, 1973に基づき作成）。既知図
　　　　　形の単独呈示では，見慣れた垂直付近がややフラットになるものの，180度を
　　　　　ピークとする単調増加，単調減少の反応時間関数であった。

❖反応時間にみる生体力学的制約

　手のような身体図形の心的回転課題は，非身体図形とは異なり，身体部位の
可動範囲に制約されたイメージ過程を惹起する。このことを最初に指摘した
Sekiyama（1982）の研究は，いろいろな角度で呈示された手が右手か左手かを
判断する課題を被験者に課した。これは手を動かさずに頭のなかだけで判断す
る課題だったにもかかわらず，刺激の呈示角度の関数としての反応時間のパタ
ーンは，実際に手を動かすのが困難な方向への心的回転により長い時間がかか
ることを示唆していた（図1-3）。この反応パターンは，実際に自分の手を動か
すのと同じような心的過程，すなわち関節の可動範囲に対応した生体力学的制
約（biomechanical constraints）を受けたイメージ過程を示唆する。実際，手の
左右同定を求める心的回転課題の反応時間は，手を動かして刺激図形を模倣す
る運動の「困難度（awkwardness）」評定と高い相関があり（Sekiyama, 1983;
Parsons, 1987b），この結果は，手の心的回転過程が生体力学的制約を受けると
いう考え方を支持した。このような心的過程には，手の表象の特徴を明らかに
する鍵が存在する。今日，生体力学的制約は，身体運動イメージの研究におけ

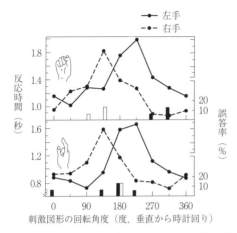

図 1-3 手の心的回転。左右同定課題の刺激図形と回転角度ごとの反応時間（Sekiyama, 1982）。右側には，自分の手を前額平行面で回転させる場合の生体力学的制約を示す。外転は内転より可動域が狭く，右手の場合は時計回りに 90 度しか回転させることができず，方位 135 度へは反時計回りに回転させる必要がある。得られた反応時間は，こうした生体力学的制約（身体の外へ向かう外転の方が制約が大きい）と一致した。

る行動的指標として広く用いられている。

　なお，手の心的回転課題において関節の生体力学的制約を受けた運動イメージが生じるためには，刺激図形の呈示方法にも条件があることが報告されている。(ter Horst et al., 2010)。手の心的回転課題では，画面上の回転で作成された種々の方位の手の図形を呈示するが，その際，一続きの実験ブロックにおいて，奥行き方向の回転も含む図形のバリエーションをもたせ，3 次元的な回転を要する状況を作ると運動イメージが生じやすい。一方，奥行き方向の回転を含まない呈示方法にすると，生体力学的制約は観察されにくく，視覚イメージによる判断が生じやすい。(図 1-4)

❖手の心的回転に影響する感覚・記憶要因

　心的回転課題で手の左右同定をおこなう際，被験者が手をどのような反応姿勢にして課題をおこなうかによっても反応時間は異なる。大学生においては，

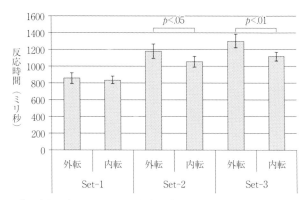

図1-4　手の心的回転課題における刺激構成による生体力学的制約の違い（ter Horst et al., 2010）。生体力学的制約を示す外転と内転の反応時間差は，刺激構成が平面回転のみ（刺激図形は手の甲のみ）からなる Set 1 ではみられず，刺激構成に3次元性が高まるにつれて，明瞭な外転と内転の反応時間差がみられた。Set 2 では，手の甲と手の平を平面回転させて呈示し，Set 3 では，Set 2 の図形に奥行回転も加えて呈示した。

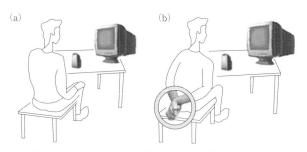

図1-5　手の心的回転課題への被験者の姿勢の影響。通常の姿勢(a)に比べ，手を体の後ろで組むと(b)，画面に呈示された手の左右同定課題の反応時間が増大した。手を後ろに組んでも，足の左右同定課題には影響はなかった（Ionta et al., 2007）。

キーボードに手を乗せるような手背（手の甲）が上（天井）を向いた通常姿勢の場合に，手の心的回転は最も速くでき，両手の甲を合わせて小指側を上にした姿勢や，両手を背中の後ろに回した姿勢などでは反応が遅くなる（Parsons, 1994; Sirigu & Duhamel, 2001; Ionta et al., 2007; 図1-5）。手を背中の後ろに置い

た姿勢は，手の心的回転の反応時間には影響するが，足の心的回転には影響を及ぼさないことから（Ionta et al., 2007），身体図式と反応姿勢との相互作用は，身体部位特異的に生じるらしい。

　なお，手背図形と手掌（手の平が上）図形とでは，一般に手背図形の方が速く左右同定ができるものの，反応姿勢の影響が刺激図形によって異なり，手背図形は被験者の手背が上向きの反応姿勢のときに下向きの姿勢よりも速く，手掌図形は手掌が上向きの姿勢の方が速く判断できる（Shenton et al., 2004）。これらの事実は，身体図式の長期記憶的成分に表象されている手の典型は手背であり，記憶と現在の感覚情報の一致が反応時間の促進をもたらし，不一致が妨害効果をもたらすことを示しているのかもしれない。

　画面上での刺激の方位に関しては，指先が上を向いた垂直の手が最も左右同定の反応時間が短く，この方位が記憶表象における典型的な方位であると考えられる。我々は，こうした典型的な手の表象を無意識的に利用している。たとえば，回転角度差をつけた2つの手を継時的に視覚呈示して，両者が同じ側の手か違う手かを判断させる課題では，第1刺激と第2刺激の回転角度差が最も大きい時に反応時間が最大になるかというと，そうはならない。むしろ，第1刺激からの回転角度と典型である垂直からの回転角度がともに最大になる角度において，第2刺激への反応時間がもっとも長くなる（積山，1987）。この例では，視覚的に与えられた第1刺激の処理と並行して，記憶にある垂直の手の表象も利用されていたと考えられる。このように，大学生を対象とした研究では，手背が手掌よりも記憶表象に近く，また垂直の方位が記憶表象に近いことがうかがわれる。

❖運動イメージの神経基盤

　先述したように，手の心的回転課題の反応時間への生体力学的制約は，この課題を解くには自身の手を思い浮かべて動かすような運動イメージ（motor imagery）が生起することを示唆する。手の心的回転中に運動イメージが生じる可能性は，反応時間のような行動的指標だけでなく，1990年代後半から普及してきた fMRI（functional Magnetic Resonance Imaging: ファンクショナルMRI，機能的磁気共鳴画像化）などによる脳機能イメージングでも確認されるこ

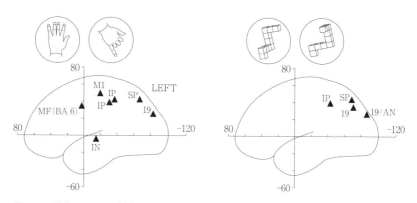

図1-6　運動イメージ（左）と視覚イメージ（右）を示唆する脳活動。手の心的回転で
は，運動前野（BA6）のような身体運動の計画に関る部位の活動が見られるの
に対して，立方体図形ではそのような活動はみられず，手の心的回転課題では
運動イメージが，立方体図形では視覚イメージが操作されていると考えられる
（Kosslyn et al., 1998 より）。

ととなった。すなわち，手の心的回転課題遂行中には，心的回転に伴う空間処
理に必要な後部頭頂葉の活動に加えて，リーチングなどの運動計画に関わる運
動前野（なかでも背外側運動前野）が活動することが多くの研究で一貫して報告
されたのである（Bonda, Petrides, Frey, & Evans, 1995; de Lange, Hagoort, & Toni,
2005; Kawamichi, Kikuchi, Endo, Takeda, & Yoshizawa, 1998; Kosslyn, Digirolamo,
Thompson, & Alpert, 1998; Parsons et al., 1995; Sekiyama et al., 2000; 図1-6）。こ
れに対して，文字や幾何学図形を用いた視覚イメージの心的回転では，後部頭
頂葉は活動するが，運動前野が活動することはない（de Lange et al., 2005;
Kosslyn et al., 1998）。サルの電気生理学的研究によれば，運動前野の神経細胞
は，視覚的な運動教示が与えられてから運動が生じるまでの期間によく活動し，
視覚情報をもとに運動の計画をたてる部位と考えられる（Wise, 1985; Hoshi &
Tanji, 2007）。したがって，ヒトにおける手の心的回転中の運動前野の活動は，
そこで喚起されているイメージが，運動計画の性質をもつものであることを示
唆する。
　運動前野が運動イメージの神経基盤であると考えることは，手の心的回転以

外の課題を用いた脳機能イメージング研究の結果とも整合している。よく用いられる，指でのタッピングを実際におこなう場合（実行条件）とイメージ上でおこなう場合（イメージ条件）を比較するパラダイムでは，両条件で脳賦活部位は外側運動前野などにおいてかなり重なりあっている（Grèzes & Decety, 2001; Hanakawa et al., 2008）。ただし，運動実行と運動イメージとでは違いもあり，実行時により強く活動するのは1次運動野や1次体性感覚野であり，イメージ時により強く活動するのは，より意志的な運動生成や感覚情報分析に関わる背内側運動前野や紡錘状回などであるという（Hanakawa et al., 2008）。より最近では，運動イメージ時にも1次運動野が活動することを示す研究が増えており（Munzert et al., 2009; Miller et al., 2010; Mendelshon et al., 2014），実行とイメージの違いは相対的なものであり，多くの部位が共通して賦活すると考えるのが妥当かもしれない。運動イメージ中に活動する脳部位は運動前野と後部頭頂葉以外にもあり，運動制御関連部位の多くが活動することが報告されている。たとえば，大脳基底核や小脳などは，多くの研究で運動イメージとの関連が指摘されている（レビューとして，Hétu et al., 2013）。脳機能イメージングでは，実験条件と統制条件の差を指標として見たい活動を明らかにするという方法的制約があり，どのような統制条件と比較するかによって活動の見え方が異なることは，常に頭に入れておかなければならない。

　なお，手の心的回転課題に関しても，少数ながら，1次運動野の関与を示唆する研究も存在する。たとえば，手の心的回転課題中の活動をPET（Positron Emission Tomography: 陽電子放射断層撮影）で計測したKosslyn et al (1998) は，手の刺激ペアに関して同じ側の手かどうかを判断する際，回転角度差のない刺激ペアを統制条件とした場合，回転角度差があって心的回転を要する刺激ペアでは，運動前野に加えて1次運動野が活動することを報告している（図1-6）。また，Tomasino et al (2011) は，運動前野には損傷はないが左半球の1次運動野／体性感覚野に損傷のある患者に手の単一呈示による心的回転課題を実施したところ，生体力学的制約の大きい角度において，患者では健常統制群よりも有意に正答率が低下していることを見出している。

❖運動イメージ研究の実験パラダイム

　運動イメージの研究に用いられる認知行動課題は，手の心的回転のほかにも，ポインティング課題（Cayenbeghs et al., 2009; Sirigu et al., 1996）などがある。このポインティング課題では，さまざまな大きさの視覚ターゲットが呈示され，それに対して参加者は心のなかでポインティングをおこなうよう求められ，イメージ上でポインティングし終えたと参加者が報告するまでの反応時間が計測される。この際，大きなターゲットに対しては反応時間が短く，小さなターゲットに対しては反応時間が長いという関係が成り立っていれば，実際の運動における速さと正確さの関係を定式化した Fitts の法則（Fitts, 1954）に合致することから，運動イメージが生じていたと考えられる。頭頂葉を損傷した患者では，Fitts の法則が成り立たないことから，運動イメージをもつことができないと考えられている（Sirigu et al., 1996）。ポインティング課題は，患者研究や子どもを対象とした研究で用いられているが（たとえば，Sirigu et al., 1996; Caeyenberghs et al., 2009），脳機能イメージングではあまり用いられていない。これは，ポインティング課題では実験参加者がイメージ上でポインティングし終えたという報告を信頼するしかない点で，客観性を担保しにくいためであろう。それに対して，心的回転には反応の正誤を決めることができ（右手の刺激に右手と反応すれば正解），測定の客観性がより大きい。

　なお，上述したタッピング課題は，脳機能イメージングでは多く用いられるが，認知行動課題としてはあまり用いられない。これは，タッピングに関しては，手の心的回転における生体力学的制約のように明確な行動的指標が存在しないためかもしれない。

1.2　運動イメージの発達・加齢変化および障害 ……………………

❖発達的変化

　身体図式が，視覚，運動指令，自己受容感覚などの関係づけに関わるとする考え方が大人を対象とした研究で進展してきたのに比べて，そうした身体図式の機能が子どもにおいていつごろ発達するのかを調べた研究は少ない。実際，手の心的回転課題は，子どもを含むいろいろな年齢の神経的，発達的問題をか

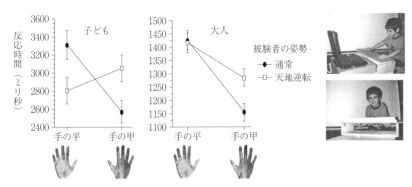

図1-7 手の心的回転への被験者の姿勢の影響の発達的変化（Funk et al., 2005）。刺激図形と被験者の姿勢が一致しているときに反応が促進されやすい（たとえば、手の甲の刺激は、手の甲が自分の方を向いている通常姿勢の場合に反応時間が短くなる）。この一致効果は6歳児では完全な形で観察されたが、大人では、手の典型としての甲刺激の優位性をくつがえすほど大きなものではなく、大人にとっては手の長期記憶表象（甲）の情報が現前の自己受容感覚情報よりも利用しやすいことが示唆された。

かえる集団で運動イメージ障害を調べる課題として用いられているが（Conson et al., 2013a; Williams et al., 2008; Wilson et al., 2004）、定型発達児における身体図式の発達についての知見が不足していた。

　近年の脳画像化技術の発展と普及は、脳の発達に関する知見をも前進させ、脳部位によって成熟のスピードが異なることが明らかにされている（Gogtay et al., 2004）。運動イメージの神経基盤である背側運動前野は、脳の中でも成熟が最も遅い部位の1つであり、思春期にならないと成熟が完成しないという。これは、5歳までに成熟が完成する1次運動野や1次体性感覚野とは対照的である。運動前野が未成熟な幼児は、身体図式に基づくイメージ操作が困難であることが予想され、それゆえ、大人とはかなり違うやり方で手の心的回転課題を解く可能性も考えられる。

　この点に関して注目すべきは、6歳程度の子どもでは、手の反応姿勢が手の心的回転課題の反応時間に与える影響が大人の場合よりもずっと顕著であるというFunkらの研究結果である（Funk et al., 2005; 図1-7）。このことは、子ど

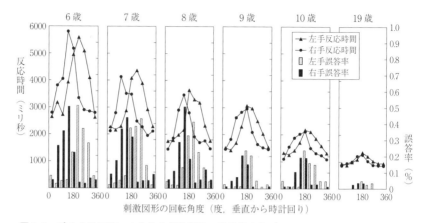

図1-8　手の心的回転への生体力学的制約の発達的変化（Sekiyama, Kinoshita, & Soshi, 2014）。生体力学的制約の強さの指標となる右手と左手への反応時間関数（折れ線）の水平方向のずれは，年少児ほど大きかった。6歳児については，教示に従わず自分の手を動かしてしまう場合があり，純粋にイメージ過程を測れていない可能性があるため，反応時間は参考データ。誤答率（棒グラフ）への生体力学的制約（左右でのずれ）は，6歳児でも明瞭にみられる。

もが手の絵の左右を判断する際に，大人よりも強く現在の自己受容感覚情報に依存することを示唆する。この結果からFunkらは，子どもでは大人よりも強く運動過程が判断にかかわると考えた。この考え方は，20世紀の発達心理学者たちが提唱した知識の表象の発達理論，すなわち，心的イメージないしは視覚的イメージが操作できるようになる前の子どもたちは，運動を実行することで対象を表象する，という発達の順序にも符合する（Piaget & Inhelder, 1971; Bruner, 1966）。

　もし年少児における強い姿勢の影響がこうした発達の順序を反映しているなら，運動イメージへの生体力学的制約は，年少児ほど強いと予想される。残念ながら，Funkらの研究では，右手と左手や角度をこみにして結果を示しているので，この点に関する情報がなかった。そこで，Sekiyamaらは，手の心的回転への生体力学的影響が子どもと大人で異なるかどうかを，6歳から10歳までの5つの年齢群の子どもと大人の計6群で調べた（Sekiyama et al., 2014;

図1-8)。その結果，年少児では年長児や大人よりも生体力学的影響が強く，生体力学的制約の強い角度で，弱い角度よりも顕著に年少児の反応時間が延長した。この際，反応時間を標準化して，子どもと大人で反応時間の絶対値の違いを捨象した後も，この年齢による違いは強くみられた。さらに，この研究で興味深かったことは，6歳児（1年生）では「自分の手を動かさないで判断してください」という教示に従うことが困難で，全員が手を動かしてしまったことである。7歳（2年生）になると，こうした実行による課題解決は劇的に減るとともに，反応時間に大人よりも強い生体力学的制約がみられた。8歳（3年生）以降は，生体力学的制約は大人と同程度であった。これらの結果から，6歳では身体図式から純粋に心的なイメージを喚起し操作することが困難で，実行に頼ってしまうこと，7歳は実行から運動イメージへの過渡期であり，おそらくそのために運動イメージが実行時の特徴を大人よりも強くもつことが示唆される。

❖加齢変化

　幼児期における身体図式の未成熟が成長とともに解消される一方で，高齢期には再び身体図式の利用に衰えがみられることが報告されている。たとえば，Saimpontらは，平均年齢78歳の活動的な健常高齢者を若年者と比較した（Saimpont et al., 2009）。彼らが対象としたのは後期高齢者であったが，年齢からすると非常に高機能の人たちであった。高齢者群と若年者群とは，単純反応時間では差がなかったが，手の心的回転課題においては，正答率でも反応時間でも差があり，特に，生体力学的制約の強い角度や，視覚的標準から遠い角度において，年齢差が顕著に表れた。この結果から，高齢者においては，視覚運動イメージの操作が困難になっていることがうかがえる。

　さらに，De Simoneらは，もう少し若い高齢者群（平均72歳）を若年者群と比較している（De Simone et al., 2013）。彼らは，手の心的回転課題において，身体図式に基づく自己身体イメージが操作されると考えられる自己中心課題（「右手か左手か」の判断）と，刺激イメージの視覚的回転で事足りると考えられる他者中心課題（「手を垂直にしたとき，親指が画面の左右どちら側に位置するか」の判断）の2つで両群を比較した。その結果，自己中心課題における反応

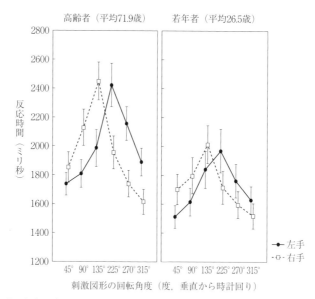

図1-9　手の左右同定課題の反応時間の加齢変化（de Simone et al., 2013）。自己身体運動イメージの操作を促す手の左右同定課題では，高齢者（左パネル）は若年者（右パネル）に比べ，生体力学的制約の強い角度で反応時間が長くなった。一方，左右同定課題ではなく，視覚的な回転を促す手の心的回転課題では，両群の反応時間に差はなかった。これらのことから，加齢によって心的回転そのものが遅くなるのではなく，運動イメージが関わる心的回転が遅くなると考えられる。

時間は，生体力学的制約の強い角度において高齢者が若年者よりも遅く，生体力学的制約の弱い角度では両群に差がなかった（図1-9）。他者中心課題では両群とも反応時間が短く，群間の差はなかった。これらの結果から，高齢者において，心的回転そのものが困難になっているわけではなく，身体図式を利用しなければならない自己中心課題で，かつ生体力学的制約の強い方向へ手のイメージを回転させるときのみ，困難が生じるといえる。

　こうした身体運動イメージ操作の高齢期における困難は，脳の運動制御関連部位の加齢による機能低下を反映しているのかもしれない。高齢者においては，脳の萎縮が観察されることが多く，その程度は脳部位によって異なることが知

られている。高齢者を含む健常成人を5年間追跡して脳部位体積変化を調べた研究によれば，5年間での体積減少が顕著な部位として，外側前頭前野，海馬のほかに，小脳や大脳基底核の尾状核があがっている（Raz et al., 2005）。小脳や尾状核は運動制御に深く関わっており（Manto et al., 2012; FranÇois-Brosseau et al., 2009），また実際，小脳は運動イメージにとって必要であることが患者研究から示唆されている（Gonzalez et al., 2005; Grealy & Lee, 2011）。こうした部位の加齢による萎縮は，前述のような高齢者における運動イメージの衰えと関連している可能性がある。手の運動イメージと最も関連の深い運動前野についても，健常加齢による体積変化が明らかにされることが期待される。

❖運動イメージ障害

　運動イメージは，いろいろな要因で障害をうけることがある。たとえば，脳梗塞で頭頂葉に損傷を受けた患者は，心のなかで棒の操作をする際に運動イメージをもつことができないらしく，同じ患者の実際運動時にみられる「小さいターゲットほど操作に必要な時間が長くなる」という Fitts の法則が，イメージ時には消失してしまい，イメージ所要時間はターゲット幅に関係なく短くなる（Sirigu et al., 1996）。このことから，イメージ教示において，患者は運動イメージ以外の方略をとると考えられる。このような頭頂葉損傷に伴う運動イメージ障害は，健常者の脳機能イメージングにおいて頭頂葉に手の心的回転に深く関る部位が確認されていることと軌を一にする（de Lange et al., 2005; Vingerhoets et al., 2002）。

　また，1次運動野／体性感覚野の手のエリアに損傷のある患者では，手の心的回転課題において統制群（手のエリア以外の1次運動野／体性感覚野の損傷患者）よりも有意に正答率が低下するが，文字の心的回転ではそのような低下がみられないことから，損傷部位特異的な運動イメージの困難がうかがわれる（Tomasino et al., 2011）。こうした患者の困難は，「自分と切り離して手の絵を回転させる」視覚イメージ教示ではみられなかったが，「自分の手としてイメージを回転させる」運動イメージ教示でみられた。また，これらの患者は，物体の心的回転でも，「自分の手を物体の上において操作する」運動イメージ教示では正答率の低下がみられたことから，内的に運動をシミュレーションしよ

うとする条件に特異的に困難が生じるらしい。

　自閉スペクトラム症のような脳損傷部位があまりはっきりしない発達障害においても，運動イメージを発達させることが困難と思われる。思春期の自閉スペクトラム症者においては，統制群である典型発達者とは異なり手の心的回転における生体力学的制約がみられないことから，代替的に視覚イメージなどを用いて手の心的回転課題をおこなう方略を発達させると考えられる（Conson et al., 2013）。

　脳損傷ではなく，腕を切断した末梢の損傷患者でも，運動イメージの困難が生じる。この場合は，健常統制群と比べ，生体力学的制約の強い角度においてのみ，正答率の低下，反応時間の増大がみられる（Nico et al., 2004）。そうしたパフォーマンスの低下は，切断した腕が利き手である場合に限られ，非利き手の切断では統制群と差がみられない。このことは，身体表象においては，利き手が占める割合が大きいことを示唆する。また，興味深いことに，ふだん利き手に義手を装用している人において，手の心的回転におけるパフォーマンスの低下が最も大きい。自分の運動意図どおりに動かない義手を装用していることは，身体図式や運動イメージの維持にとってマイナスとなるのかもしれない。

　慢性肩関節痛の患者では，腕の運動範囲の縮小に伴って，運動イメージが影響されるようである。これらの患者では，手の心的回転において，患側の手の正答率が低下することが報告されている（山田ら，2009）。

1.3　身体表象と身体近傍空間の知覚 ……………………………………………

　前述のように，視覚的に呈示された手の心的回転に運動イメージが喚起されることから，身体表象には，視覚と触覚などの多感覚情報の対応関係も表象されていると考えられる。このことと深く関係すると思われる現象として，身体近傍に呈示された視覚刺激は，触覚刺激と強い相互作用を引き起こすことが知られており，この相互作用はクロスモーダル一致効果で示されることも多い。

❖クロスモーダル一致効果

　指などに呈示される触覚刺激のすぐ近くに視覚刺激を呈示し，これらのモダ

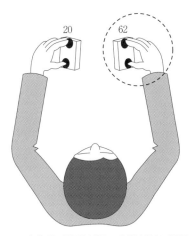

図1-10　クロスモーダル一致効果（触覚刺激の位置判断に及ぼす身体近傍空間の視覚
　　　　情報の影響（Driver & Spence, 1998））。右手の親指か人差し指に呈示される
　　　　触覚刺激の位置（親指か人差し指）判断課題において，点灯する光点の位
　　　　置が一致しているとそうでない場合よりも反応時間が短くなる（数字は促進
　　　　効果をミリ秒で示す）。しかし光点が触覚刺激とは反対側の左手に呈示される
　　　　場合には，そのような促進効果は小さくなる。

リティを異にする2刺激の空間位置が一致する場合と矛盾する場合とで，反応
時間に有意な差が生じる。たとえば，Driverら（Driver & Spence, 1998）の実
験では，左右の手の親指と人差し指の計4カ所のうち1カ所に触覚刺激を呈示
し，その際，それぞれのすぐ近くの4つの光点のどれか1つも同時に呈示した
（図1-10）。実験参加者の課題は，触覚刺激が上（人差し指）に呈示されたか下
（親指）に呈示されたかを答えることであった。すると，触覚刺激を呈示した
指の付近に視覚刺激が呈示される場合に比べて，同じ手の異なる指の付近に呈
示された視覚刺激は，反応時間の延長をもたらした（両者の反応時間の差を，
「クロスモーダル一致効果」と呼ぶ）。しかし，視覚刺激が触覚刺激とは反対の手
に呈示される場合には，そうしたクロスモーダル一致効果は薄れたものになる。
これは，視覚刺激と触覚刺激の距離が大きくなるためと考えられる。
　こうした身体近傍空間の視覚刺激と触覚刺激との間に生じるクロスモーダル
一致効果は，実際の自分の手の視覚的配置のみならず，義手のような手の視覚

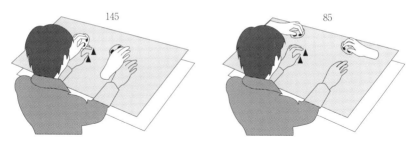

図1-11　クロスモーダル一致効果のラバーハンドへの波及（Pavani et al., 2000）。自分
の手を隠し，ラバーハンド上に光点を呈示した場合でも，触覚刺激の位置（▲）
判断課題に対して，クロスモーダル一致効果（触覚刺激と位置が一致する視
覚刺激による促進効果。数字は促進効果をミリ秒で示す）がみられる（左図）。
しかし，ラバーハンドが自分の手ではない向きにあると，ラバーハンド上の
光点によるクロスモーダル一致効果は低下する（右図）。

刺激（ラバーハンド）にも拡張される場合がある。Pavani ら（2000）は，机上
にラバーハンドを配置し，実験参加者の手は見えないように机の下に置き，義
手の親指または人差し指に光点を呈示した（図1-11）。この場合にも，ラバー
ハンド上の光点が触覚刺激の空間判断に影響を及ぼし，クロスモーダル一致効
果が得られた。ただし，これはラバーハンドと参加者の手の空間配置が一致し
ている場合に効果が大きく（図1-11左），ラバーハンドの配置が参加者の腕の
配置とかなり異なる場合には，効果が薄れた（図1-11右）。これらの現象は，
いわゆる「ラバーハンド錯覚」とも関係していると思われる。ラバーハンド錯
覚とは，自分の手と，その近くに置かれた義手が同時に触れられると，自分の
手が触わられている感触があたかも義手の位置にあるかのように感じる現象で
ある（Botvinick & Cohen, 1998）。自分の手やその近くにある手の視覚刺激は，
身体表象を活性化させ，それによって体性感覚野の手のエリアも賦活し，その
ことが入力される触覚刺激の処理に影響するのではないかと考えられる（第5
章も参照）。

❖視触覚ニューロンと身体の表象

　ヒトにおけるクロスモーダル一致効果やラバーハンド錯覚の生物学的基盤と

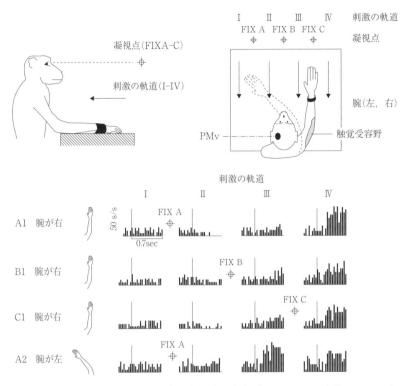

図1-12 手の動きに伴う腹側運動前野（PMv）の視触覚ニューロンの応答パターン（S/S: spikes per second）の変化（Graziano, Hu, & Gross, 1997）。条件A1-C1は凝視点のみの変化（結果は条件差がない），条件A2はA1から腕の位置が変化（視覚刺激IVからIIIの方向へ視覚受容野がシフト）

して，サルの脳で発見されている多感覚ニューロンがあげられる。多感覚ニューロンとは，一種類以上の感覚刺激に応答するニューロンで，身体の多感覚性に対応する視触覚ニューロンは，頭頂葉や運動前野などで見つかっている。

Graziano と Gross らは，腹側運動前野（PMv: ventral premotor area）の視触覚ニューロンが，腕や顔などの身体部位の位置を符号化していることを見出した（Graziano, Yap, & Gross, 1994）。これらの視触覚ニューロンは，たとえば手を触られたときに応答するものであれば，手の近くに視覚刺激が呈示されたと

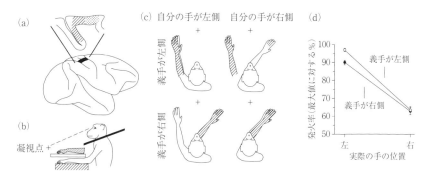

図1-13 腕の向きを符号化した視触覚ニューロン (Graziano, Cooke, & Taylor, 2000)。ここで調べた右頭頂葉5野のニューロン(a)は，自分の左手が左側に置かれたときに強く応答する特性をもつが，自分の手を隠したとき(b)，自己受容的に感じる自分の手と，視覚的に呈示された義手との位置関係が，空間的に一致する条件で(c)，最も強く応答した(d)。また，このような位置が一致する義手による応答の増強は，義手が左手の場合にのみみられ，その意味で，これらのニューロンは右手と左手の視覚刺激を区別していた。

きにも応答する。その視覚受容野，すなわちそのニューロンを活性化できる視覚刺激の空間位置を調べると，手が動くにつれて視覚受容野もそれについて移動したが（図1-12），目を動かしても視覚受容野には変化がないことから，網膜座標ではなく腕中心座標で視空間を符号化していることが分かった (Graziao, Hu, & Gross, 1997)。つまり，これらの視触覚ニューロンは，視覚刺激が触覚受容野（手）に近いか遠いか，といった処理をしていると考えられる。腹側運動前野は，他者の動きを自己身体運動に置き換えて認知する働きをすると考えられている「ミラーニューロン」にも関る部位であり，興味深いことに，「ミラーシステム」を形成するとされる腹側運動前野，頭頂葉，上側頭溝などにおいては，多感覚ニューロンがみつかっている。

また，ラバーハンド錯覚により直接的に関連していそうな視触覚ニューロンが，サルの5野と呼ばれる頭頂葉の部位で報告されている。Grazianoたちの実験では，サルの腕を見えないようにし，その上にサルの義手を重ねるように呈示して見せたところ（図1-13），通常は自分の腕の見えに応答するニューロンの応答が強化されたという (Graziano, Cooke, & Tayler, 2000)。そのような神

経応答強化は，単なる物体の呈示ではみられず，また視覚呈示された義手の配置が隠された自分の手の配置と一致しているときに限られていた。驚くべきことに，これらのニューロンは視覚呈示された義手が右手か左手かを識別しているらしく，左手のあるべき位置に左手の義手を呈示したときのみ，神経応答強化がみられた。また，5野よりも低次に位置する1次体性感覚野のニューロンでは，このような義手の見えによる神経応答強化はなかったという。これらの結果から，5野は，身体の空間的配置に関する視覚情報と自己受容情報との統合に関っていると考えられる。さらに，5野は1次運動野からのエファレンス・コピー（efference copy: 遠心性運動指令のコピー）を受け取るといわれており（村田，2005），身体表象にとって重要性が高いといえる。

1.4　身体図式の可塑性 ……………………………………………………………

❖視触覚経験による身体図式の変化

　日本人にとっての箸，ドライバーにとっての車，テニス選手にとってのラケットなど，使い慣れた道具に対して，私たちは道具の先端の位置を体性感覚的にイメージしたり，それに従って道具を巧みに操作したりできる。道具使用に伴う視触覚経験によって，身体図式は道具の先端までの空間を取り込んで拡張するのである。これについては，神経生理学的な証拠がある。サルの頭頂葉の視触覚ニューロンの活動に着目した入來らの研究では（Iriki, Tanaka, & Iwamura, 1996），熊手を使ってエサを取る訓練をサルにおこない，訓練前後で視触覚ニューロンの視覚受容野を比較した。その結果，訓練前には手の周囲の視覚刺激にのみ応答していたニューロンが，訓練後には熊手の長さを足した広い空間の視覚刺激に応答するようになったのである（図1-14）。また，こうした訓練を通して，もともと単一感覚の応答特性しかもたなかったニューロンが視触覚応答性をもつようになることも報告されている。色々な位置に置かれたエサをとる課題をサルに訓練すると，もともとは体性感覚刺激にのみ応答していた頭頂間溝のニューロンが，視覚刺激にも応答するようになるという（Obayashi, Tanaka, & Iriki, 2000）。このようなニューロンの可塑性は，身体図式の可塑性と密接に関っていると考えられる。

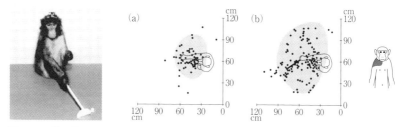

図 1-14　道具使用による身体近傍空間の拡張（視触覚ニューロンの視覚受容野を指標
　　　　　として。Iriki, Tanaka, & Iwamura, 1996）。道具を使用して遠くのエサを取る
　　　　　訓練をしたサルでは，頭頂葉の視触覚ニューロンの視覚受容野が，訓練前(a)
　　　　　に比べて訓練後(b)に拡大した（座標は空間位置を示す）。この例のニューロ
　　　　　ンでは，触覚受容野は肩のあたりにあった。

　ヒトの身体近傍空間，すなわち前述した視触覚間のクロスモーダル一致効果
が強く生じる空間も，道具使用によって変容する。たとえば，両手に棒を平行
に持つと，棒の先につけた光点と手に呈示された触覚刺激との間にもクロスモ
ーダル一致効果が生じ，この効果は手に光点を呈示する場合と同様，視覚と触
覚が同側空間に呈示されるほうが大きい。一方，棒を交差させた場合，手その
ものを交差させたときとは異なり，初めはこれまでの平行な関係をひきずった
反応となってしまう。しかし，参加者が自分で棒を交差させてこの課題に取り
組むことを何度か繰り返すうちに，手の触覚刺激は次第に交差した棒の先端の
視覚刺激と結びつくようになるという（Maravita, Spence, Kenneth, & Driver,
2002; 図 1-15）。こうした視触覚間の相互作用の変化は，棒の先端を実験者が交
差させる「受動条件」では生じないことから，棒の交差を自発的に作り出す経
験がある場合に限り，道具操作による身体近傍空間の反対側への拡張が生じる
らしい。
　また，本書の第4章でも取り上げるように，プリズムによって視野の左右を
反転させる左右反転メガネを長期間着用すると，上述した棒の交差よりもはる
かに長い時間を要するものの，手の体性感覚的な情報と反対側の視野との結び
つきが次第に強まっていく。その結果，視覚対象の定位や自分の手の左右判断
が，左右反転した視野に適応したものになる。この背景には，左右反転した視

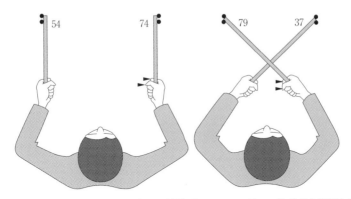

図1-15　道具使用による身体近傍空間の拡張（クロスモーダル一致効果を指標として。数字は促進効果をミリ秒で示す。Maravita et al., 2002）。もともと指先につけた視覚刺激による影響としてみられるクロスモーダル一致効果は，道具使用経験によって，道具の先につけた視覚刺激によっても生じるようになる。

触覚間関係を組み込んだ新たな身体図式の形成があると考えられる。

❖幻肢と身体図式

　幻肢とは，事故などで失った腕や脚がまだあるかのようにありありと感じられる体性感覚の錯覚である（Mitchell, 1872）。幻肢は，切断者のほとんどが切断後すぐに経験し，何年にもわたって続く。冒頭にも述べたように，身体図式の初期の概念は，姿勢知覚のモデルとして提案されたが，そこには幻肢に関する知見も盛り込まれていた。身体図式の概念を提案した Head（1920）の患者の１人は，ある種の大脳皮質の障害により姿勢知覚が困難になっていたが，脳の障害が起きる前に切断による幻肢を経験していた。その脳の障害が起きると，この患者の幻肢が消失したという。つまり，姿勢知覚を破壊する脳損傷は，同時に幻肢をも破壊するらしい。このことから，両者に共通する神経基盤として身体図式が考えられたのである。

　幻肢の現象に関する臨床報告はたくさんあったが，科学的な研究は比較的最近になって進展をみせた。最近の発見の１つは，身体部位切断に伴う身体図式の変容である。幻肢は，切断のあとにもその部位に関する身体図式が残存し自

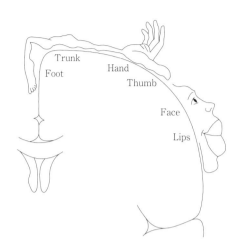

図1-16 体性感覚野の身体部位マップ（Penfield & Rasmussen, 1955）。てんかんの手術の前に，意識のある状態の患者の脳を直接刺激することで，体性感覚野のどの部位がどの身体部位の感覚を生じるかが調べられ，マップが作成された。手，指，唇などの感覚は，脳内の広い範囲が受け持っている。

発的に賦活することを示唆する現象として理解されるものの，残存する身体図式はもとと全く同じではないらしい。このことを理解するために，まず体性感覚野の身体地図の話から始めよう。

　ヒトを含む霊長類の1次体性感覚野には，身体部位表面の完全なマップがあり（Penfield & Rasmussen, 1955; 図1-16。サルのマップについては，Merzenich et al., 1984），作成に貢献した脳外科医にちなんでペンフィールドのマップと呼ばれることもある。脳の上半分を縦断する中心溝にそって，体性感覚野は縦長に広がっているが，この身体地図において，手のエリアは顔のエリアと隣接している。この身体地図は遺伝的に決まっているのであるが，動物実験によれば，手からの神経を切り離して感覚入力が体性感覚野の手のエリアに入らないようにすると，長期的変化として，「手のエリア」は，顔への触覚刺激に対して応答するようになるという（Pons et al., 1991）。

　この発見に触発された Ramachandran らは，ヒトの上肢切断者についても

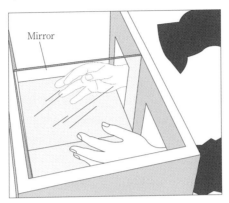

図1-17　幻肢を「動かす」ための鏡箱（Ramachandran & Rogers-Ramachandran, 1996）。右手を失った人がこの箱に健側の左手を入れると，鏡に映った像で右手があるように見える。健側の手を動かしながら，鏡に映った像を頼りに，失った手の幻肢を心のなかで「動かそう」とすることで，幻肢痛がやわらげられるという。

同様のことがあるのかを調べた（Ramachandran & Hirstein, 1998）。知覚実験においては，手を切断した患者の約半数は，顔を触覚的に刺激されたとき，ないはずの手（幻肢）が刺激されているように感じると報告した。そこで，MEG（Magnetoencepharogram：脳磁図）を用いて脳の電気的活動を測ると，切断患者では，顔への刺激が体性感覚野の手のエリアを活性化することが確かめられた。その際，手のエリアは，隣接領域（一方は顔エリア，もう一方は切断後に残存している上腕に対応するエリア）から侵入を受けていることも分かった。これらのことから，長期的な感覚入力の喪失は，比較的広い範囲の脳機能の再編をもたらすことが示唆される。

　Ramachandran らの幻肢に関する研究でのもう一つの大きな発見は，視覚入力の強い関与である。これは，鏡の実験としてよく知られている（Ramachandran & Rogers-Ramachandran, 1996）。上肢切断者の多くは，幻肢を思うように「動かせない」と言い，この麻痺はしばしば幻肢痛を伴うという。Ramachandran らは，残っている手を鏡に映すことによって，そこに失った手があるような視覚状況を作り，患者に手を自発的に動かすように求めた（図1-17）。健側の手

を動かせば，鏡のなかの手も動いて見える。すると，その動きの見えに誘導されて，患者は幻肢を鮮明に感じるとともに，それを容易に「動かす」ことができ，幻肢痛がやわらぐ患者も多かった。目を閉じると，幻肢を動かすことはできなかった。これらのことから，幻肢には視覚入力が強い影響を及ぼすことがわかる。幻肢の神経基盤としての身体図式には，体性感覚野だけではなく，頭頂連合野のように体性感覚と視覚が交わる部位も含まれる可能性が高い。

　前述した手の心的回転課題に関して，切断者は健常統制群と比べて，ある程度似たようなパフォーマンスを示したが，条件によっては運動イメージの効率が低下していることが示唆された（Nico et al., 2003）。このことから，上肢切断者の身体図式は維持されているものの，幾分弱まっているといえる。運動イメージの減衰は，利き手を切断した人で，特に化粧義手を装着している場合に顕著であった。利き手は，その使用頻度や運動精度などから考えて，脳の中の広範囲にわたって表象されていると考えられる。そのため，利き手を失うことは，身体の表象にとって重大な影響をもたらすのであろう。また，自分の意図通りに動かない化粧義手からの視覚入力は，身体図式と整合しないため，運動イメージへの大きな妨害要因となるのであろう。ただし，これは機能をもたない化粧義手の場合で，今後，ロボットアームに類する機能義手が普及した場合には，義手の装着が身体図式維持を促進する可能性がある（Rossini et al., 2010）。

1.5　身体図式研究の来し方行く末……………………………………………

　古典的な身体図式の概念は，主として現象を説明するために用いられ（Head & Holmes, 1911），それ自身が研究の対象となることはあまりなかった。しかし，研究方法や技術の進歩に伴い，身体図式に関して多くのことが分かってきた。

　手の心的回転課題は，身体図式を調べる道具として用いることができる。そうした研究で分かってきたことは，身体図式には基準となる長期記憶表象の部分と，現在の状況に応じて更新される部分があるのではないかということである。幼い子どもでは，基準部分の発達が十分でないが，いったん基準的な表象が確立されると，腕を失ってもそれはかなりの程度維持される。脳機能画像研究によれば，身体図式の活性形と考えられる運動イメージにとって，頭頂連合

野と運動前野が重要であることが示されており，視覚運動変換に関る脳部位が含まれるといえる。

　身体近傍空間における視覚と触覚との強い相互作用は，身体図式の作用と考えることができる。動物の神経生理学的な研究では，運動前野や頭頂連合野が身体近傍空間の知覚に関与することが示されており，またそれらの部位のニューロンの可塑性も示されている。道具の使用，腕の切断，変換された視野への適応などによって身体図式が変化することは，脳活動レベルでとらえられるようになってきたのである。

　これらの発見は，身体図式の特徴を明らかにする足がかりとなる。その構成要素，機能，可塑性，あるいはその鍛え方などについて，今後さらに新たな知見が積み上げられることを期待する。

第2章　空間的刺激反応適合性

2.1　刺激反応適合性効果とサイモン効果

　知覚の最終的な目的は，単に外界の詳細な情報を得ることではなく，外界に対して生存のために素早く適切な行為を遂行することであると考えられる。我々は，空間内の情報を取捨選択して処理し，それに基づき身体を用いて行為を行い（あるいは行わず），行為の結果はまた知覚される。この知覚と行為の流れに関して，行為関連処理と知覚処理は相互に密接に関連していることが，理論，行動実験，生理学的手法，神経心理学的知見など，幅広いアプローチから示されてきている。知覚と行為は相互に独立でなく，密接に関連しており，様々に相互作用することから，人間の認知機能の基本特性を知るうえで，また身体と空間の表象について解明するうえで，知覚と行為の相互作用を検討することは重要な課題であると考えられる。本章では，これらの相互作用の中でも知覚処理による行為関連処理への影響について，空間的特徴共有に基づく刺激反応適合性を扱う[1]。

　知覚と行為の間に対応があり，刺激と反応が特徴を共有している場合には，共有していない場合に比べて反応がはやく正確である。この知覚処理による運動処理への影響は刺激反応適合性（stimulus-response compatibility）効果（一致性（congruency）効果や対応（correspondence）効果と呼ばれることもある）として広く知られている（Fitts & Deininger, 1954; Fitts & Seeger, 1953; Hommel & Prinz, 1997; Kornblum, Hasbroucq, & Osman, 1990; Proctor & Reeve, 1990; Proctor & Vu, 2006）。刺激反応適合性に関する研究は，1950 年代前半に Fitts ら（Fitts & Deininger, 1954; Fitts & Seeger, 1953）により始まった。刺激反応適

1）本稿の内容は，西村・横澤（2012）を参考に加筆修正し，まとめ直している。

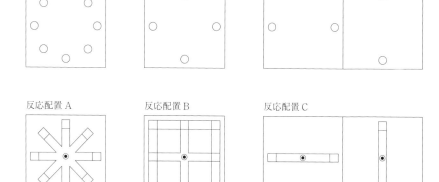

図2-1　Fitts & Seeger（1953）の刺激配置と反応配置の模式図。同じアルファベット
（A，B，C）で配置の対応を示した。刺激配置 A ではどれか1つのライト（円）
が点灯し，刺激配置 B および C ではどれか1つもしくは2つのライトが点灯し
た。参加者は，中央の開始位置（各反応配置中央の丸で囲まれた黒丸で示し
た）に置いた反応ペンを刺激で示された位置へとできるだけはやく正確に移動
させるように求められた。反応配置 C では両手で1つずつ反応ペンを持った。
2つのライトが点灯した場合，両者の組み合わせ（たとえば左と上の場合，左
上）に基づき反応が求められた。また反応配置 C では，刺激配置 A で右上，
右下，左下，左上が点灯した場合，および刺激配置 B と C で2つが点灯した
場合，両手の反応ペンともそれぞれの次元で対応する位置に動かすことが求め
られた。それぞれの刺激配置に対しては対応する反応配置で，またそれぞれの
反応配置では対応する刺激配置に対して，反応時間（反応ペンを中央から動か
し始めるまでの時間）は短く，誤答も少なかった。

合性には2種類あり，1つは集合（set）レベルの適合性，もう1つは要素
（element）レベルの適合性である。集合レベルの適合性とは，実験に用いる刺
激一式と反応一式の間の類似性であり，たとえば，刺激配置と反応配置が完全
に一致している場合に最も反応がはやく正確である（Fitts & Seeger, 1953; 図
2-1）。要素レベルの適合性とは，特定の刺激と反応の集合の中で，特定の刺激
と反応の組み合わせが他の組み合わせよりもはやく正確であることを指す。た

同方向 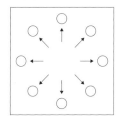　　　左右反転方向 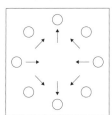　　　ランダム方向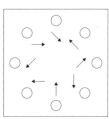

図 2-2　Fitts & Deininger（1954）の刺激配置と反応方向の例。外側の円が刺激配置を，
　　　　内側の矢印がそれぞれの刺激位置に割り当てられた反応方向を示す。図 2-1 の
　　　　反応配置 A と同様の配置で反応ペンの移動が求められた。

とえば，円環配置した 8 カ所の刺激と，対応する 8 方向への反応の組み合わせ
を操作し，刺激と同じ位置に向かって反応を行う方が，左右反転方向への反応
やそれ以外の組み合わせでの反応を行うよりも，反応がはやく正確である
（Fitts & Deininger, 1954; 図 2-2）。一般に，集合レベルの適合性が高いほど，要
素レベルの適合性効果は大きい（Mordkoff & Hazeltine, 2011a; Proctor & Wang,
1997）。例を挙げると，左右に呈示される刺激と左右のボタン押しといった左
右位置同士の組み合わせや，中央に呈示される左右どちらかを向いた矢印と中
央に配置したジョイスティックを左右に倒す反応といった中央から左右への方
向性を持つもの同士の組み合わせのように，刺激と反応の間で集合レベルの適
合性が高い場合には，集合レベルの適合性がそれほど高くない逆の組み合わせ
よりも，刺激と反応が左右で一致している場合と一致していない場合との差で
あるところの要素レベルの適合性効果が大きい（図 2-3）。刺激反応適合性効果
の研究は，要素レベルの適合性を中心になされてきた。したがって，以降の本
章における刺激反応適合性効果は，特に説明のない限り要素レベルの刺激反応
適合性効果を指す。また本章では，空間的適合性を扱うに際して，多くの研究
が報告されている視覚を中心に取り上げる。
　刺激反応適合性効果は，刺激と反応の間に知覚的，概念的，構造的対応があ
る場合に生じ，主に空間的対応に関して検討されてきた。たとえば，図 2-4 上
段に示したように，左右に呈示される刺激に対して左右の反応を行う際には，

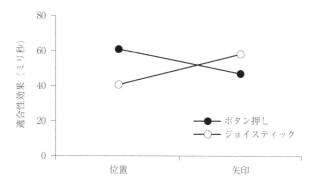

図 2-3　刺激の種類（位置，矢印）および反応方法（ボタン押し，ジョイスティック倒
し）ごとの刺激反応適合性効果（Mordkoff & Hazeltine, 2011a を基に作成）。
左右に呈示される刺激に対してはボタン押し反応でジョイスティック反応より
も（左側），逆に矢印刺激に対してはジョイスティック反応でボタン押し反応
よりも（右側），大きな刺激反応適合性効果が生じる。

右側の刺激に対して右側の，左側の刺激に対して左側のボタン押しで反応する
適合試行では，右に対して左，左に対して右のボタン押しで反応するという逆
反応を求められる不適合試行よりも，反応がはやく正確である（例，Brebner,
1973; Shaffer, 1965）。空間的刺激反応適合性効果は，空間表象に基づき行為が
為される際の人間の認知特性を反映する現象として，注目されてきた。

❖サイモン効果

　空間的刺激反応適合性効果は，刺激位置が課題に関係ない場合にも生じ，
Hedge & Marsh（1975）が発見者である J. Richard Simon にちなんで命名して
以来，サイモン（Simon）効果として広く知られている（Hedge & Marsh, 1975;
Hommel, 2011; Lu & Proctor, 1995; Mordkoff & Hazeltine, 2011b; Proctor, 2011;
Simon, 1990; Umiltà, 1994）。サイモン効果は最初，聴覚刺激に関して報告され
た（Simon & Rudell, 1967; Simon & Small, 1969）が，すぐに視覚刺激でも生じる
ことが示された（Craft & Simon, 1970）。聴覚におけるサイモン課題の例を挙げ
ると，参加者はヘッドフォンを通じて左右どちらかの耳に呈示される聴覚刺激
の音の高さに基づき，左右いずれかのボタンを押すことを求められる。このと

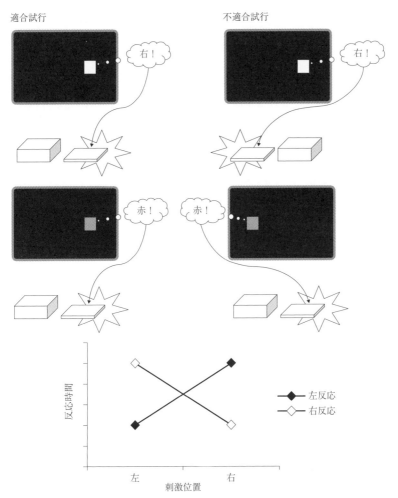

図 2-4　刺激反応適合性効果とサイモン効果の試行例と典型的な結果。上段が位置に基
　　　　づき左右の反応を選択する空間的刺激反応適合性効果，中段が刺激位置は課題
　　　　とは無関係であり刺激の色に基づき左右の反応を選択する際のサイモン効果の
　　　　試行例。左列が適合試行，右列が不適合試行の例である。下段のグラフは典型
　　　　的な結果のパタンを示す。左側に呈示された刺激に対しては右の反応が左の反
　　　　応よりも，右側に呈示された刺激に対しては左の反応が右の反応よりもはやい。
　　　　刺激反応適合性効果とサイモン効果でパタンは類似しているが，スケールが異
　　　　なるため，縦軸の目盛りは省略している。

き，どちらの耳に音が呈示されるかは課題とは無関係だが，右耳に呈示された場合には右のボタン押しが左のボタン押しよりも，左耳に呈示された場合には左のボタン押しが右のボタン押しよりも，はやく正確である。典型的な視覚サイモン効果の例を挙げると，画面の左右どちらかに呈示される刺激の色に対して赤なら右，緑なら左のボタン押しで反応する場合，赤色刺激が右側に出たとき（適合試行）には，左側に出たとき（不適合試行）よりも反応がはやく正確である（図 2-4 中段）。

　サイモン効果は，刺激が反応と同じ側に呈示される適合試行で反応が促進されることに由来するのだろうか，それとも逆側に呈示される不適合試行で反応が遅延しているのだろうか。刺激を中央の注視点やその上下に呈示した統制条件と比較すると，サイモン効果は刺激が反応と同側に呈示される際の促進効果，逆側に呈示される際の干渉効果両方から構成されると考えられている（例，Aisenberg & Henik, 2012; Kornblum et al., 1990; Wallace, 1971）。ただし，標的刺激の中央呈示を統制条件とした場合，解像度のよい視野の中心に刺激が呈示され，注視点から標的位置への注意のシフトも必要なく，非空間的特徴処理を行う上で有利だと考えられるため，促進効果の過小評価／干渉効果の過大評価が生じている可能性がある。また，刺激の上下呈示を統制条件とする際には，上下刺激と左右反応との間の直交型（orthogonal）適合性（Cho & Proctor, 2003; Nishimura & Yokosawa, 2006; 次章も参照）が影響する可能性があることに留意が必要である。

❖広義の刺激反応適合性

　ここで用語の確認をしておく。広義の刺激反応適合性効果は，それらが課題と関係あるかどうかにかかわらず，刺激と反応の特徴共有により反応が影響される現象をさす。サイモン効果は，広義の空間的刺激反応適合性効果のうち，刺激位置は課題とは関係ない場合をさす。刺激位置に基づき反応を行う場合の狭義の刺激反応適合性効果，サイモン効果とも，空間表象に基づく効果であることから，空間表象について論じる本書では広義の刺激反応適合性効果を扱い，刺激位置に基づかない課題での適合性効果については特にサイモン効果と呼んで区別した。なお，サイモン効果は，課題とは無関係な刺激情報の影響である

ことから，刺激に関する空間表象が身体を用いた行為に影響を及ぼす過程の自
動性について検討するのに用いられてきた。

❖刺激反応適合性効果の一般性

　刺激反応適合性効果および関連する現象は文化背景によらず広く観察される
頑健な現象である（Proctor & Vu, 2010）。適合性効果は練習により減少するも
のの，消失はしない（刺激反応適合性効果：Brebner, 1973; Dutta & Proctor, 1992,
サイモン効果：Proctor & Lu, 1999; Simon, Craft, & Webster, 1973）。また，サイ
モン効果は，色に対して反応する場合（Craft & Simon, 1970; Hedge & Marsh,
1975; Lammertyn et al., 2007; Rubichi & Nicoletti, 2006）のみならず，左右に呈
示される刺激の形（Hommel, 1993a; Lammertyn et al., 2007; Nicoletti & Umiltà,
1989; Umiltà & Liotti, 1987; Wallace, 1971）や文字種（Grosjean & Mordkoff, 2002;
Hommel, 1993a; Proctor & Lu, 1994; Wascher et al., 2001）などに基づいて左右反
応を行う場合でも生起し，さらに視覚刺激だけでなく聴覚刺激（Simon & Small,
1969）や触覚刺激（Hasbroucq & Guiard, 1992; Salzer, Aisenberg, Oron-Gilad, &
Henik, 2014）でもみられることから，刺激位置と反応位置の対応に一般的に生
じる現象だと考えられる。さらに，サイモン効果はサル（Nakamura, Roesch, &
Olson, 2005），ラット（Courtière et al., 2007），ハト（Urcuioli, Vu, & Proctor, 2005）
でも生じることから，人間のみならず（少なくとも一部の）生物の認知の基本
的プロセスを反映している可能性がある。
　空間的特徴共有以外でも，反応と特徴を共有する刺激特徴が課題に関係ない
場合（＝サイモン的効果）も含めて多様な適合性効果が生じることが報告され
ている。このような広範な適合性効果の例として，刺激の強度と反応の強さ
（Mattes, Leuthold, & Ulrich, 2002; Romaiguère et al., 1993），刺激の数と反応回数
（Miller, 2006; Miller, Atkins, & Van Nes, 2005），刺激の呈示時間の長短とボタン
押しの持続時間（Kunde & Stöcker, 2002），運動行為の知覚と関連・対応する身
体行為（Brass, Bekkering, & Prinz, 2001; Catmur & Heyes, 2011; Ricciardelli et al.,
2002），刺激単語の意味カテゴリと口頭反応のカテゴリ名（De Houwer, 1998）
などが報告されている。これらの知見は，刺激反応適合性効果の一般性を，さ
らには知覚と行為の相互作用の普遍性を示唆する。

❖刺激反応適合性効果の個人差

　刺激反応適合性効果は幅広い事態で生起する頑健な現象であるが，その大きさには個人差がみられる。適合性効果は一般に，加齢に伴い増大する（Proctor, Vu, & Pick, 2005）。しかし，位置情報と課題関連情報が別の刺激からもたらされる場合には，加齢の影響を受けない。標的刺激が画面中央に，課題とは無関係なアクセサリ刺激が左右どちらかに呈示されると，アクセサリ刺激側での反応が逆側よりもはやい（アクセサリサイモン効果：図2-5）。アクセサリサイモン効果では加齢による影響はみられないことから（Proctor, Pick, Vu, & Anderson, 2005; Simon & Pouraghabagher, 1978），高齢者は抑制すべき干渉情報が課題関連情報と同一刺激からもたらされる場合に特に大きな干渉を受けると考えられる。また，加齢によるサイモン効果の増大はバイリンガルでは低減することが報告されており，バイリンガルは干渉の抑制がよりうまくできる可能性が示唆されている（Bialystok et al., 2004）。Ridderinkhof et al.（2004）は，ADHD（attention deficit hyperactivity disorder；注意欠如・多動性障害）児が同年代の非ADHD児に比べて大きなサイモン効果を生じることや時間特性の検討から，抑制能力の違いについて論じた。また，信仰の違いがサイモン効果の大きさに影響することも示唆されている（Hommel et al., 2011）。

　利き手や身体使用経験など，身体表象が関与するかもしれない適合性効果の個人差も報告されている。通常，サイモン効果は刺激位置と反応位置が一致している適合試行と，していない不適合試行の比較で検討される。より細かく左右の刺激および反応別にみると，右利き参加者では，サイモン効果は一般に右側（右に呈示された刺激に対する左と右の反応の差，刺激が左に呈示された場合と右に呈示された場合の右反応の差）での方が，左側（左に呈示された刺激に対する左と右の反応の差，刺激が左に呈示された場合と右に呈示された場合の左反応の差）よりも大きい。一方，左利き参加者では左側でのサイモン効果の方が大きく，これは注意や反応選択のシステムの左右半球における不均衡や利き手の配置側での注意のバイアスに由来すると考えられている（Rubichi & Nicoletti, 2006; Spironelli, Tagliabue, & Umiltà, 2009; Tagliabue et al., 2007）。

　利き手による空間的適合性効果の違いが，生まれついてのものなのか，それとも経験を通じて獲得されてきたのかは定かではないが，利き手以外の身体経

図 2-5 アクセサリサイモン課題の例。参加者は，画面中央に呈示される標的刺激の色（赤／緑）に基づき左右のボタン押しを行う。標的刺激の出現と同時に，標的刺激の左右どちらかに，課題とは無関係の白色のアクセサリ刺激が呈示される。この例の場合，アクセサリ刺激が呈示された右側での反応が，左側での反応よりもはやくなる（Proctor et al., 2005 を基に作成）。

験による適合性効果への影響も報告されている。Pellicano, Iani, Rubichi, Ricciardelli, Borghi, & Nicoletti（2010）は，ドラム奏者ではギター奏者やベース奏者，非音楽家よりも刺激位置に基づき反応を行う際に生じる狭義の刺激反応適合性効果は小さいが，サイモン効果には違いがないことを示した。また，バレーボールとサッカーという手／足を駆使するスポーツ経験の違いが刺激反応適合性効果に影響することが示唆されている（Castiello & Umiltà, 1987）。

❖本章の概要

　空間的刺激反応適合性効果は，「ある位置に呈示された刺激は，同じ側での反応を促進する」という一見すると単純明快な現象である。しかしこの簡潔な説明の中にも，刺激が呈示される位置とは何に基づいて決定されるのか，刺激のどのような特性が反応に影響するのか，反応の「側」は何に基づき決定されるのか，どのようなメカニズムによって反応が促進されるのか，といった，刺激表象，反応表象，生起メカニズムといった，基本的な性質に関する多くの疑問が残されている。

　空間的適合性効果に関する研究は，近年特に多く発表されており（Proctor,

2011)，この現象の様々な側面に関連した膨大な知見がある。本章では，この
空間と身体の表象に基づく知覚と行為の相互作用の基本的性質を明らかにする
ために，それらの中から生起メカニズムおよび刺激と反応の表象に関する知見
を選択的に紹介する。具体的には，その生起メカニズムについて，広く受け入
れられている次元重複に基づく二重経路モデルで説明する。また，知覚と行為
の相互作用に関する近年影響力を増しているモデルとして，事象符号化理論に
ついても触れる。その後，刺激表象特性および反応表象特性について，それぞ
れ論じる。

2.2　適合性効果の説明仮説とモデル ……………………………………

✜次元重複

　Kornblum et al.（1990; Kornblum & Lee, 1995）は，刺激反応適合性効果のみ
ならず，色インクで書かれた単語の意味を無視しながらインクの色を回答する
際に単語の意味が干渉するストループ効果（MacLeod, 1991; Stroop, 1935）や，
標的刺激の周辺に呈示される隣接刺激が標的刺激とは別の反応に割り当てられ
ていると同じ反応に割り当てられているよりも反応がおそいフランカー適合性
効果（Eriksen & Eriksen, 1974）なども含む，認知情報処理課題全般の効率に関
して，特徴次元間の重なり（次元重複；dimensional overlap）の観点からの説明
を試みた（図2-6）。なお，刺激位置に基づき反応する狭義の刺激反応適合性課
題では刺激の課題関連特徴と反応特徴との間にのみ，サイモン課題では刺激の
課題無関連特徴と反応特徴との間にのみ，次元重複がみられる（Kornblum et
al., 1990）。サイモン効果，ストループ効果，フランカー効果はいずれも，課題
とは無関係な刺激情報が関連した認知的競合を反映すると考えられるが，それ
らの効果を生じるプロセスは異なる可能性がある。ストループ課題やフランカ
ー課題では刺激競合と反応競合の双方が生じることが示唆されているが，サイ
モン課題では反応競合のみが生じると考えられ，したがって反応競合や知覚と
行為の相互作用（特にその自動性）をより直接的に検討可能であると期待され
る（Hommel, 2011）。
　次元重複とは，次元間の知覚的，概念的，構造的対応を指す。刺激特徴次元

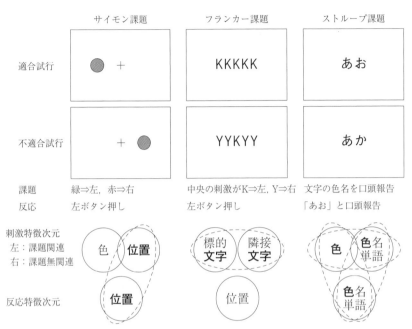

図 2-6　サイモン課題，フランカー課題，ストループ課題と次元重複。上段には各課題を（この例では，実際には，サイモン課題の刺激は緑色，ストループ課題の刺激（文字）は青色），下段にはそれぞれの課題の刺激の課題関連特徴次元，課題無関連特徴次元，反応次元間の次元重複を太字および破線で示した。

と反応特徴次元の間や刺激特徴次元間に次元重複がある場合，共通の特徴を持つ要素同士の組み合わせ（適合試行）の方が逆の特徴を持つ要素同士の組み合わせ（不適合試行）よりも，認知情報処理が促進されるために反応がはやくなる。左右に呈示される刺激と左右反応の間の空間的刺激反応適合性効果は，刺激と反応の左右空間特徴次元の間での次元重複に由来すると考えられる。次元重複により刺激反応適合性効果が生じるという考えは広く支持されており，その具体的なメカニズムについては，認知情報処理のための刺激特徴および反応の空間的符号化と，課題に基づく刺激から反応への変換経路に加えて刺激と特徴を共有する反応を自動的に活性化する情報処理経路の存在が仮定されている。それぞれについて，以下で述べる。

❖空間的符号化

　呈示された刺激や反応ボタンといった外界での事物の特徴は，内的に認知情報処理が可能な媒体である刺激コード，あるいは反応コードとして表象される（Nicoletti et al., 1982; Proctor & Vu, 2006; Umiltà & Nicoletti, 1990; Wallace, 1971）。これを符号化（coding）と呼ぶ。知覚および行為に関連した特性が相互に影響しうるコードとして符号化されることにより，刺激および反応の特徴を表象するコード間での干渉が生じる。空間的刺激反応適合性効果においては，刺激および反応は空間的に符号化されており，刺激コードが空間的特徴を共有する反応コードに影響することで適合性効果が生じる。その詳細なメカニズムは次の二重経路モデルで論じるが，簡単に述べると，刺激出現に伴い刺激位置を表象する空間刺激コードが形成され，反応を空間的に表象する空間反応コードのうち特徴を共有するものを自動的に活性化する。したがって，刺激と反応の空間コードが特徴を共有している場合，正しい反応が活性化されることにより反応選択が促進される（適合試行における促進効果）。反対に，空間刺激コードが押すべき側と逆の空間反応コードと対応している場合，刺激と同じ側の本来は押すべきでない反応も活性化されるために競合が生じ，競合の解消のために反応選択が遅延する（不適合試行における干渉効果）。

❖二重経路モデル

　二重経路（dual-route，あるいは二重処理：dual-process）モデル（図 2-7 にサイモン効果の例を示した）は，空間的符号化に基づく適合性効果のメカニズムについて，呈示された刺激情報が処理される 2 つの並行する経路を想定する（De Jong, Liang, & Lauber, 1994; Eimer, Hommel, & Prinz, 1995; Hommel, 1993a; Kornblum et al., 1990; Kornblum & Lee, 1995; Proctor et al., 1995; Zorzi & Umiltà, 1995）。1 つは自動（automatic）経路（無条件経路，直接経路とも呼ばれる）であり，もう 1 つは制御（controlled）経路（条件経路，間接経路とも呼ばれる）である。自動経路を通じて，刺激コードは課題条件にかかわらず特徴（ここでは左右位置）を共有する反応コードを自動的に活性化する。この経路での情報伝達は速く，条件によらず無意識的，自動的に作動すると考えられているが，この経路を通じての影響は標的の出現に伴う一過性のものかもしれない（後述の時

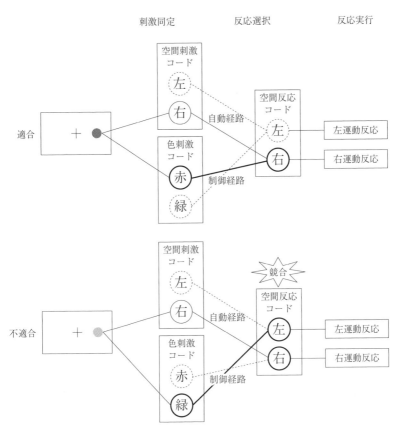

図 2-7　サイモン効果の二重経路モデルによる模式図。上段が適合試行，下段が不適合
　　　　試行を示す。課題は刺激の位置にかかわらず，赤に対して右反応，緑に対して
　　　　左反応することとした。刺激同定および反応選択段階での点線は接続を，実線
　　　　は活性化を，実線の太さは活性の強さを示す。適合試行では，自動経路，制御
　　　　経路とも同一の反応コードを活性化する。不適合試行では，両経路がそれぞれ
　　　　別の反応コードを活性化するため，反応競合が生じる（西村・横澤，2012）。

間特性参照）。自動経路は生来の，または多くの経験から形成された長期的な連合に基づくとされる。一方，制御経路では，任意の刺激特徴に関連した刺激コードが課題条件に基づいて適切な反応コードへと変換される。この経路での情報伝達は相対的に遅く，課題ルールに従い意図的になされ，意識的制御下にあると考えられている。この経路には，教示により形成された短期的な連合がかかわっているとされる。また，制御経路では，位置に基づき反応する狭義の適合性課題における適合条件のように刺激と同じ反応を行う同ルールの方が，不適合条件のように逆の反応を行う逆ルールよりも変換効率が良いとされている。

　刺激反応適合性課題において，刺激と反応が同側にある適合試行では，処理が相対的にはやい自動経路を通じて正しい反応に対応する反応コードが活性化され，反応選択が促進される。一方，刺激と反応が逆側にある不適合試行では，正しい反応とは逆の反応コードが活性化され，制御経路により活性化された正しい反応コードとの間に競合を生じることで，その解消に時間がかかるために反応選択が遅延し，干渉効果が生じる。サイモン効果は，制御経路では適合試行，不適合試行間で差がないために，この自動経路での作用のみに基づいて生じると考えられる（図2-7）。一方，刺激位置に基づき反応を決定する課題では，前述のように制御経路の変換効率自体も適合条件で不適合条件よりも優れるとされており，両経路が寄与していると考えられる。これは，位置に対して反応する際の刺激反応適合性効果は位置以外の属性に対して反応する際の刺激反応適合性効果（サイモン効果）よりも大きいこと（Umiltà & Nicoletti, 1990 参照）とも合致する。ただし，刺激位置に基づき反応する課題では，刺激位置が課題に関係した特徴であるため，課題とは関係ない特徴であるサイモン課題の場合よりも空間刺激コードの活性化レベルが高く，したがって自動経路を通じて反応コードに及ぼす影響も大きいために，適合性効果の大きさに違いが生じている可能性もある。

　上記の二重経路モデルが仮定するメカニズムにみられるように，一般に適合性効果は反応選択段階で生じると考えられている（Hommel & Prinz, 1997; Kornblum et al., 1990; Lu & Proctor, 1995; Proctor & Reeve, 1990; Proctor & Vu, 2006）。反応選択段階とは，課題遂行時の認知情報処理を，刺激同定，反応選択，

反応実行の3段階に大まかに分けた際に真ん中の段階となる，刺激コードを反応コードに変換するための処理段階を指す。1つの反応ボタンだけを使用するため反応間での選択の必要がない検出課題やgo/no-go課題では，たとえ左右どちらかに反応ボタンが配置されていたとしても適合性効果は通常はみられない，あるいは大幅に低減されること（Berlucchi et al., 1977; Davranche et al., 2019; Hasbroucq, Kornblum, & Osman, 1988; Sebanz et al., 2003）も，適合性効果が反応選択段階で生じているとする説と合致する。

　Hasbroucq & Guiard（1991）は，サイモン課題では刺激の課題関連次元（色など）と割り当てられた反応の空間位置との間で連合が形成され，そのため刺激の課題関連特徴と刺激の位置特徴との間での刺激特徴間の競合が生じて刺激同定段階でサイモン効果が生じると主張した。また，Stoffels, van der Molen, & Keuss（1989）は，ある要因が特定の処理段階で作用しているならばその処理段階に影響する他の要因と交互作用を生じるという加算的要因の論理（additive factors logic）に基づき，サイモン効果は刺激同定段階に関連するとされる操作により影響を受けることから，刺激同定段階で生じると主張した。しかしながら，いずれの主張も拠って立つ証拠や論理に対する反証がなされており（Hommel, 1993a, 1995），適合性効果が刺激同定段階で生じるとする説はあまり支持されていないといえよう。

❖時間特性
　課題とは無関係に作用する自動経路の時間特性について，サイモン効果を用いて検討されてきた。一般に，サイモン効果は刺激呈示直後に最大となり，時間が経過するにつれて減少していく。たとえば，Hommel（1993a）は，刺激の偏心度，背景からの弁別のしやすさ，背景との輝度コントラスト，呈示開始から弁別可能になるまでの時間を操作し，刺激の同定にかかる時間のサイモン効果への影響について検討した。その結果，刺激の同定にかかる時間が長いと，サイモン効果は低減，消失した。Simon, Acosta, Mewaldt, & Speidel（1976）は，サイモン課題を用いて標的呈示の後にgo信号が出たらボタン押しをするように教示した。標的呈示後，go信号が呈示されるまでの時間が長くなるにつれ，サイモン効果は減少していった。

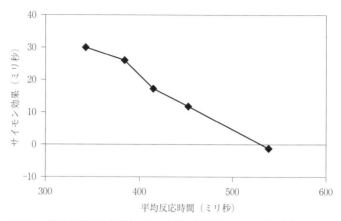

図 2-8　横軸を各五分位階級ビンの平均反応時間（ミリ秒），縦軸をサイ
　　　　モン効果の大きさ（ミリ秒）とした分布解析結果のグラフの例
　　　　（西村・横澤，2017 の実験データから作成）。

　サイモン効果および自動経路の時間特性を検討するために最もよく使われて
きた手法は，分布解析（distribution analysis）である（De Jong et al., 1994; Proc-
tor, Miles, & Baroni, 2011; Ratcliff, 1979）。分布解析では，参加者ごとに適合試行，
不適合試行をそれぞれ反応時間がはやい順に並べて等分し，それぞれの平均値
を算出する。たとえば，5 等分した場合には，適合試行，不適合試行それぞれ
につき，次第に大きくなっていく 5 つの代表値を持つビン（bin），すなわち五
分位階級ビンができる。各ビンについて不適合試行から適合試行を引くとサイ
モン効果が算出される。各ビンでの適合試行と不適合試行の平均反応時間また
はビンそのものを横軸に取り，縦軸にサイモン効果または適合，不適合別の反
応時間を取ってプロットすると，時間経過に伴うサイモン効果の変遷から，そ
の時間特性が視覚化される（図 2-8）。左右に呈示される視覚刺激の位置以外の
特徴に対して両手で左右のボタン押しを行う通常のサイモン課題では，一般に
反応時間が長くなるにつれサイモン効果は減少していく。
　反応時間の直接的な操作や分布解析の結果は，サイモン効果は通常，刺激呈
示から時間が経過するにつれて減少していくことを示してきた。これは，自動

経路を通じた刺激と特徴を共有する反応の活性化はすばやく生じるがその影響はすぐに失われていくことを示唆する。このサイモン効果の減少が，課題とは無関係な空間刺激コードや自動経路を通じての反応の活性化の時間経過に伴う自動的な減衰を反映しているのか（Hommel, 1994），それとも積極的な抑制を反映しているのか（Burle, van den Wildenberg, & Ridderinkhof, 2005; Ridderinkhof et al., 2004）は定かでないが，これにより課題には無関係な刺激位置情報が課題遂行に強く干渉し続けることがなくなっている。なお，サイモン効果に関してここで述べた以外の時間特性が報告されることもあるが，その点については次章で論じる。

❖事象符号化理論

　刺激反応適合性効果も含む，知覚，認知，行為の表象特性や相互作用についての枠組みとして，人間の認知情報処理全般に関する事象符号化理論（theory of event coding）が提案され（Hommel et al., 2001），大きなインパクトを与えている。事象符号化理論によると，知覚と行為は，それぞれを構成する外界における事象としての特徴に基づき，共通の特徴コードによって符号化されている（図2-9）。すなわち，古典的な情報処理概念と異なり，知覚と行為を完全な別物とはみなさず，知覚に関連する刺激表象と行為の計画に関連する反応表象は，共通の特徴コードを用いて表象されているとする（共通符号化；common coding：Prinz, 1997 も参照）。事象符号化理論では，たとえば右に呈示された刺激と右反応はいずれも共通の「右」コードを用いて表象されると考える。これらの特徴を表象する認知コードが共通であるためには，知覚，行為とも表象のレベルは感覚器への刺激や内的運動特性そのものではなく環境における外的事象でなければならない。そのため，事象符号化理論では，運動行為はその結果として生じる知覚事象として表象・制御されるとする観念運動（ideomotor）原理（James, 1890; Prinz, 1997：詳細は「2.4　反応表象」で述べる）に拠っている。また，事象符号化理論は物体の特徴の結びつきとしての物体表象であるオブジェクトファイル（Kahneman, Treisman, & Gibbs, 1992）を行為にまで拡張し，関連したあるいは時間的に近接した刺激事象や行為事象の特徴はイベントファイルへと統合されるとする（Hommel, 1998, 2004）。

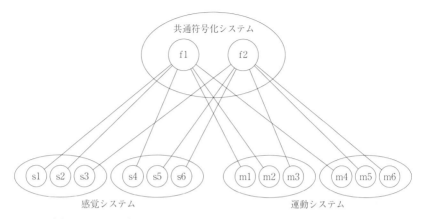

図 2-9　事象符号化理論（Hommel et al., 2001）における共通符号化。知覚，行為とも，
　　　　外界における特徴（の組み合わせ）として表象されている。共通符号化システム
　　　　における特徴コードは，感覚システムおよび運動システム双方とつながっている。

　事象符号化理論の枠組みで適合性効果を考えると，知覚事象を表現する空間
コードと行為事象を表現する空間コードは同一なので，知覚により特定の空間
コードが活性化されるとそのコードで表現されている行為事象がダイレクトに
活性化されると考えられる。適合性研究の文脈では，現在も次元重複に基づく
二重経路モデルが主流だが，事象符号化理論は適合性効果に関して得られてき
た知見ともおおむね合致する。また事象符号化理論は，（主として）事象内の
知覚による行為への影響である適合性効果だけでなく，事象間も含めた知覚と
知覚，知覚と行為，行為と知覚，行為と行為の相互作用や特徴統合の特性を理
解する枠組みとなってきた（Müsseler & Hommel, 1997 ; Nishimura & Yokosawa,
2010a, 2010b ; Schubö, Aschersleben, & Prinz, 2001 ; Stoet & Hommel, 2002）。

2.3　刺激表象 ··

　刺激位置がどのように表象されているかは，外界認知の基盤の 1 つでもあり，
われわれが持つ空間表象に関して多大な示唆を与える。刺激特徴のうち刺激の
位置は，それが何であるかやその方位と同様に，その刺激に対して行為を行う

上で非常に重要である。また，刺激位置に関しては，多くの特徴の中でも特に根本的で重要な特性とされることも多い（Hommel, 1998; Treisman & Gelade, 1980）。左右の刺激位置に基づき左右の反応を行う刺激反応適合性課題では，ブロック内で刺激が呈示される位置の間の相対的位置関係に基づき適合性効果が生起することが示唆されている（Proctor & Vu, 2006; Umiltà & Liotti, 1987）。しかし位置に対して反応する課題の場合には，刺激の位置を課題要求に合わせて意図的に解釈する必要があり，参加者の解釈も関与する可能性がある。そこで，刺激の空間表象を規定する参照枠に関しては，意図的に位置を解釈する必要のないサイモン効果を用いての検討が多い。

　「左右に呈示された刺激」に対して左右の反応を行う際，刺激と反応が同じ側にある場合，逆側にあるよりも反応がはやく正確である。では，何が刺激の左右位置を規定するのだろうか。何に対する刺激の左右位置が適合性効果を生じるのだろうか。反応行為に影響を与える刺激の空間表象は，何に基づき形成されるのだろうか。

❖複数の参照枠に基づく符号化

　まずはじめに，刺激の左右位置を定める基準について考えてみよう。呈示された刺激の左右位置を規定する参照枠の候補は多く存在する。たとえば，観察者の正中線に対する左右位置（半側空間），観察者が視線を向けて（注視して）いる場所に対する左右位置（半側視野），刺激が呈示される可能性のある場所の間の相対的左右位置（相対位置）それぞれに関して，独立して刺激の左右位置が定義されうる（図2-10参照）。これらに基づく左右位置は，参加者の正面に注視点があり，その左右に刺激が呈示されるような通常の実験状況では一致しているが，Lamberts, Tavernier, & d'Ydewalle（1992）は呈示される刺激の半側空間，半側視野，相対位置を独立して操作した。刺激は図2-10に示した8カ所のうちのいずれかに呈示された。各試行は，画面の左右どちらかに注視点として十字が呈示されることで開始し，その後注視点の左右どちらかに2つの四角形が出現し，その四角形の片方の中に標的刺激が呈示された。したがって，注視点が出た側が左右の半側空間，四角形の注視点に対する位置が左右の半側視野，2つの四角形のうち標的刺激が呈示された側が左右の相対位置であ

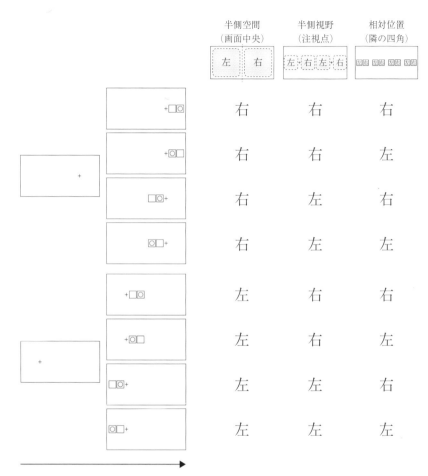

図 2-10　Lamberts et al.（1992）の試行の流れと半側空間，半側視野，相対位置に基づく左右の符号化。左側に試行の流れ（矢印）を示した。十字は注視点を示す。注視点の左右どちらかに 2 つの四角が隣り合って呈示され，参加者は片方の四角の中に呈示される刺激の形状（この図では円）に従って左右のボタン押しをするように求められた。右側には，それぞれの刺激呈示位置における各参照枠に基づく左右の符号化を示した。半側空間は画面中央（＝画面正面に座った参加者の正中線）に対する左右位置，半側視野は注視点に対する左右位置，相対位置は隣り合う四角のうち刺激が呈示されなかった側に対する左右位置である。

った。実験の結果，半側空間，半側視野，相対位置のそれぞれについてサイモン効果が独立に生じた。このことから，半側空間，半側視野，相対位置の3つの参照枠すべてに基づく空間表象が同時に形成され，行為に影響していることが明らかとなった（Roswarski & Proctor, 1996 も参照）。また，Lleras, Moore, & Mordkoff（2004）は，参加者の正面に呈示した注視点と，実験的に操作した外発的（exogenous）注意（ある場所での突然の物体の出現や変化などにより自動的，強制的にその場所へと向けられる注意）の焦点位置それぞれに対する刺激の左右位置に基づくサイモン効果が同時，同程度に生起することを示した（Danziger, Kingstone, & Ward, 2001 も参照）。複数の参照枠に基づく刺激の空間的符号化は，これまでみてきた正面，注視点，外発的注意の焦点に対する左右位置，相対的左右位置といったような左右次元内だけに限定されない。刺激，反応とも左右，上下の両次元で変化する場合には，上下と左右の刺激反応適合性効果が同時に生じることから，刺激位置は左右次元と同時に上下次元に関しても符号化されていると考えられる（Nicoletti & Umiltà, 1984; Rubichi et al., 2006）。

　また，刺激が左右に呈示されていない場合でも，記憶や心的イメージ，文脈に基づくサイモン効果が報告されている。記憶した刺激の非空間的特徴に基づいて左右の反応を行う際に，その刺激が呈示されていたときの左右位置に基づきサイモン効果が生じる（Hommel, 2002; Zhang & Johnson, 2004）。心的イメージも刺激の空間的符号化に影響し適合性効果を生じる。たとえば，数字に対して左右反応をする際に，小さい数が左側，大きい数が右側にある定規をイメージして6 cm より長いかを判断する場合には小さい数では左，大きい数では右反応がはやいが，小さい数が右側，大きい数が左側にある時計をイメージして6 時より遅いかを判断する場合には逆の組み合わせではやく，全く同じ数字に対する判断でも心的イメージの空間的性質の影響を受けることが示唆されている（Bächtold, Baumüller, & Brugger, 1998）。また，心的イメージ内で左右位置と結びついた刺激は，中心に呈示されていても結びついた側での反応の方が逆側での反応よりもはやい。たとえば，A と B が左右どちらかにある地図をイメージしながら，画面の中心に呈示される A と B に対して左右反応を行う際，イメージ内の地図での A，B の位置と同じ側の反応がはやい（Tlauka & McKenna, 1998）。さらに，実際には左右位置での変化がなくても，左右位置を

示唆する文脈手がかりがあれば，それに基づき刺激位置は左右として符号化されうる。正立状態から90°回転した顔の目の位置（物理的には上下）に標的刺激を呈示した場合，正立していた場合に左側になる目の位置に出た刺激に対しては左の，右側になる目の位置に出た刺激に対しては右の反応がはやく，顔画像の左右の目という文脈に基づく刺激反応適合性効果がみられた（Hommel & Lippa, 1995; Proctor & Pick, 1999）。このような背景画像の文脈に基づく左右位置の符号化は，背景画像の上下がはっきりしていれば顔に限らずみられる（Pick, Specker, Vu, & Proctor, 2014）。このように，個々の刺激位置は様々な（時には同時に複数の）参照枠に基づき，自動的に空間的に符号化されることが示唆されている。

❖左右の感覚器とサイモン効果

　標的刺激が右眼と左眼のどちらに呈示されたかという身体関連要因も，行為に影響を与えるという報告がある（Valle-Inclán, Hackley, & de Labra, 2003; Valle-Inclán, Sohn, & Redondo, 2008）。左右の眼にそれぞれ，同一の四角い枠線を呈示すると，同一の刺激が両眼に呈示されるため，参加者には融合された四角い枠線が中央に知覚される。片眼の枠線内にのみ標的刺激を呈示したとき，標的刺激が知覚される位置は中央であるにもかかわらず，標的刺激が呈示された眼（右眼／左眼）と反応位置（右反応／左反応）が左右で一致している場合の方が逆の組み合わせよりもはやいという，単眼サイモン効果が生じた（Valle-Inclán et al., 2003）。これにより，刺激される受容器の解剖学的左右位置も空間的符号化の参照枠となりうることが示された。さらに，単眼サイモン効果はどちらの目に標的刺激が呈示されたか弁別できたかどうかにかかわらず生じたことから，身体特性に関連した行為への影響は意識体験に依存しない自動的なものであることが示唆された。また，外環境における刺激の左右位置と刺激が呈示される眼を同時に操作すると，空間サイモン効果と単眼サイモン効果は独立して生じ異なる時間特性を示したことから，標的刺激の外環境における左右位置の空間表象と呈示された眼の左右に基づく身体関連表象は，同時に形成されいずれも左右反応に影響することが示唆されている（Schankin, Valle-Inclán, & Hackley, 2010）。

　単眼サイモン効果は，聴覚での空間的適合性効果に関しても示唆を与える。聴覚刺激呈示は，ヘッドフォンを通じて行われることも多い。右耳に呈示された刺激は右側の，左耳に呈示された刺激は左側の刺激として扱われる。しかしながら，この場合標的刺激が左右どちらから聞こえたかという空間的要因に加えて，左右どちらの耳に刺激が呈示されたかという身体関連要因も関与していることになる。視覚と聴覚でしばしば異なるサイモン効果の性質が報告される（例，Nishimura & Yokosawa, 2010 c）のは，感覚器への刺激の違い（視覚刺激は両眼呈示が多いが，聴覚刺激はヘッドフォンを通じて片耳のみに呈示されることもある）が関与している場合もあるかもしれない。

❖階層的符号化

　上記のように，刺激は様々な参照枠に基づいて空間的に符号化されることが明らかになってきたが，Tlauka & McKenna（2000）は，個々の刺激が属す上位ユニットが刺激位置の符号化において主要な規定因となると主張した。彼らの実験では，図2-11上段に示したような実線によって視覚的に明示された上位ユニット内の複数の場所に刺激が呈示された。大きな長方形の枠線を線分でおおむね左右に分けた2つの領域が上位ユニットであり，各上位ユニット内に3つずつある合計6つの小さな四角形が個々の刺激位置である。標的刺激は実際には同時に呈示されることはなく，毎試行この6つの四角形のうち1つが呈示された。特に注目すべき刺激位置は，図2-11上段に矢印で示した，上位ユニット位置と個々の刺激位置が左右の観点から逆になる位置である。参加者は，刺激の位置に基づいて左右のボタン押しを求められ，上位ユニット内の3つの刺激は同一の反応に割り当てられた。あるブロックでは上位ユニットと同じ側のボタン押しを行い，別のブロックでは逆側のボタン押しを行った。空間的適合性効果は個々の刺激の空間位置ではなく，上位ユニットの全体的な位置に基づき生じた。たとえば，図の矢印で示された上側の刺激位置に対しては，刺激位置自体は右側にもかかわらず，所属する上位ユニット位置である左の反応の方がはやかった。また，この上位ユニット適合性効果は上位ユニット内における個々の刺激位置には影響されなかった。Tlauka & McKenna（2000; Tlauka, 2004）は，刺激位置の符号化も後述する反応位置の符号化と同様に階層的にな

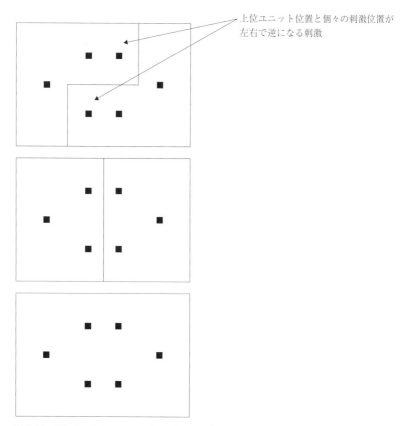

上位ユニット位置と個々の刺激位置が
左右で逆になる刺激

図 2-11　Tlauka & McKenna（2000）および Nishimura & Yokosawa（2012）で用いら
　　　　れた，上位ユニットに関連した刺激配置の模式図。各試行で，黒の正方形で
　　　　図に示した 6 つの標的刺激のうちどれか 1 つだけが呈示された（西村・横澤，
　　　　2012）。

され，刺激の符号化で上位階層にあるのが，視覚手がかりに基づき形成された
上位ユニット位置であるとした。

　Nishimura & Yokosawa（2012）は，Tlauka & McKenna（2000）では，刺激
の空間表象を規定する上位ユニットの形成に関して以下の 2 要因が分離されて
いないことを指摘し，それぞれの寄与について検討した。1 つは，Tlauka &

McKenna が主張する視覚手がかりの存在であり，もう1つは上位ユニットを構成する各刺激の同一反応への割り当てである。これらの要因の検討は，行為に影響する刺激位置の知覚は視覚手がかりという知覚関連のボトムアップ的要因に規定されるのか，それとも反応割り当てという行為関連のトップダウン的要因に規定されるのかという重要な問題の解明を目指すものであった。さらに，これらの要因のうちいずれかが他の要因に優先して符号化される場合，他の要因も寄与するかについても検討した。上位ユニットを形成する視覚手がかりを取り去り，外枠のみを呈示した（図2-11下段）場合，反応割り当てがあれば視覚手がかりがなくてもやはり上位ユニット位置に基づく適合性効果が生じた。また，上位ユニット適合性効果は，上位ユニット位置と個々の刺激位置が逆になる場所（図2-11上段，矢印で示した標的刺激位置）で最も小さくなったことから，個々の刺激位置も同時に符号化されていると考えられる。さらに，視覚手がかりがある場合にはこの上位ユニット適合性効果の違いが生じなかった（Tlauka & McKenna, 2000）ことから，視覚手がかりも主要な規定因とはならないものの上位ユニットの形成に寄与することが示唆された。

　一方，参加者が上位ユニット位置と個々の刺激位置が逆となる2カ所の刺激（図2-11上段，矢印で示した）に対してのみ反応し，したがって反応割り当てがない場合，視覚手がかりが呈示されていても，上位ユニット適合性効果は生じず個々の刺激位置に基づく適合性効果が生じた。たとえば，図の矢印で示された上側の位置に呈示された標的刺激に対しては，上位ユニット位置である左側ではなく，その刺激位置と対応する右側での反応がはやかった。ただし，個々の刺激位置に基づく適合性効果の大きさは視覚手がかりによって影響された。上位ユニット位置と個々の刺激位置が逆の場合（図2-11上段），同じ場合（図2-11中段）よりも適合性効果が小さく，視覚手がかりによる上位ユニットも，その程度は弱いながらも個々の刺激位置と同時に符号化され，行為に影響を与えることが示唆された。

　Nishimura & Yokosawa（2012）は，刺激が属す上位ユニットの全体的な位置が刺激位置の主たる規定因となるには，上位ユニット内の複数の刺激が同じ反応に割り当てられている必要があることを示した。これにより，どの反応に割り当てられているかという行為関連要因が，刺激位置の知覚を規定し，その

空間表象により同側の行為が促進されるという，双方向的な知覚と行為の相互作用を明らかとした。また，上位ユニットは反応割り当てにより形成されると刺激位置の主要な規定因となったが，上位ユニットを視覚的に示す手がかりや個々の刺激位置も同時に刺激反応適合性効果に影響し，厳密な符号化の階層構造というよりは複数の参照枠に基づく刺激位置の符号化がやはり支持された。刺激位置の符号化のための参照枠は実に多様であり，複数の参照枠に基づく刺激の空間表象が，同時に左右の反応選択に影響しうる。また，この過程における各参照枠の寄与は課題状況によって決定されると考えられる。

❖行為を促進する知覚事象

　様々な参照枠により規定された位置で生じている何が，同じ側での反応を活性化するのだろうか。行為に自動的に影響しサイモン効果を生じる刺激は，その課題においてどちらの反応を行うべきかを指示する標的刺激に限られない。あらかじめ指示された左右いずれかのボタン押し反応の準備をし，その後左右いずれかに反応の実行を指示する刺激（go 信号）が呈示されたらできるだけはやくボタンを押すことを求められたとき，押すべき反応ボタンと同じ側に go 信号が呈示された方が，逆側に呈示された場合よりも反応がはやい（Hommel, 1996a）。さらに，課題遂行上は一切関係がない知覚事象も，サイモン効果を生じる。画面の中央に呈示される標的視覚刺激に対して左右のボタン押し反応を行うとき，標的刺激と同時に画面の左右どちらかに課題とは全く無関係な刺激（アクセサリ刺激）が呈示されると，そのアクセサリ刺激が呈示された側の反応が逆側の反応よりもはやくなる（アクセサリサイモン効果。図 2-5。Moore et al., 2004; Proctor, Pick et al., 2005; Treccani, Umiltà, & Tagliabue, 2006）。このように，課題と全く関係ない刺激でもその出現により同側の反応が活性化されることが示唆されている。これらを総合すると，ある位置に出現した刺激は何であれ，同側での反応を活性化すると考えられる。

　刺激の出現により，行為に影響を及ぼすかもしれない 2 つの事象が生じる。1 つは，その位置において変化が起きる。もう 1 つは，その位置に感覚器への刺激源が存在する。Nishimura & Yokosawa（2010 c）は，刺激のいかなる知覚特性が特徴を共有する反応行為を活性化するのかを明らかにするために，ア

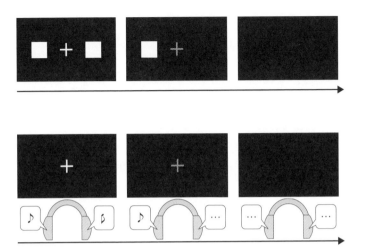

図 2-12　視覚アクセサリ刺激（上段），聴覚アクセサリ刺激（下段）の消失を用いたサ
　　　　　イモン効果の実験（Nishimura & Yokosawa, 2010c）の模式図。視覚版では，
　　　　　試行開始と同時に左右に白色の四角が呈示され，標的呈示と同時に左右どち
　　　　　らかの四角が消失した。聴覚版では，試行開始と同時にヘッドフォンを通じ
　　　　　て左右の耳に異なる音が呈示され，標的呈示と同時に左右どちらかの音が消
　　　　　失した。

クセサリ刺激の消失を用いてこれらの 2 つの知覚特性を分離した（図 2-12）。
参加者は注視点の色に基づき左右のボタン押し課題を行った。各試行開始時に
は，白色の注視点と，その左右両方に視覚アクセサリ刺激が呈示された。注視
点が赤か緑で呈示されると同時に，左右に呈示されていたアクセサリ刺激のう
ち片方が消失した。これにより，消失側では変化が生じ，残存側では刺激源が
存続することとなった。結果は，消失側での反応の方が残存側よりもはやく，
変化に基づくサイモン効果が生じた。さらに，サイモン効果の大きさは変化と
刺激源からの入力が同じ場所で生じるアクセサリ刺激の出現の場合と同程度で
あり，外界で生じた変化が一意にサイモン効果を決定することが示唆された
（Galfano et al., 2008; Wühr & Kunde, 2006 も参照）。しかし，アクセサリ刺激が
聴覚を通じて与えられた場合には異なる結果が生じた。視覚アクセサリ刺激の
場合と同様の注視点の色に対して反応する課題で，視覚アクセサリ刺激のかわ

りにヘッドフォンを通じて左右の耳に聴覚アクセサリ刺激を与え，視覚標的刺激呈示と同時に片耳の音のみ消失させたときには，アクセサリ刺激の残存側での反応が消失側よりもわずかにはやかった。この結果は，聴覚では刺激源からの感覚器への定常的入力の寄与が過渡的変化よりも大きいことを示唆する。視覚刺激と聴覚刺激では，行為に影響する知覚特性が異なるのかもしれない。

❖物体の持つ空間情報

　様々な参照枠に基づく左右の空間位置情報のみならず，物体そのものが持つ左右情報も反応選択に影響することが知られている。左右を向いた矢印や左右を意味する単語は，対応する左右反応との間に刺激反応適合性効果を生じる（Eimer, 1995; Lu & Proctor, 2001; Masaki, Takasawa, & Yamazaki, 2000; Ricciardelli et al., 2007; Wang & Proctor, 1996）。たとえば，右向き矢印や右を意味する単語が呈示された場合，右反応が左反応よりもはやい。加えて，顔や目の画像の視線方向（Ansorge, 2003; Ricciardelli et al., 2007; Zorzi et al., 2003），指差し方向（Nishimura & Michimata, 2013），刺激の運動方向（Bosbach, Prinz, & Kerzel, 2004; Kerzel, Bekkering, & Hommel, 2001; Proctor et al., 1993）も矢印などと同様に，対応する反応を自動的に活性化し適合性効果を生じる。

　加えて，物体の持ち手や方位なども対応する左右反応を促進することが報告されている（Symes, Ellis, & Tucker, 2005, 2007; Tipper, Paul, & Hayes, 2006; Tucker & Ellis, 1998; Vainio, Ellis, & Tucker, 2007）。Tucker & Ellis（1998）は，フライパンや急須など持ち手のある日常物体の正立／倒立を左右のボタン押しで回答させた。物体の持ち手は右側または左側のどちらかを向いていた。左右の手でボタン押しを行う場合，持ち手の側での反応がはやかったが，片手の人差し指と中指でのボタン押しでは，持ち手の位置による影響はみられなかった。Tucker & Ellis（1998）は，この結果をその物体に備わった行為の可能性（アフォーダンス；affordance）の観点から，持ち手は向けられた側の手で掴むことをアフォードするため両手反応では適合性効果が生じるが，指の動きをアフォードすることはないため片手反応では生じないと説明した。

　しかし，この「アフォーダンス」適合性効果と呼ばれる現象が本当にアフォーダンスに基づくといえるのかは明らかでない。持ち手が奥側にある場合でも

適合性効果が生じること（Phillips & Ward, 2002）や，持ち手を持ち手ではなくしても物体と類似した形態の刺激を用いたら同様に適合性効果が生じること（Cho & Proctor, 2010），物体のアフォーダンスとは直接関係ない身体部位を使用しての反応（片手の指2本や足でのボタン押し）でも適合性効果が少なからず報告されていること（Cho & Proctor, 2010; Phillips & Ward, 2002; Symes et al., 2005; Vainio et al., 2007）などは，アフォーダンスに基づく説明とはそぐわない。物体の左右どちらかに注意を向けているとそちら側の反応が促進されること（Anderson, Yamagishi, & Karavia, 2002）などと考え合わせると，少なくとも左右反応への影響に関する空間的アフォーダンス適合性効果とされている現象に関しては，呈示された物体の左右への偏りや注意が向く側に基づく通常のサイモン効果の範囲内での空間表象に基づく説明が可能である場合も多い。

✤刺激コードの形成

　次元重複に基づく二重経路モデルは，刺激や反応の符号化（刺激コードおよび反応コードの形成）に基づいて適合性効果を説明する。サイモン効果における刺激コードの形成過程に関して2つの有力な仮説が提唱されている。1つは注意のシフト説（Nicoletti & Umiltà, 1989; Rubichi et al., 1997; Stoffer, 1991）であり，もう1つは参照符号化（referential coding）説（Hommel, 1993b）である。

　注意のシフト説は，注意のシフト方向に関して空間刺激コードが形成されると仮定する。したがって，外発的，内発的（endogenous：意図的）を問わず最後に注意がシフトした方向が重要であり，その方向に合致する側での反応が活性化されることになる。注意を捕捉することが知られている，視覚刺激の出現（Posner, 1980）や消失（Chastain & Cheal, 2001; Theeuwes, 1991）は，同側の反応を活性化しサイモン効果を生じる（Nishimura & Yokosawa, 2010 c）。また，片方に標的，もう片方にフィラーが呈示され変化が両側で生じた場合（Hommel, 1993b; Proctor & Lu, 1994）や，左右両側に刺激列が呈示された後にその中のどれが標的かが示されたために左右での変化は均等である場合（Van der Lubbe, Jaśkowski, & Verleger, 2005）でも，標的位置に関してサイモン効果が生じる。このような両側に刺激が呈示された場合には，参加者は課題遂行のために標的に注意を向けると考えられる。また，前述の刺激反応適合性効果を生じる刺激

である矢印，単語，視線方向，指差し方向はいずれも，注意のシフトを生じる
とされている（例，Ariga & Watanabe, 2009; Friesen & Kingstone, 1998; Hommel,
Pratt, Colzato, & Godijn, 2001）し，物体の左右どちらかに注意を向けていると
そちら側での反応が促進される（Anderson, Yamagishi, & Karavia, 2002）。さら
に，Figliozzi, Silvetti, Rubichi, & Doricchi（2010）は視運動性刺激（optokinetic
stimulation）を用いて，画面上の視覚刺激の運動方向と注意のシフト方向が逆
になる場合には注意のシフト方向に基づきサイモン効果が生じることを示した。

このように多くの研究や知見が，注意のシフトとサイモン効果が生じる事態
の共通性を示唆してきたが，一方で注意のシフト説では説明し難いサイモン効
果もある。たとえば，複数参照枠に基づく刺激位置の符号化（Lamberts et al.,
1992）と適合しないのが注意のシフト説の問題点の1つである。さらに，注意
のシフト説に基づくと，あらかじめ注意を向けた位置ではそうでない位置より
も小さなサイモン効果が生じることが予測されるが，必ずしもそのような結果
になるわけではなく，この点について議論が続いている（Abrahamse & Van
der Lubbe, 2008; Klein & Ivanoff, 2011）。一般に，注意のシフトを引き起こす刺
激はサイモン効果も生じさせるが，注意のシフトが原因となってサイモン効果
が生じているのかについては議論の余地がある。

参照符号化説は，標的刺激が呈示されたのとは逆側の潜在的刺激呈示位置や
注視点などをはじめとする画面上の有形・無形の様々な基準となる物体や位置
に対する標的刺激の相対的位置に関して空間刺激コードが形成されると仮定す
る。これは複数参照枠に基づく符号化（Lamberts et al., 1992）や90°回転した
顔画像に関するサイモン効果（Hommel & Lippa, 1995）とはよく合致するが，
やはり参照符号化説とも適合しない現象もある。たとえば，参照符号化説では
アクセサリサイモン効果（Moore et al., 2004）と逆の結果を予測する。アクセ
サリ刺激は画面上で標的刺激を符号化するための基準物体として働くはずなの
で，アクセサリ刺激が出た側ではなく，アクセサリ刺激に対する標的の側，す
なわちアクセサリ刺激が出たのとは逆の側に関する空間コードが形成されると
考えられる。しかしアクセサリ刺激の側での反応がはやいというアクセサリサ
イモン効果の生起は，アクセサリ刺激の側の空間コードが形成されたことを示
唆し，参照符号化説とは適合しない。参照符号化説の枠組みでアクセサリサイ

モン効果を説明するためには，空間コードは必ずしも標的刺激に関してのみ形成されるのではなく，画面上の顕著な刺激に関しても形成され行為に影響するなどの更なる仮定が必要になるだろう。

　注意のシフト説と参照符号化説はサイモン効果に関する多くの予測を生み，それらに基づく多くの研究を生み出してきたが，どちらもそのままではすべての現象を説明できない。参照符号化説は，適合性効果における主要な知見の1つである複数参照枠に基づく符号化（Lamberts et al., 1992; Nishimura & Yokosawa, 2012）を説明可能である。一方で，眼球運動や到達運動のような空間的行為と空間的注意の間には密接な関係が示唆されており（Deubel & Schneider, 1996; Deubel, Schneider, & Paprotta, 1998），適合性効果においても注意が一定の働きをしていることも十分にありうると考えられる。参照符号化説の枠組みにおける注意の役割として，第一に，注意の焦点位置もまた空間コード形成のための基準の1つとして作用しているのかもしれない（Lleras et al., 2004）。第二に，各参照枠の重みづけに注意が関連していることが考えられる。複数参照枠に基づく空間的符号化におけるそれぞれの参照枠に関連した刺激コードの適合性効果への寄与は環境要因と内的要因によって決定され（Nishimura & Yokosawa, 2012），そのプロセスには外発的および内発的注意が深く関わっているのかもしれない。

❖適合性効果における刺激の空間表象

　適合性効果における刺激位置は，複数の参照枠に基づく符号化により規定される。その際に用いられる潜在的参照枠は，外界環境に由来するもの，標的刺激に内在するもの，観察者の記憶やイメージに基づくもの，標的刺激に対する行為関連特徴に基づくものなど多岐にわたる。これらの参照枠に規定された位置での変化が，特徴を共有する反応を活性化する刺激コードを形成するが，変化が位置を一意に定めない場合には他の要因に基づき刺激コードが形成される。この複数参照枠に基づく刺激位置の符号化のプロセスには空間的注意が関係していることが示唆されている。

2.4　反応表象 ··

　刺激反応適合性効果における反応の表象には，空間と身体の表象はどのよう
にかかわっているのだろうか。刺激反応適合性効果において何が左右の反応を
規定するのか，あるいは反応コードがどのように形成されるのかを検討するこ
とは，我々がどのように行為を表象しているかの解明につながり，また行為の
制御を高める環境の開発にも示唆を与える。知覚された刺激特徴が自動的に活
性化するのは反応行為のどの側面であり，それはどのように決定されるのだろ
うか。

❖反応の空間的符号化の規定因

　通常の刺激反応適合性課題では，左右に配置されたボタン押しが反応行為と
して用いられ，右手で右側に配置された右ボタンを，左手で左側に配置された
左ボタンを押す。この場合，空間において反応がなされる左右位置（反応が右
にあるか左にあるか）と反応を行う効果器（effector）の身体的解剖学的左右特
性（反応を右手で行うか左手で行うか）は一致している。左右の手とボタンの位
置を分離することで身体と空間の表象のどちらが反応行為を規定するのかを明
らかにするために，刺激位置に対して反応する際の刺激反応適合性効果（Anzola
et al., 1977; Brebner, Shephard, & Cairney, 1972; Nicoletti et al., 1982）でも位置以
外に対して反応する際のサイモン効果（Roswarski & Proctor, 2003; Simon,
Hinrichs, & Craft, 1970; Wallace, 1971; Wascher et al., 2001）でも，腕を交差する
ことにより右手で左ボタン，左手で右ボタンを押す反応方法で適合性効果の検
討がなされてきた。その結果，第一に，反応に用いる効果器ではなくて反応の
位置に関して適合性効果が生じることが明らかになった。腕の交差によらず，
反応位置に基づく適合性効果の大きさは同程度であった。第二に，交差による
全体的な反応時間の遅延がみられることから，使用する手の左右に関しても何
らかの形で符号化されているものの，それが刺激反応適合性効果には寄与しな
いと考えられる。第三に，視覚課題では，「右手でボタンを押して下さい」な
どと教示を手について行っても，「右側のボタンを押して下さい」などとボタ

ンについて行っても，ボタン位置に基づくサイモン効果の程度には有意な影響がみられず（Roswarski & Proctor, 2003; Wascher et al., 2001），反応を身体表象に基づいて符号化する方略は適用できないことが示唆される。まとめると，行為に用いる手の左右同一性は符号化されていることが示唆されるものの，それは意図によらず反応行為の符号化には寄与しないと考えられる。またこの知見は，二肢選択課題で広く用いられる両手を用いた左右のボタン押し行為を規定するのは身体表象ではなく，身体が操作する位置の空間表象であることを示唆する。Heister, Ehrenstein, & Schroeder-Heister（1986, 1987）は，片手の人差し指と中指を用いた左右のボタン押しで掌を上に向けるか下に向けるか（＝どちらの指がどちらの反応ボタンを押すか）に関わらず，適合性効果は反応ボタン位置に関して生じることを示した（Katz, 1981 も参照）。これらの結果から，どの手や指でボタンを押すかは適合性効果には影響しないと考えられる。Riggio, Gawryszewski, & Umiltà（1986）は，左手は左側，右手は右側に置いた状態で両手に一本ずつ持った棒を交差させて左右のボタン押しを行うことで，反応時に効果器が置かれている位置（手の位置）と反応装置（行為目標＝ボタン）の位置を分離した。これにより参加者は右（左）側に置いた右（左）手で左（右）ボタン押しを行ったが，ボタンの位置に基づく刺激反応適合性効果が生じた。彼らはこの結果から，刺激反応適合性において反応行為を規定するのは行為を行う手が置かれた位置やその手が左右どちらの手であるかではなく，行為目標（ここでは反応ボタン）の位置であると論じた。

　刺激反応適合性を規定するのは何に対する反応ボタンの位置かについても検討されてきた。Nicoletti et al.（1982）は，ボタン同士の相対的左右位置と身体に対するボタンの左右位置を分離し，左右ボタンを両方とも左右いずれかの半側空間に置くことで参加者の身体に対する反応の左右位置を一定にし，ボタンの相対的位置に基づく適合性効果を得た。反応の符号化における相対的位置の重要性は，単純反応課題や go/no-go 課題でも示唆されている。前述のように一般に検出課題や go/no-go 課題では適合性効果はみられない（あるいは大幅に低減される）が，これらの課題でも左右のボタンの上に両手をおいて片手だけで反応する場合，左右のボタンのうち片方をある反応課題で使用しもう片方を混在する別の課題で使用する場合，反応に左右どちらのボタンを使用するかを

ブロック間で変更する場合などをはじめとして，もう片方のボタンの存在が強調される場合には適合性効果が報告されている（Ansorge & Wühr, 2004; Dolk et al., 2011; Hommel, 1996a; Ivanoff & Klein, 2001）。このように，空間的刺激反応適合性効果を生じる知覚から行為への影響においては，効果器の解剖学的左右，効果器が置かれている左右位置，身体に対する反応の左右位置ではなく，反応同士の相対的左右位置が反応行為を規定すると考えられる。

❖行為の階層的符号化

　これまでに述べてきたように，腕を交差した場合などから，通常は効果器の解剖学的左右に基づく刺激反応適合性効果は生じない。しかし，反応ボタンが外環境において左右特徴を持たず空間表象が用いられない場合には，内的左右特徴に基づく身体表象が反応行為の左右を規定することが示唆されている。Klapp, Greim, Mendicino, & Koenig（1979）は，左右に刺激を呈示し，1 つの反応ボタンの上と下に配置した右手と左手のうちどちらかを使ってそのボタンを押す課題を用いて，反応ボタン位置が左右次元で変化しない場合には，反応に用いる手の左右に基づき左右の刺激反応適合性効果が生じることを示した。また，中心からわずかに左右にずれた上下配置の 2 つの反応ボタン押しを左右の手を使って暗闇の中で行う際に，その反応ボタンの位置まで実験者が参加者の腕を移動させることで，ボタンおよび左右の手の空間的な位置関係を曖昧にした場合には，実際には手の位置が交差している場合でもその程度がわずかであれば，刺激位置と手の解剖学的左右の対応に基づく適合性効果が生じる可能性がある（Worringham & Kerr, 2000）。

　Heister, Schroeder-Heister, & Ehrenstein（1990）は，適合性効果における左右反応の空間的符号化について，階層的符号化（hierarchical coding）説を提唱した。階層的符号化説によると，反応符号化は，反応（ボタン）位置（行為の空間表象），反応に用いる効果器の位置（身体位置に関する空間表象），反応に用いる効果器の解剖学的左右（身体表象）の順に上位から下位に階層的に決定され，上位階層の符号化が不可能なときのみ下位階層の要因に基づき左右反応が規定される（Ehrenstein, Schroeder-Heister, & Heister, 1989; Klapp et al., 1979）。したがって階層的符号化説に基づくと，反応ボタンが左右位置で変化する場合

には効果器の解剖学的左右（例，右手か左手か）は反応を規定しえないが，反応位置が左右情報を持たず空間表象が使用できない場合，効果器の解剖学的左右という身体表象が反応表象における左右を規定する。両手で上下配置のボタンを操作する際に，その手が右手か左手かが行為を規定するのは，空間的刺激反応適合性以外でもみられる。手の符号化が課題に関して一貫している場合には，左右の手に基づく SNARC 効果（小さい数と左，大きい数と右の認知的対応，Dehaene, Bossini, & Giraux, 1993）が報告されている（Müller & Schwarz, 2007）。また，使用する手の左右に基づく行為の符号化がなされるかは，その手（左右の身体表象）が上下どちらの反応を操作するか（上下の空間表象）に関して，左右の身体表象と上下の空間表象の構造的対応（第3章参照）が一致するかどうかに依存する可能性も示唆されている（Nishimura & Yokosawa, 2010a）。

❖行為効果と行為の解釈

　観念運動原理（Hommel et al., 2001; James, 1890; Prinz, 1997; Stock & Stock, 2004）は，行為表象に関して多大な示唆を与える。観念運動原理によると，行為はその結果として生じる知覚事象と強く結びついて表象されており，その知覚表象が活性化されることによって行為が実行される。またその過程において，知覚表象は筋肉の動きや運動そのもののパラメータといった内的な特性よりもむしろ，外界における様々な知覚事象の特性から構成されると考えられる。このため，行為の表象においては行為の結果として生じる知覚事象（行為効果；action effect，あるいは反応効果；response effect）の重要性が示唆される。なお，観念運動原理は事象符号化理論の根幹の1つであるが，次元重複に基づく二重経路モデルにおける反応表象にも適用可能であり，行為がいかに符号化されるか，あるいは反応コードが形成されるレベルに関する示唆を与える。そのため，観念運動原理をベースとした行為効果に関する研究結果は，これらの適合性効果の説明仮説のいずれがより適切かを示すものではない。

　通常，ボタン押しは押した位置での身体感覚や触覚，視覚，聴覚的事象などを伴う。そのために反応ボタンの位置が反応行為を規定すると考えられる。Hommel（1993c）の実験では，参加者は左右いずれかから呈示される聴覚刺激に対して左右のボタン押しで反応した。左ボタンを押すと右側のライトが，

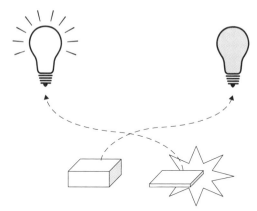

図 2-13　ボタン押しに伴う逆側での行為効果としてのライトの点灯

右ボタンを押すと左側のライトが点灯した（図2-13）。すなわち，ボタン押しの顕著な行為効果として，ボタンの位置とは逆側でライトの点灯が生じた。左右のボタンを押すように教示すると，聴覚刺激の呈示された側のボタンを押す方が逆側のボタンを押すよりもはやく，ボタンの位置に基づいてサイモン効果が生じた。一方，左右のライトをつけるように教示すると，行為自体はボタン押し教示と同様にもかかわらず，聴覚刺激がボタン側ではなく逆のライト側に呈示された方がボタン押しがはやく，ライト位置に基づいてサイモン効果が生じた。また，押したボタンと同じ側にライトが点灯する場合のサイモン効果は，逆側に点灯する場合に比べて大きい傾向にあった。視覚刺激に対するボタン押し反応課題における聴覚行為効果の場合も同様に，ボタンと同じ側で音による行為効果が生じる場合には音がない場合よりもサイモン効果が増加し，逆側で生じる場合には減少するなど，行為効果と行為の間の適合性効果が示されてきた（Grosjean & Mordkoff, 2002; Hommel, 1996b; Kunde, 2001）。同じ反応を行う場合でも，どの行為効果を生じさせようと意図するかによって異なるサイモン効果が生じることから，反応を空間的に規定する行為効果に関しては参加者の意図的制御下にあることが示唆される。また，行為効果がボタン押しと同じ側で生じるか逆側で生じるかでサイモン効果の大きさが変化することから，反応

図 2-14　ハンドルの上を持つ場合と下を持つ場合での，ハンドル回しにおける
　　　　ハンドルの回転方向と手の運動方向。

を規定する以外の行為効果も符号化され，行為表象に影響を与えることが示唆
される。

　ハンドル回しによる反応行為を用いた研究（Guiard, 1983; Proctor, Wang, &
Pick, 2004; Stins & Michaels, 1997; Wang, Proctor, & Pick, 2003）でも，刺激反応
適合性における反応の規定因として行為の解釈が重要であることが示唆されて
いる。ハンドルの回転方向は，時計回りは右回り，反時計回りは左回りと解釈
される。ハンドルの上側を持って回す際には，手を右に動かすとハンドルも時
計回り（＝右回り）に動くため，手の運動方向とハンドルの回転方向は一致す
る。しかし下側を持って回す際には，時計回りでは手を左に，反時計回りでは
右に動かすことになり，ハンドルの回転方向と手の運動方向が一致しない（図
2-14）。左右の刺激に対して下を持ってハンドルを回す場合には，全体として
は適合性効果がみられないが，ハンドルの回転方向に基づく適合性効果と手の
運動方向に基づく適合性効果を示す参加者がおおよそ半々であった。さらに，
課題教示を手の運動方向について行った場合には，ほぼ全参加者がハンドルの
回転方向ではなくて手の運動方向に基づく適合性効果を示し，手の運動方向に

基づくハンドル回し行為の符号化がなされたことが示唆された。一方ハンドル
回転教示でも，ハンドル回しに伴いハンドルの回転方向と対応して左右方向に
動く行為効果を画面上に呈示した場合には，ほぼ全参加者は行為効果の方向
（＝ハンドルの回転方向）に基づく適合性効果を示した。これらの結果はやはり，
同じ行為でも状況によって柔軟に符号化され，またその過程において行為効果
が重要な役割を担っていることを示唆する。

❖適合性効果における反応の空間表象

　刺激反応適合性効果における行為の規定には，複数の参照枠に基づく符号化
が関連すると考えられる。行為の符号化に潜在的に関連する各要因はあらかじ
め重み付けされており，それぞれの寄与は課題セッティングなどの外環境や意
図などの内的状態との相互作用によって最終的に決定される。反応装置の相対
的位置の重要性が示唆されてきたが，これは反応の選択肢間の弁別の重要性と
反応に伴うその位置での自然な行為効果に由来するかもしれない。複数の競合
する行為効果が存在する場合，それぞれの寄与は行為者の意図に基づきある程
度柔軟に決定される。この柔軟な行為の符号化は，行為の目的志向的で柔軟な
制御を可能にしていると考えられる。また，同一次元内での複数の行為効果に
よる影響や，左右と上下（Nicoletti & Umiltà, 1984; Rubichi et al., 2006）や左右
と色（Hedge & Marsh, 1975; Lu & Proctor, 1994）など，複数の次元にわたって
の反応特徴が同時に適合性効果を及ぼすことは，複数の参照枠に基づき行為が
規定されうることを示唆する。一方で，上記のような外環境における空間表象
が反応の符号化に使用できない場合にのみ，効果器の解剖学的左右特性といっ
た身体表象が反応を規定し，刺激の空間表象と相互作用すると考えられる
（Heister et al., 1990）。

　刺激反応適合性効果が，両手でのボタン押し左右反応だけでなくハンドル回
しや片手での左右ボタン押し，左右への眼球運動，左右単語の発声など，左右
に関連した幅広い反応方法で生じること（Heister et al., 1987; Lugli, Baroni,
Nicoletti, & Umiltà, 2016; Wang & Proctor, 1996; Wühr, 2006）や，行為の解釈の
重要性は，刺激反応適合性における高次要因の関与を支持する。また，腕の交
差にかかわらず反応ボタン位置に基づき同程度の適合性効果が生起すること，

半側視野以外の刺激の左右特性も適合性効果を生じることも考え合わせると，単純反応課題では刺激と反応が同じ大脳半球で処理されることによるアドバンテージがみられる可能性はあるものの（Anzola, Bertoloni, Buchtel, & Rizzolatti, 1977; Marzi, Bisiacchi, & Nicoletti, 1991），刺激反応適合性効果は刺激が最初に投射される大脳半球と反応に用いる効果器を制御する大脳半球が一致しているかどうかには由来しないか，その寄与はきわめて小さいと考えられる。

2.5　身体表象に基づく刺激反応適合性効果 ·····································

　最後に，身体部位を刺激として用いた場合の，空間表象と身体表象の行為への統合について論じる。身体部位や身体運動が視覚呈示された際には，その身体部位を用いた対応する行為が自動的に活性化され，呈示された効果器を用いた行為の促進（効果器プライミング）や自動的な模倣などを生じることが示唆されている（例，Brass, Bekkering, Wohlschläger, & Prinz, 2000; Liepelt, Prinz, & Brass, 2010）。たとえば，右手や左手を呈示すると，右手あるいは左手を用いた行為に影響が生じる（Ottoboni, Tessari, Cubelli, & Umiltà, 2005; Vainio & Mustonen, 2011）。また，特定の指を動かすのは，観察している指の動きに影響される（Brass et al., 2000; Liepelt, Von Cramon, & Brass, 2008）。

　近年，これらの身体表象を介した知覚と行為の相互作用であるところの効果器プライミングや模倣適合性効果と，空間表象に基づく知覚と行為の相互作用であるところの空間的適合性効果が同時に生起することが示されている。効果器の対応と空間的対応について，Nishimura & Michimata（2013）は，左右どちらかに向かって指さしをしている右手または左手の画像を呈示し，指さし画像に重ねて呈示された標的の色に基づく両手を用いた左右のボタン押しへの影響を検討し，指さし方向と反応ボタン位置の間の空間的適合性効果と指さししている手と反応に用いる手の左右同一性に基づく効果器プライミングの両方が同時に生じたことを報告した。また，選択した指を動かす課題においても，身体表象の同一性に基づく模倣適合性効果と空間的対応に基づく空間的適合性効果が同時に生起することも報告されている（Bertenthal, Longo, & Kosobud, 2006; Catmur & Heyes, 2011）。これらの結果は，刺激も身体表象に関連してい

るのであれば，空間表象が優先されることなく，空間表象に基づく影響と身体
表象に基づく影響が同時に生起することを示唆している。また，身体表象に基
づく効果は空間表象に基づく効果とは異なる時間特性を示し，前者の方が成立
するまでに時間を要することが示唆されている（Catmur & Heyes, 2011;
Nishimura & Michimata, 2013; Vainio & Mustonen, 2011）。

2.6　刺激反応適合性研究の意義 ……………………………………………

　本章では，空間的刺激反応適合性効果およびサイモン効果について，その基
本特性と生起メカニズムに関するモデルおよび刺激と反応の表象特性について
概説した。左右に呈示される刺激に対して左右の反応を行う場合，刺激と反応
が同側にある方が逆側にあるよりも，課題成績が良い。この空間的適合性効果
は，広範にみられる頑健な現象であり，次元重複に基づく二重経路モデルで説
明される。刺激および反応は空間的に符号化され，刺激コード，反応コードが
形成される。刺激コードは，同時に複数の参照枠に基づき形成される。反応コ
ードに関しては，外環境における空間表象が内的身体表象よりも重要であり，
また行為効果が重要な役割を果たしていることが示唆される。刺激コードは，
課題で指示された刺激から反応への変換を行う制御経路と，刺激が空間的特徴
を共有する反応を自動的に活性化する自動経路の 2 つの認知情報処理経路を通
じて反応コードを活性化する。二重経路によって同じ反応コードが活性化され
た場合（適合試行）には反応が促進され，異なる反応コードが活性化された場
合（不適合試行）には反応が遅延する。また，適合性効果に関する知見は，観
念運動原理に基づき知覚と行為は共通の認知表象で符号化されるとし両者の相
互作用全般を説明する，事象符号化理論とも合致している。

　刺激反応適合性は，人間の認知機能の理解，検討対象以外の要因による影響
を排除した実験デザイン，応用的観点それぞれに関して重要な示唆を与えるこ
とから，様々な研究が行われてきた。認知機能面では，刺激反応適合性効果の
検討は人間の知覚と行為の相互作用を直接的に調査する最もシンプルな手法の
1 つとして受け入れられてきた（Hommel, 2011）。適合性効果研究は，人間の知
覚情報処理において，知覚・認知といった入力・処理だけでなく，出力レベル

である行為に関する視点も含み，知覚と行為の間をつなぐ反応選択段階について検討できる。従来の研究より，刺激反応適合性効果そのものに関する多くの特性が判明し，生起メカニズムに関する広く受け入れられているモデルが提案されている。一方で，いまだに残された問題も存在する。たとえば，空間的適合性効果やサイモン効果は，異なる課題の混在や経験などにより影響され，減少，消失，時には逆転さえすることがある（例，Marble & Proctor, 2000; Tagliabue et al., 2000）。これは，二重経路モデルにおける自動経路は厳密な意味で自動的でない可能性を示唆する。この点も考慮した，様々な事態における適合性効果の変化も説明可能な修正モデルの開発が求められる。

　空間的刺激反応適合性効果で得られた知見は，知覚による行為への自動的な影響のみならず，多様な局面における認知機能の解明にも寄与することが期待される。たとえば，サイモン課題は反応競合を生じることが知られており，反応選択に関する認知的競合および競合の認知制御（例，Burle et al., 2002）について調べるのに適していると考えられる。また，適合性効果における多様な刺激表象および反応表象に関する知見は，我々が外界における位置をどのように表象しているかという空間認知，行為の促進のために必要な刺激入力，行為をどのようなレベルで表象・制御しているかをはじめとした人間の知覚情報処理における空間と身体の表象特性に関して重大な示唆を与えるのみならず，社会的状況において他者の知覚，課題，競合，行為などがどのように表象されているのかを調べるためにも利用できる（Dolk et al., 2011; Sebanz, Knoblich, & Prinz, 2003）。本章でみてきたような，刺激反応適合性効果の特性および認知的背景に関する広範な知見から，適合性効果は多様な認知機能を探る上での有用なツールとしても用いられ，成果を上げている（Hommel, 2011; Proctor, 2011）。

　実験デザイン面では，心理学実験において適合性が交絡する可能性をうまく統制するためには，適合性について知ることが必要である。これは一見対応のない刺激と反応の組み合わせにも適合性が存在する場合には特に問題になると考えられる。たとえば，心理学実験における二肢選択課題では往々にして，左右のボタン押しが反応として用いられるが，そのような場合には適合性効果の統制のために上下配置の刺激が用いられるなど，適合性の統制のために直交軸に沿った知覚と行為が採用されることがある（Duncan, 1984; Müsseler, Wühr, &

Prinz, 2000；Wallace, 1971）。しかしながら，上下と左右の間でも刺激反応適合性効果は生じる（直交型刺激反応適合性効果：Cho & Proctor, 2003，直交型サイモン効果：Nishimura & Yokosawa, 2006；次章も参照）ため，そのような場合であっても留意が必要である。また，刺激表象および反応表象で見てきたように，課題環境や教示のちょっとした違いによって同じ刺激や反応でもどのように表象されるかが変化する場合がある。

　応用面では，適合性効果は人間にとって使いやすく認知的負担の軽い装置やインターフェースのデザインに重要な示唆をもたらす。特に緊急事態の際や高齢者にとって，適合性の高いデザインはヒューマンエラーの低減のために重要である。実際，応用的側面に着目した適合性（呈示部 – 操作部（display-control）適合性とも呼ばれる）研究も報告されている（例，Chan & Chan, 2011a；Chapanis & Lindenbaum, 1959；Proctor, Vu et al., 2005；Yamaguchi & Proctor, 2006）。左右に呈示された刺激に対する左右反応のような単純な刺激と反応の組み合わせでは，人々はどのような組み合わせが適合的であるか，すなわちはやく正確に反応，操作できるかを正しく理解できるが，複雑な事態においては直観的な理解と実際の適合性は乖離していく（Tlauka, 2004）ことも，適合性研究の重要性につながる。デザインに関連した空間的適合性研究の例としては，前後 2 列にそれぞれ左右 2 つずつ並んだ 4 つ口コンロの各操作部を 1 列に並べて配置する際に最適な並べ方を調べるなどが挙げられる。また，鍵盤が光ることで次に操作する（弾く）べき鍵盤を教えるキーボードなどは，刺激が次に行為を行うべき位置を示すという点で刺激反応適合性の観点から優れたデザインといえよう。

第3章　左右と上下の空間表象と身体表象

3.1　左右と上下の身体特性 ··

　我々人間は，大まかに見れば左右対称であるように思われる。しかし，内臓の配置や，脳や身体の機能に関しては，左右対称でない場合も多い。たとえば身体に関しては，手や目は機能的に左右均等ではなく，利き手や利き目が存在する。また，左右の手については，弓手と馬手といった使用上の機能に関連した名称があり，西洋文化においてはフォークを持つ手とナイフを持つ手という区別が認知機能にまで影響している可能性が示唆されている（Tsai, Knoblich, & Sebanz, 2011）。脳機能においても左右差が知られている。大脳は，脳梁で結ばれた左右の大脳半球から構成されるが，身体感覚・身体運動制御に関しては，右半身は大脳左半球が，左半身は大脳右半球が担当するという，対側支配がみられる。また，左視野の視覚情報は右半球に，右視野の視覚情報は左半球に投射される。このような環境の知覚や身体を用いた行為のみならず，これらの知覚と行為をつなぐ認知機能においても，左右の大脳半球には機能差が存在することが知られている。たとえば，右手利きの人の多くでは左半球が言語優位半球である。また，半側空間無視患者の研究などから，空間的注意については右半球に側性化がみられることが示唆されている（Corbetta & Shulman, 2011）。さらに，空間関係を処理するにあたり，たとえばAはBの上にある，といった質的，定性的関係に基づくカテゴリカル処理と，AはBと3cm離れている，といった距離などの定量的関係に基づくコーディネイト処理の2種類が存在し，前者は左半球優位が，後者は右半球優位が示唆されている（Hellige & Michimata, 1989; Kosslyn, 1987, 1994; Saneyoshi & Michimata, 2009）。このように脳機能に基づく知覚，認知，行為の側性化は広く知られており，心理学における「左右」の問題は側性化に帰着しがちである。しかしながら，脳機能の側性

化には必ずしも由来しないと考えられる，左右の空間表象および身体表象に関
連した，知覚と行為の認知過程における相互作用として，空間的刺激反応適合
性効果が知られている。

　本章では，刺激反応適合性における上下と左右の空間表象特性について比較
検討し，上下と左右での身体表象の関与の異同も含めて論じる（西村・横澤，
2014）。はじめに，左右と上下のサイモン効果の時間特性および身体表象の関
与について論じる。次に，刺激位置，反応位置ともに左右，上下両次元で変化
し，空間的適合性が同時に左右と上下の両空間次元において存在する場合に，
しばしば左右の適合性効果は上下の適合性効果よりも大きいという，適合性効
果における左右の優勢について，優勢の規定因と身体特性の観点から論じる。
続いて，上下に呈示された刺激に対して左右反応を行う際の直交型刺激反応適
合性効果から，左右空間表象と上下空間表象の認知的対応および反応空間にお
ける身体表象の関与について論じる。その後これらの知見をまとめ，他の関連
する知見と合わせて，空間的刺激反応適合性効果において，身体表象が空間表
象に及ぼす影響について論じる。なお，本章では左右と上下に関連した刺激反
応適合性効果に関する包括的な説明も行うため，身体表象に直接は関連しない
事象についても取り上げる。

3.2　左右と上下の自動的空間処理に関わる時間特性……………………

　刺激反応適合性効果は，主として左右に呈示される刺激に対する左右の反応
を用いて，左右の空間特徴に関して検討されてきたが，左右だけでなく上下の
空間次元においても適合性効果は生じる。上下に呈示される刺激に対して，上
下に配置されたボタン押し反応を行う場合，上側に呈示された刺激に対して上
反応，下側に呈示された刺激に対して下反応が割り当てられている方が，上側
に呈示された刺激に対して下反応，下側に呈示された刺激に対して上反応が割
り当てられているよりも，反応がはやく正確である（Nicoletti & Umiltà, 1984;
Vu, Proctor, & Pick, 2000）。上下の適合性効果の大きさは，反応が実際に鉛直軸
上で上下に配置されていても，水平面上へと上が奥側，下が手前側で投影され
前後に配置されていても同程度である（Vu et al., 2000）。また，上下の適合性

効果は，左右の適合性効果とおおむね同程度の大きさである（Vu et al., 2000）。
刺激位置が課題に無関係なサイモン効果も，位置に対して反応する狭義の刺激
反応適合性効果と同様，上下次元に関しても観察され（Valle-Inclán & Redondo,
1998; Vu, Pellicano, & Proctor, 2005; Wiegand & Wascher, 2005），上下と左右で
効果の大きさは同程度である（Vallesi, Mapelli, Schiff, Amodio, & Umiltà, 2005;
Vu et al., 2005）。

✣ サイモン効果でみられる2種類の時間特性

　このように一見すると左右の適合性効果と上下の適合性効果との間には差が
ないようであるが，サイモン効果を用いた研究では，両者の時間特性に違いが
みられることが報告されてきた。時間特性の検討には，反応時間の分布解析
（distribution analysis）がよく用いられる（第2章参照）。左右に呈示される刺激
の色や形に対して，左ボタンを左手で，右ボタンを右手で押す，通常の左右サ
イモン課題では，サイモン効果は反応時間が長くなるにつれて減少していく
（De Jong, Liang, & Lauber, 1994; Rubichi, Nicoletti, Iani, & Umiltà, 1997; Vallesi et
al., 2005; Wascher, Schatz, Kuder, & Verleger, 2001; Wiegand & Wascher, 2005）。
一方，上下サイモン課題では，サイモン効果は反応時間が長くなっても減少し
ない，あるいは反応時間に伴いむしろ増加することが多い（Stürmer, Leuthold,
Soetens, Schröter, & Sommer, 2002; Vallesi et al., 2005; Wiegand & Wascher, 2005）。
また，視覚呈示された刺激に基づき中心から左右あるいは上下への片手での到
達運動が開始されるまでの反応時間においても，左右のサイモン効果でのみ時
間経過に伴う減少が生じ，上下のサイモン効果は時間経過によらず一定であっ
た（Buetti & Kerzel, 2008）。

　分布解析による反応活性化の時間特性の検討の妥当性については，分散の違
いに関連した議論もある（Zhang & Kornblum, 1997）が，分布解析を用いずに
反応のはやさを実験的に操作して時間特性を検討した研究でも，分布解析と一
致した結果が得られている。標的刺激が呈示されてから，反応開始を示す go
信号が呈示されるまでの時間が長くなると，左右のサイモン効果は減少してい
った（Simon, Acosta, Mewaldt, & Speidel, 1976）。また，刺激を弁別しにくくす
ることで反応時間を長くした場合にもやはり，左右のサイモン効果は減少・消

失する（Hommel, 1993, 1994a, 1994b；Vallesi & Umiltà, 2009：第2章も参照）が，
上下のサイモン効果は影響されない（Vallesi & Umiltà, 2009）ことが示され，
分布解析と合致する知見が得られている（Proctor, Miles, & Baroni, 2011）。

　しかしながら，この左右と上下のサイモン効果の間で一般にみられる時間特
性の違いは，必ずしも左右と上下の空間次元の違いそのものには由来しないこ
とが示唆されている。反応に用いる左右の手と反応ボタン位置との間に左右次
元において矛盾がない場合には一般に，視覚刺激による左右のサイモン効果は
時間とともに減少するものの（Buhlmann, Umiltà, & Wascher, 2007），両腕を交
差して右ボタンを左手で，左ボタンを右手で押す場合（Wascher et al., 2001），
聴覚刺激に対して反応する場合（Proctor & Shao, 2010；Wascher et al., 2001），
左右どちらかに呈示される課題とは無関係なアクセサリ刺激によるサイモン効
果（図2-5；Proctor, Pick, Vu, & Anderson, 2005），左右を示す矢印や単語などの
記号的刺激や視線によるサイモン効果（Ansorge, 2003；Pellicano, Lugli, Baroni,
& Nicoletti, 2009）では，反応時間の増加に伴うサイモン効果の減少はみられな
い。また，片手を用いた左右反応（二指を用いたボタン押し，ハンドル回し，左
右に動かすことによる到達運動）では，サイモン効果は時間経過に伴い減少する
場合（Buetti & Kerzel, 2008；Cho & Proctor, 2010；Proctor & Vu, 2010；Rubichi &
Pellicano, 2004），減少しない（あるいは増加後に多少減少する）場合（Wiegand &
Wascher, 2007a）とも報告されている。左右いずれかに呈示される視覚刺激に
対するサッケード反応ではサイモン効果は減少関数を示すが，標的と反対側に
もフィラー刺激を呈示するとビンによらず一定のサイモン効果が生じる（Lugli,
Baroni, Nicoletti, & Umiltà, 2016）。また一方で，上下次元におけるサイモン効果
でも，刺激の標的特徴と反応位置の組み合わせをブロック内でランダムに変化
させ毎試行教示する場合には，反応時間の増加に伴いサイモン効果が減少する
（De Jong et al., 1994；Valle-Inclán & Redondo, 1998；Wiegand & Wascher, 2007b）。

❖視覚運動サイモン効果と認知的サイモン効果

　サイモン効果は課題状況により異なる時間特性を示すことから，異なるメカ
ニズムに基づくサイモン効果の存在が示唆され，時間経過に伴い減少する場合
は視覚運動（visuomotor）サイモン効果と，減少しない場合は認知的（cognitive）

サイモン効果と呼ばれている（Vallesi & Umiltà, 2009; Wascher et al., 2001; Wiegand & Wascher, 2005, 2007a, 2007b; Wühr & Biebl, 2011）。視覚運動サイモン効果は，視覚刺激に対して，反応位置と矛盾しない位置に両手などを置いた状態や片手を動かして反応する場合，どの刺激に対してどちらの反応を行うかの組み合わせがブロック内で試行ごとにランダムに変化する場合などに生じる。このサイモン効果は刺激呈示に過渡的であり，時間経過とともに減少，消失する。視覚運動サイモン効果は，効率的な視覚運動経路を通じての反応に用いる身体構造上の左右特性を有する効果器（effector）や運動特性の直接的な活性化（Wascher et al., 2001; Wiegand & Wascher, 2005, 2007a, 2007b），あるいは刺激位置を表象する課題とは無関係な空間刺激コードによる対応する空間反応コードの自動的な活性化（Simon, 1969; Valessi & Umiltà, 2009 参照）によって生起すると考えられている。Wascher et al.（2001; Wiegand & Wascher, 2005）は，視覚運動サイモン効果では反応に用いる身体部位に基づく反応の活性化がなされていると考えた。サイモン効果の時間経過に伴う減少が報告されてきた課題状況では，反応に用いる身体部位が身体構造上の左右特性と矛盾しない空間位置に配置されており，そのため反応行為の符号化に利用できると考えられる（Buhlmann et al., 2007; Heister, Schroeder-Heister, & Ehrenstein, 1990; Nishimura & Yokosawa, 2010a も参照）。また，上下次元において刺激特徴と反応位置の組み合わせをブロック内で変化させると，反応位置と反応に用いる手との連合が強化され，行為の符号化に身体部位に関する情報が関与することで，刺激と身体部位の関係に基づく視覚運動サイモン効果が生じるのかもしれない（Wiegand & Wascher, 2007b）。このように，視覚運動サイモン効果は，刺激の空間表象が直接身体表象に影響することで生じている可能性がある。

　一方で，聴覚刺激では視覚刺激の場合よりも反応に用いる手に基づく符号化の寄与が大きいことがしばしば示唆される（Proctor & Shao, 2010; Wascher et al., 2001）にもかかわらず，聴覚刺激では時間経過に伴うサイモン効果の減少はみられないことから，視覚運動サイモン効果の生起においては視覚処理が深く関わっているのかもしれない（Wascher et al., 2001; Proctor et al., 2011 も参照）。

　認知的サイモン効果は，上下次元における刺激と反応，左右次元において刺激の空間情報が標的以外からもたらされる場合や記号的意味によってもたらさ

れる場合，両手の交差などにより左右の手と反応ボタンの位置が左右次元にお
いて矛盾している場合，および聴覚刺激に関してなど，多様な場合に生じる。
このサイモン効果は刺激呈示以降定常的にみられ，あるいは時間経過とともに
増大する。認知的サイモン効果は，刺激から反応への変換過程におけるコード
間の干渉で生じると考えられている（Valessi & Umiltà, 2009; Wallace, 1971;
Wascher et al., 2001; Wiegand & Wascher, 2005, 2007a, 2007b）。

　事象関連電位（Event Related Potential, ERP）の研究からも，視覚運動サイモ
ン効果と認知的サイモン効果の違いに関する知見が得られている。偏側性準備
電位（Lateralized Readiness Potential; LRP）（de Jong, Wierda, Mulder, & Mulder,
1988; Gratton, Coles, Sirevaag, Eriksen, & Donchin, 1988）とは，左右大脳半球の
運動野近傍の頭皮上に置かれた脳波電極で記録される誘発電位の差分をとった
ものであり，対側身体部位を用いての運動準備に関わる処理を反映すると考え
られている。サイモン効果が減少する場合にはおおむね，不適合試行において
刺激が呈示されたのと逆側での正しい反応に対応するLRP成分に先行して波
形の小さな反転がみられ，刺激が呈示された側の運動反応の活性化が示唆され
る（図3-1）。しかし，サイモン効果が減少しない場合には，そのようなLRP
の初期の反転はみられないか小さいことが多い（左右と上下のサイモン効果にお
けるLRP，Vallesi et al., 2005; Wiegand & Wascher, 2005; 空間ストループ効果での
Valle-Inclán, 1996も参照）。しかしながら，刺激の左右呈示では，運動準備以外
の認知的活動を反映する脳波成分も波形に影響している可能性があることから，
左右のサイモン課題での不適合試行におけるLRP波形の初期の反転を反応の
活性化の観点から議論したり，上下のサイモン課題と比較することに関しては
批判がある（Praamstra, 2007）ことを付け加えておく必要があるだろう。

　一般に，左右のサイモン効果と上下のサイモン効果は同程度の大きさである
が，左右のサイモン課題でよく用いられる反応ボタンと反応に用いる手が対応
している課題セッティングと，上下のサイモン課題でよく用いられる課題セッ
ティングとの間では，異なる時間特性を示すサイモン効果が報告されている。
しかしながら，ここまで述べてきたように，課題状況により左右と上下それぞ
れで両方の時間特性がみられることが示されてきたことから，「視覚運動」お
よび「認知的」サイモン効果がそれぞれ，左右の空間表象と上下の空間表象に

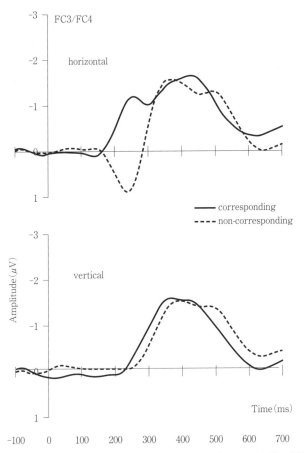

図 3-1 左右（上段）と上下（下段）のサイモン課題における LRP 波形。実線は適合試
行，点線は不適合試行を示す。左右サイモン課題の不適合試行では，200-300ms
あたりにかけて波形の反転がみられる（Wiegand & Wascher, 2005, Figure 6）。

直接対応しているわけではないと考えられる。現状では，時間経過に伴う減少
の有無の点で異なるサイモン効果に関して，背景メカニズムが異なるのか，そ
れとも単一のメカニズムにより生起するが何らかの影響により異なる時間特性
が生じているのかでさえ十分に明らかとはいえないかもしれない。いかなる場

合にサイモン効果が時間経過とともに減少し，いわゆる視覚運動サイモン効果が生じるかについての説明は，現在のところ後付け的であり，十分に現象を予測・説明できてはいない。Wascher et al.（2001；Wiegand & Wascher, 2005）は，反応に用いる効果器の身体特性に基づく行為の符号化の重要性を主張したが，片手を動かしての左右への到達運動反応では単一の効果器が用いられるにもかかわらず視覚運動サイモン効果が生起する（Buetti & Kerzel, 2008；Rubichi & Pellicano, 2004）。到達運動というダイナミックな運動反応を用いる場合には，行為の符号化において運動パラメータが関与しているのかもしれないが（Wiegand & Wascher, 2007a），そうだとすると左右への到達運動を用いた場合にのみ時間経過に伴うサイモン効果の減少がみられ，上下への到達運動では減少がみられない（Buetti & Kerzel, 2008）理由が不明である。サイモン効果における時間特性の違いに関して総合的に説明可能なモデルは今後の検討課題といえよう。

3.3　左右の優勢

　左右と上下の刺激反応適合性効果の大きさは，単独では同程度である（Vu et al., 2000）。しかし，左右と上下の適合性が同時に存在する場合，左右と上下の空間的符号化の間に差がある可能性が示唆されている。刺激と反応が左右，上下両空間次元内で同時に変化する際には，左右の適合性効果と上下の適合性効果が同時に生起する。これは，刺激，反応とも，左右，上下の両空間次元に基づいて同時に符号化されており，コードの合致に基づく知覚と行為の相互作用が同時に複数の特徴次元において生じていることを示す。加えてこの場合，左右の適合性効果は上下の適合性効果よりも一般に大きく，左右の優勢（right-left prevalence）と呼ばれている（Nicoletti & Umiltà, 1984；Nishimura & Yokosawa, 2007；Rubichi, Vu, Nicoletti, & Proctor, 2006；Vu et al., 2000）。

　Nicoletti & Umiltà（1984）は，右上と左下，または右下と左上にLEDを配置し，刺激とした。高さの違う2本の円筒の上部に反応ボタンがあり，片方の円筒は右側，片方は左側に配置された。参加者は刺激の位置に基づき，右側のボタンを右手で，左側のボタンを左手で押した（図3-2）。課題の教示では，刺

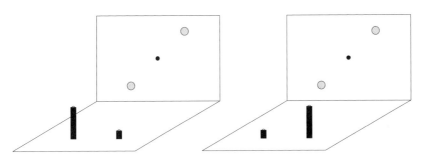

図 3-2 Nicoletti & Umiltà（1984）の左右の優勢実験の刺激と反応の配置の模式図。左図では上反応が左側に，下反応が右側に配置されており，右図では上反応が右側に，下反応が左側に配置されている。いずれも刺激は鉛直面上で右上と左下に配置されている例である。

激が上側に呈示されたら下側のボタンを押す，といったように，刺激，反応とも上下位置に関してのみ言及があり，左右位置に関しては一切言及されなかった。刺激と反応の位置関係は，左右，上下両次元とも適合（例，左上に呈示された刺激に対して左上の，右下に呈示された刺激に対して右下のボタン押しで反応），左右次元では適合で上下次元では不適合（例，左下に呈示された刺激に対して左上の，右上に呈示された刺激に対して右下のボタン押しで反応），上下次元では適合で左右次元では不適合（例，右上に呈示された刺激に対して左上の，左下に呈示された刺激に対して右下のボタン押しで反応），両次元とも不適合（例，左上に呈示された刺激に対して右下の，右下に呈示された刺激に対して左上のボタン押しで反応）のいずれかに分類された（図3-3に模式的に示した）。反応時間は，両次元適合，左右次元適合，上下次元適合，両次元不適合の順に短かった。

　この結果は2つの重要な認知特性を示唆する。第一に，両次元適合条件で他のいずれの条件よりも反応がはやく両次元不適合条件で最も遅いことは，単一の空間次元のみで刺激や反応を空間的に定義可能だったにもかかわらず，左右の刺激反応適合性と上下の刺激反応適合性が両方とも反応時間に影響したことを意味し，刺激と反応はいずれも，左右と上下の両空間次元にわたって同時に表象されうることを示す。第二に，左右次元では適合かつ上下次元では不適合な場合の方が，上下次元では適合かつ左右次元では不適合な場合よりも反応が

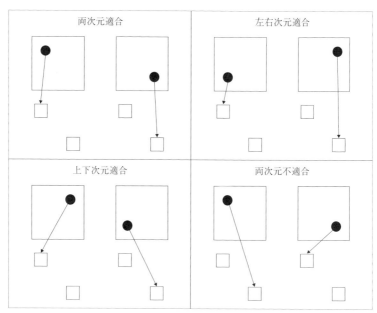

図 3-3　左右の優勢における4種類の適合性条件の例の模式図。円は標的，円を囲む四角は画面，下の四角は反応位置を示す。反応の上下位置は，実際に垂直（上下）次元で変化する場合もあれば，卓上の奥側手前側（前後）に投影されることもある（西村・横澤，2014）。

はやいことは，左右の刺激反応適合性の方が上下の刺激反応適合性よりも反応選択に強い影響を及ぼしたことを意味する。教示が上下位置に基づいてなされたにも関わらず，左右の適合性効果の方が上下の適合性効果よりも大きい（左右の優勢）ことは，空間的符号化に基づく知覚と行為との相互作用において，左右の空間表象が上下の空間表象に比べて大きく寄与することを示唆する。

　左右の優勢が生じているとみなされるのは，上下次元に基づく教示を行ったにもかかわらず左右の適合性効果が上下の適合性効果よりも大きい場合（Nicoletti & Umiltà, 1984）のみではない。上下教示では上下の適合性効果が左右の適合性効果よりも大きくても，上下教示と左右教示を総合すると全体として左右の適合性効果が上下の適合性効果よりも大きい場合や，教示で特定の空

間次元に言及せず，左右の適合性効果が上下の適合性効果よりも大きい場合も，左右の優勢とみなされる（Hommel, 1996; Proctor et al., 2000）。なお，上下教示にもかかわらず左右の適合性効果が上下の適合性効果よりも大きい場合には特に，「強い」左右の優勢と呼ばれることもあり，本書でもこの呼び方を用いる。

❖左右の優勢の一般性

左右の優勢は，視覚刺激のみならず聴覚刺激でも観察される。Nicoletti, Umiltà, Tressoldi, & Marzi（1988）は，左右の弁別が上下の弁別に比べて難しいため，両次元で刺激が変化する場合には左右次元へと多く注意を配分し，それにより左右の優勢が生じるという仮説を検証するために，聴覚刺激を使用した。聴覚刺激では上下の定位は左右の定位よりも難しいことから，注意配分説に基づけば上下次元に対してより多く注意が配分され，上下の優勢が生じると予想された。しかし，聴覚刺激を用いた場合にも視覚刺激の場合と同様，単一次元内での左右と上下の適合性効果の大きさには差はみられなかったが，両次元で刺激と反応が変化する場合には左右の適合性効果のみが有意となり，むしろ強い左右の優勢がみられた（Vu, Minakata, & Ngo, 2014 も参照）。したがって，弁別が困難な方の空間次元により多く注意を配分することで，その次元における適合性効果の優勢が生じるとする説は支持されなかった。また，聴覚刺激でも左右の優勢が生じたことは，左右の優勢が特定の感覚モダリティによらない空間表象特性を反映していることを示唆する。

左右の優勢は，高さの異なる円筒上に配置されたボタン（Nicoletti & Umiltà, 1984, 1985; Nicoletti et al., 1988）だけでなく，左右で異なる高さに横向きに配置されたグリップにつけられたボタンを両手の親指で押す場合（Hommel, 1996; Vu et al., 2000）やテンキーの対角線上のボタン（1と9，3と7）押し（Vu & Proctor, 2001; Vu et al., 2000），水平面上に配置した2つの独立したボタン押し（Nishimura & Yokosawa, 2007）でも生じる。日常的にもパソコンのマウス操作にみられるように，上下位置は水平面上における遠近（前後）位置へと容易に投影される（Chan & Chan, 2011a も参照）。上下の適合性効果は，上下反応が実際に上下位置で変化していようと上下位置が水平面上の遠近位置に投影されていようと同程度に生じる（Vu et al., 2000）。左右の優勢も同様に，反応装置を

上下配置するか水平面上に投影して遠近配置するかに関係なく生じることから（Vu et al., 2000），左右の優勢研究では机上に水平に配置したテンキーやキーボードが反応装置として使用されることも多い。以上のように左右の優勢は様々な反応装置で得られるが，一方でジョイスティックを左奥と右手前といったように対角線上に倒す場合にはみられないことから（Hommel, 1996; Vu & Proctor, 2001），運動方向ではなくて行為がなされる位置の符号化が左右の優勢に大きく関与していることが推測される。

　両手は左右の効果器であるが，上下の効果器ではない。Nicoletti & Umiltà（1985）は，左右の優勢における身体表象の関与について検討した。両手反応では左右の効果器を用いるが上下の効果器は用いないことが左右の優勢の原因となっている可能性について検討するため，参加者は反応を両手ではなく反対側の手足で行った。たとえば，右上反応は右手で，左下反応は左足で行うことで，反応に用いる効果器は左右特性だけでなく上下特性も有した。しかしながら，反応を反対側の手足で行う場合でも左右の優勢が生じた。Vu & Proctor（2001）も同様に，反対側の手足で反応を行う場合には左右の優勢が生じることを報告したが，上下の効果器のみを反応に用いる場合には上下の優勢が生じることを示した。すなわち，同側の手足で反応を行う場合（例，右手で右上反応，右足で左下反応）には，上下の適合性効果の方が左右の適合性効果よりも大きかった。また，反応に片手のみを用いる場合には，片手で持ったジョイスティックを倒しても（Hommel, 1996; Vu & Proctor, 2001），片手の人差し指と薬指でボタンを押しても（Vu & Proctor, 2001），左右の優勢は生じなかった。これらの結果は，左右の優勢が生じるには，両手であれ反対側の手足であれ，左右の効果器を使用することが重要であることを示す。しかし，両手を反応に用いる場合でも，上側のボタンを押す手を上にして両手を交差し，右側の反応ボタンを左手で押し左側の反応ボタンを右手で押す場合には，左右の優勢ではなく上下の優勢が生じる（Vu & Proctor, 2001）。同側の手足でボタン押しをするため手足どちらかは交差状態になっている場合の上下の優勢（Vu & Proctor, 2001）ともあわせて考えると，左右の優勢は単なる左右の効果器の使用ではなく，左右の効果器を身体構造上の左右特性に合致する側で使用することによって，反応に関する身体と空間の左右表象が一致している場合に生じると考えられる。

Rubichi, Nicoletti, Pelosi, & Umiltà（2004）も手足の自然な位置での使用に関連した左右の優勢を報告している。画面の４隅のいずれかに呈示される刺激の上下位置に基づき両手または両足で左右反応を行う場合には左右の適合性効果のみが生じたが，刺激の左右位置に基づき片側の手足で上下反応を行う場合には上下の適合性効果，左右の適合性効果とも生じた。このように，どのような身体部位をどのような位置で操作するか，という身体表象と空間表象の関係が，左右と上下の空間表象の重みづけに影響し，空間表象に基づく適合性効果を規定することが示唆されている。

❖顕著特徴符号化説

　反応に用いる効果器の左右の優勢への影響から，Vu & Proctor（2001）は，自然な位置で左右の効果器を使用することで，左右次元の上下次元に対する顕著性が高まり左右の優勢が生じると考えた。この顕著特徴符号化説（salient-features coding account）によると，相対的に顕著性の高い次元における適合性効果は，相対的に顕著性の低い次元における適合性効果よりも大きくなる。片側の上下の効果器（同側の手足）を反応に用いたり，反応の上下位置と対応するような上下関係で両手を交差すると，上下次元の左右次元に対する相対的顕著性が高いために上下の優勢が生じ，片手での反応では上下次元，左右次元とも相対的顕著性に違いがないため，左右，上下いずれの適合性効果の優勢もみられないと考えられる。

　Vu & Proctor（2002）は，反応関連特性のみならず刺激側における左右次元と上下次元の顕著性を操作し，顕著特徴符号化説を検証した。刺激間の左右，上下それぞれの距離を操作し，刺激間の距離が長い方の次元の相対的顕著性が高くなり，それに伴い左右の優勢が変化すると予測し，実際にその予測に合致する結果を得た。刺激間の左右と上下の距離が同程度の場合には左右の優勢が，左右の距離が上下の距離よりも長い場合には強い左右の優勢が生じた。上下の距離が左右の距離よりも長い場合には左右の優勢はみられなかった。さらに，同側／対側の手足や，両手の通常配置／交差配置によって反応次元における顕著性もあわせて操作したところ，刺激と反応の顕著性の操作は両方とも同時に左右の優勢に影響した。また，視覚刺激と同時に呈示される聴覚刺激が上下位

置のみならず音の高さ（上下と深い関連があることが知られている。Lidji, Kolinsky, Lochy, & Morais, 2007; Rusconi, Kwan, Giordano, Umiltà, & Butterworth, 2006）においても変化する場合には，上下次元の相対的顕著性があがることで，両手でキー押し反応をしても左右の優勢は消失した（Vu et al., 2014）。このように，刺激間の距離や反応方法をはじめとした課題環境が左右次元と上下次元の相対的な顕著性を規定し，それにより特定の空間次元の優勢が生じると考えられる。

　近年，Lee, Miles, & Vu（2016）は，刺激呈示部と反応装置の相対的位置関係が，左右と上下の空間次元間の相対的顕著性の決定に際して強い影響を与えると報告している。多くの左右の優勢研究でみられるように反応装置が刺激呈示部の下側にある場合，左右の刺激と左右の反応は中心線を共有している。Lee et al.（2016）は，この刺激反応配置が左右に基づく符号化を促進すると考え，反応装置を刺激呈示部の上下左右いずれかに配置して，この仮説を検証した（図3-4）。刺激呈示部に対して反応装置が上や下に配置される場合には，刺激と反応は左右を区別するための基準となる中心線を共有するが，上下を区別するための基準は共有しない。一方，左や右に配置される場合には，上下の刺激と上下の反応は基準となる中心線を共有するが，左右を区別するための基準となる中心線は共有しない。反応装置を刺激呈示部の上や下に配置した場合には左右の優勢がみられたが，左や右に配置した場合には上下の優勢がみられた。左右の効果器を反応に用いていたのは同じであったにもかかわらず，左と右あるいは上と下をわける基準となる中心線が刺激と反応の間で共有されているかによって優勢次元が決定されたことから，後者が相対的顕著性の決定においてより重要な役割を果たしていることが示唆される。

❖構えの役割

　外的環境要因のみならず，内的な構えも左右の優勢に大きく影響する。Hommel（1996）は，Nicoletti & Umiltà（1984, 1985; Nicoletti et al., 1988）の一連の研究で上下教示にもかかわらず左右の刺激反応適合性効果の方が大きいという強い左右の優勢が生じたのは，左右の空間コードの方が上下の空間コードよりも形成がはやいため，参加者が上下位置に基づき反応するようにという教示に従わず左右位置に基づいて課題を行ったことに由来すると考えた。彼らの

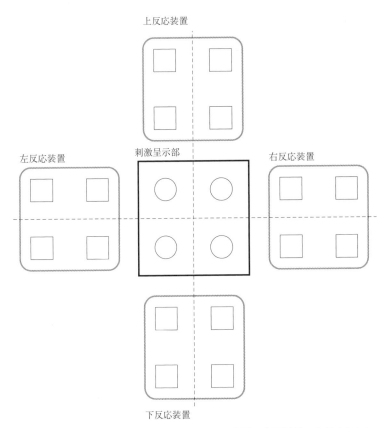

上反応装置

左反応装置　刺激呈示部　右反応装置

下反応装置

図 3-4 Lee et al. (2016) の刺激呈示部と反応装置の位置関係。点線は左右お
よび上下の中心線を示す。上・下配置の反応装置では，刺激および反
応を左右にわける中心線が共有されており，左・右配置の反応装置で
は上下にわける中心線が共有されている。

実験では，条件をブロック間で操作したため，上下位置でなく左右位置に基づ
いて判断しても，正しい反応が可能であった。Hommel は参加者に，教示した
方の空間次元にだけ基づいて判断するように強く求めた。その結果，上下次元
に基づいた教示では上下の適合性効果の方が左右の適合性効果よりも大きく，
左右教示では左右の適合性効果の方が上下の適合性効果よりも大きかった。こ

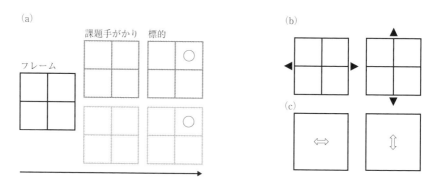

図3-5　(a)は，左右の優勢の検討に用いられる課題切り替えパラダイムの例 (Nishimura
　　　　& Yokosawa, 2007, 実験1)。フレームの色（図では濃さの違いで示した）が，
　　　　左右位置に基づく判断，上下位置に基づく判断のいずれを求めるかを示す課題
　　　　手がかりとなる。課題手がかりが呈示されてから標的刺激が呈示されるまで
　　　　(SOA) には課題の準備が進行すると考えられる。課題手がかりとしては，フ
　　　　レームの色以外にも，左と右または上と下に外向きに呈示される矢印（(b)
　　　　Meiran, 1996, 2005）や中心に呈示される左右または上下向きの両端矢印（(c)
　　　　Proctor et al., 2006）なども用いられる。

の実験では上下教示にもかかわらず左右の適合性効果の方が大きいという強い
左右の優勢はみられなかったが，左右教示における左右の適合性効果の上下の
適合性効果に対する優勢は，上下教示における上下の適合性効果の左右の適合
性効果に対する優勢よりも大きかった。すなわち，左右教示と上下教示の両条
件をあわせると，全体として左右の適合性効果の方が大きかった。以上より，
教示とそれによる参加者の特定の空間次元への構えが左右の優勢の強さに影響
する (Hommel, 1996; Lee et al., 2016; Vu et al., 2000)。

　左右の優勢における特定の空間次元に対する構えの影響とその時間特性につ
いては，課題切り替えの実験パラダイム (Meiran, 1996; Meiran, Chorev, & Sapir,
2000) を用いて検討されてきた (図3-5; Meiran, 2005; Nishimura & Yokosawa,
2007; Proctor, Koch, & Vu, 2006; Proctor, Koch, Vu, & Yamaguchi, 2008)。これら
の研究では，毎試行，左右と上下のどちらの空間次元に基づいてボタン押しを
行うべきかが課題手がかり刺激によって教示される。課題手がかり刺激の呈示
から標的刺激の呈示までの時間 (stimulus onset asynchrony, SOA) を操作する

ことで特定の空間次元への準備状態を変化させ，左右の優勢への影響が検討される。このような準備の影響を検討した実験での一般的な結果として，左右次元に基づく反応は上下次元に基づく反応よりも全般的にはやい。さらに，上下次元に基づく課題の際の左右の適合性の影響は，左右次元に基づく課題の際の上下の適合性の影響よりも大きく，左右の優勢がみられる。これらの2つの結果，すなわち左右次元に基づく反応の上下次元に基づく反応に対する優位と，左右の優勢はいずれも，100ミリ秒のSOA以降，SOAに影響されず安定して報告されている（Meiran, 2005; Nishimura & Yokosawa, 2007; Proctor et al., 2006）。

　Nishimura & Yokosawa（2007）は，準備時間の量的な違いだけでなく，準備の有無という質的な違いにも注目し，標的刺激に先行して特定の空間次元に対する準備時間がない場合には左右の優勢は生じないことを示した。刺激が呈示される4つの領域を囲むフレームの色がどちらの空間次元に基づき反応するべきかを示す手がかりであり，その手がかりと標的を同時に呈示した場合や，標的の形を手がかりとし，標的呈示以前にはどちらの空間次元に基づき反応すべきかがわからない場合のいずれでも左右の優勢が生じなかった。また，左右次元と上下次元に基づく試行の割合を操作することで，あらかじめ特定の（高確率でその次元に基づき反応すべき）空間次元に対して心的構えが形成されている場合には，手がかりと標的を同時に呈示しても左右の優勢がみられたことから，前述の結果は手がかりと標的を同時に処理することそのものには由来せず，左右の優勢における特定の空間次元に対する準備の重要性が示された。また，一般にSOAが100ミリ秒以降は左右の優勢が報告されている（Meiran, 2005; Nishimura & Yokosawa, 2007; Proctor et al., 2006）ことから，左右の優勢を生じる空間次元に対する構えの形成はきわめて迅速になされると考えられる。一方，手がかりと標的が同時に呈示された場合にも左右次元に基づく反応は上下次元に基づく反応よりもはやく，またSOAに影響されなかったことは，左右の空間コードの形成は上下の空間コードの形成よりもはやいとする考えに合致する（Hommel, 1996; Proctor, Vu, & Nicoletti, 2003; Rubichi et al., 2004; Wiegand & Wascher, 2005）。しかし，標的と手がかりが同時に呈示されたとき，標的刺激の左右位置に基づく反応は上下位置に基づく反応よりもはやかったものの，左右の優勢は生じなかったことから，左右の優勢は左右の空間コードの形成が上

下よりもはやいために生じるわけではないと考えられる。

　左右の優勢の生起における特定空間次元への準備の重要性は，空間次元へと準備しない場合の適合性効果であるサイモン効果でも示唆されている。右上，右下，左下，左上のいずれかに呈示される刺激の位置以外の特徴に基づいて対角線上（例，右上と左下）に配置された反応を両手で行うといった場合のように，刺激位置，反応位置とも同時に左右・上下両次元に沿って変化しても，左右と上下のサイモン効果は同時にみられるが，両者の大きさには有意な差はみられず，左右の優勢は観察されない（Proctor, Vu, & Nicoletti, 2003; Vu et al., 2005; Wiegand & Wascher, 2005）。

　しかし，刺激間の距離や反応方法（Proctor, Vu, & Nicoletti, 2003; Rubichi, Nicoletti, & Umiltà, 2005）などにより特定次元の顕著性を操作すると，相対的に顕著性が高いと考えられる空間次元の優勢がみられる。さらに細かくみると，刺激間の距離による顕著性の操作では上下のサイモン効果のみが影響され左右のサイモン効果は影響されず，顕著性の操作には上下次元の方が敏感である可能性が示唆されている（Proctor, Vu, & Nicoletti, 2003）。また，両手で反応を行うサイモン課題では左右の優勢はみられないが，手足を反応に用いる場合にはサイモン効果でも左右の優勢がみられる。Rubichi, Nicoletti, & Umiltà（2005; Rubichi, Gherri, Nicoletti, & Umiltà, 2005）は，左右のボタンを両手や両足で押す場合の左右のサイモン効果は上下のボタンを同側の手足で押す場合の上下のサイモン効果よりも大きいこと，対側の手足を使用した二肢選択課題や両手両足を使用しての四肢選択課題では左右のサイモン効果のみが生じることを示した。また，左右と上下のどちらかの空間次元に基づく課題の経験や準備（Memelink & Hommel, 2005, 2006; Rubichi, Gherri, et al., 2005）は，その次元におけるサイモン効果を増大させる。特定次元への準備によるサイモン効果の増大は，左右サイモン効果の方が顕著な傾向がみられ（Memelink & Hommel, 2006），やはり左右の優勢における空間次元への準備の重要性が示唆されている。まとめると，位置に基づく狭義の刺激反応適合性効果では左右の優勢がみられる条件でも，特定次元への準備がなされない事態におけるサイモン効果ではみられないこともある。したがって，サイモン効果における左右の優勢は位置に基づく狭義の刺激反応適合性効果における左右の優勢に比べて，少なくとも低減されている

と考えられる。しかし，次元間の相対的な顕著性が大きく異なるとサイモン効果でも顕著次元の優勢は生じる。

❖左右と上下以外の空間次元間の優勢研究

　左右の優勢は主として2つの反応を用いた選択課題で検討されてきたが，近年，4あるいはそれ以上の反応を用いた選択課題で，さらに上下と左右次元に加えて前後（奥手前）次元についても，それぞれの次元での適合性の相対的寄与について検討されている。机上に水平に配置した画面の4隅（右奥，右手前，左奥，左手前）のいずれかに呈示される刺激を両足の爪先と踵のボタンで押す課題で，前後次元における空間的適合性の影響は左右次元における空間的適合性の影響よりも小さく，左右の優勢が生じた（Chan & Chan, 2009）。机上に垂直に配置した画面の4隅に呈示される刺激に対して両手両足のボタン押しで回答する場合には上下の優勢が生じた（Chan & Chan, 2011b）。一方，机上に水平に配置した画面を用いて，机上の2つのボタンを両手で，その真下に配置した2つのペダルを両足で押す反応を行った場合（図3-6），奥側の刺激と上（手）反応，手前側の刺激と下（足）反応との間の適合性がみられた（Chan & Chan, 2011a）。さらに，足で押すペダルを刺激画面の下に配置することで，手で押す上側のボタンが手前，足で押す下側のペダルが奥となるようにして，反応次元における前後（奥−手前）軸と上下軸の対応関係を逆にしても，刺激の前後（奥−手前）位置との間の適合性効果は，前後（奥−手前）軸ではなくて上下軸に基づいて生じた。これは上下と前後の対応（Vu et al., 2000 も参照）の強さを示すが，上下の効果器（手足）を反応に使用していたことにも由来するのかもしれない。Chan & Chan (2010) は，仮想上の立方体の8つの頂点（左・右×上・下×奥・手前）のいずれかに配置された LED で刺激呈示を行い，両手両足それぞれで前後の反応ボタンを押す8反応（左・右×上・下×奥・手前）間の選択課題を行った。各次元における適合性の結果への寄与は，上下，左右，前後の順に大きかった。これは両手両足を同時に使用した場合には，上下次元が最も顕著であり（Chan & Chan, 2011b も参照），次いで左右次元が相対的に顕著なことを示すのかもしれない。しかし，これらの反応を自然に行うために，反応ボタン間の距離も上下，左右，前後の順に大きかったため，反応間の距離が相

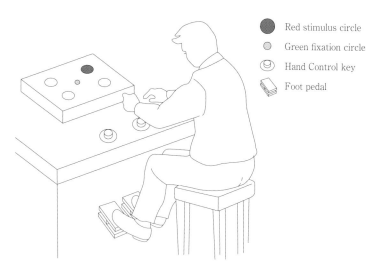

図 3-6　机上水平配置画面と両手両足で操作する左右と上下の反応装置の模式図
（Chan & Chan, 2011a, Figure 1）。

対的顕著性に影響していた可能性もある。これらの結果はいずれも，使用する
効果器や反応間の距離により特定の次元が相対的に顕著になったことに由来す
ると考えられるが，今後3次元の各空間表象の関係およびこれらに基づく知覚
と行為の相互作用における身体表象の影響について総合的に明らかにするため
に，このような状況下での優勢効果と生起要因に関する更なる検討が待たれる。

❖左右の優勢における身体と空間の表象と顕著性

　上下，左右両次元で同時に刺激反応適合性が存在する場合，一般的に左右の
適合性効果は上下の適合性効果よりも大きい。この左右の優勢は，刺激呈示部
と反応操作部の間での基準となる中心線の共有や刺激間の距離，反応に用いる
効果器といったボトムアップ的状況要因および各次元に対するトップダウン的
内的構えによって規定される，左右と上下の空間表象の相対的な顕著性により
影響され，上下次元が顕著になると上下の優勢がみられる。刺激，反応とも特
定の次元への明白な偏重がないと思われる場合でも両手でのキー押し反応では

左右の優勢が生じるのは，刺激と反応で左右をわける中心線を共有しているため，あるいは左右の効果器を使用するためなど，何らかの理由によって左右次元の顕著性が相対的に高くなっているためと考えられる。左右の効果器が影響しているとすると，左右次元と上下次元の相対的顕著性が決定される過程において，空間表象に影響する要因の1つとして身体表象が作用していることになる。相対的な顕著性の違いは，空間コードの形成スピード，特定次元への準備状態，課題とは無関係な次元における適合性の影響の抑制などに関連しているのかもしれない。

3.4 直交型刺激反応適合性

　上下と左右の間には知覚的，概念的な対応関係がない。このため，実験課題における適合性効果の統制のため，あるいは適合性効果の統制条件として，しばしば刺激と反応のうち片方を左右次元，片方を上下次元で変化させる（例，Aisenberg & Henik, 2012; Driver et al., 1999; Duncan, 1984; Rubichi & Pellicano, 2004; Wallace, 1971, 1972）。しかし，上下次元と左右次元の間には特定の認知的対応がある。上下の刺激に対して左右の反応を行う場合，上刺激に対して右反応，下刺激に対して左反応を行う方が，上刺激に対して左反応，下刺激に対して右反応を行うよりも，一般に反応がはやく正確であり，直交型（orthogonal）刺激反応適合性効果として知られている（図3-7; Cho & Proctor, 2003）。直交型適合性効果は一般に，通常の適合性効果よりも小さい。

　上下に呈示された刺激に対して左右の反応を行う場合の上と右，下と左の組み合わせの優位は，片手の人差し指を左右どちらかに動かす（Bauer & Miller, 1982; Lippa, 1996; Weeks & Proctor, 1990），トグルスイッチやジョイスティックを片手で左右どちらかに倒す（Cho & Proctor, 2004a, 2004b; Weeks, Proctor, & Beyak, 1995），両腕を交差させず自然な位置で，あるいは交差させて，左右どちらかのボタンを押す（Adam, Boon, Paas, & Umiltà, 1998; Ladavas, 1987; Cho & Proctor, 2001, 2004a, 2004b; Dutta & Proctor, 1992; 西村・横澤, 2004; Weeks & Proctor, 1990; Weeks et al., 1995），左か右という単語を口頭で発声する（Adam et al., 1998; Cho & Proctor, 2001, 2004b; Proctor, Wang, & Vu, 2002; Weeks &

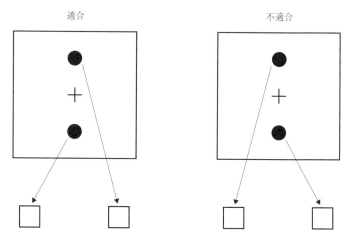

適合　　　　　　　　　　　　　　　　不適合

図3-7　直交型刺激反応適合性の例。左が適合条件，右が不適合条件を示す。
　　　　十字は注視点，円は標的位置，下の四角は左右の反応ボタン位置
　　　　を示す。図では一括して両方の反応割り当てを示したが，実際に
　　　　は注視点の上下どちらかに刺激が呈示される（西村・横澤，2014）。

Proctor, 1990）など，反応方法によらず生じる。また，刺激が上，下という単語でも，左右のボタン押し反応，左右発声反応いずれと組み合わせても直交型適合性効果は生じる（Proctor et al., 2002）。直交型適合性効果は頑健な現象であり，1日300試行の練習を8日間続けても変化しない（Dutta & Proctor, 1992）。

　刺激位置が課題とは無関係な，上下に呈示された刺激の色に対する左右反応課題でも，やはり上側に呈示された刺激と右反応，下側に呈示された刺激と左反応の組み合わせがはやく正確であるとの報告がある（直交型サイモン効果，Nishimura & Yokosawa, 2006, 実験1）。一方で直交型サイモン効果は特に小さく（10ミリ秒以下のことも多い），上下配置刺激と左右反応で上と右，下と左の組み合わせが逆の組み合わせよりも数値的にははやくても，標準的な刺激反応配置では統計的有意水準を満たさない場合も多く，また刺激が左右位置にも呈示される場合や上下刺激を左右と符号化可能な顕著な参照枠がある場合には容易に消失しうるようである（Böffel & Müsseler, 2019; Chen & Melara, 2009; Cho,

Proctor, & Yamaguchi, 2008; Nishimura & Yokosawa, 2006, 実験 2; Proctor, Vu, & Marble, 2003; Salzer, Aisenberg, Oron-Gilad, & Henik, 2014; Wallace, 1971, 1972)。しかし，位置に対して反応する場合の直交型適合性効果に影響する参加者の利き手や反応装置の配置，反応する際の手の姿勢の操作（詳細は後述）は直交型サイモン効果にも同様に作用し，またそれらの操作による全条件を総合すると直交型サイモン効果が得られることもある（Bae, Cho, & Proctor, 2009; Cho et al., 2008; Iani, Milanese, & Rubichi, 2014; Ladavas, 1987; Nishimura & Yokosawa, 2006）ことから，直交型適合性効果は刺激位置を意図的に処理するかどうかにかかわらず生じる自動的な効果だと考えられる。ただこの効果は位置を意図的に処理しない場合とても小さいため，標準的な実験状況では検出することは難しく，また，容易に他の要因によって覆い隠されてしまうのであろう。一方で，複数の特徴に基づく行為の符号化（Nishimura & Yokosawa, 2010）や二重課題事態における課題間相互作用にも直交型適合性が影響することが示唆されている（Koch & Jolicœur, 2007; Wühr & Müsseler, 2002）。これらの知見は，直交型適合性およびその背景となる認知特性（後述）は上下から左右への意図的な変換に限定されず，より広範に人間の認知に影響を与えている可能性を示す。

❖極性対応

それでは，どのような認知特性が上と右，下と左の組み合わせによる適合性効果を導くのだろうか。これには，上下の空間表象と左右の空間表象の間での極性（polarity）構造の対応が関連していると考えられている。極性とは，ある特徴次元において構成要素が 2 つに分けられ，これらの 2 つの構成要素間に認知的不均衡がある場合の性質である（Cho & Proctor, 2003; Proctor & Cho, 2006）。正極とは，認知的に重みづけられており，基準となる側であり，負極はそうでない側である。正極は，その特徴次元を扱う際により頻繁に用いられる表現に対応する。たとえば，上下に配置された物体間の関係を描写する際には「上」という表現は「下」という表現よりも頻繁に使用される（Clark & Chase, 1974）。また正極は，特徴が A か B かを判断するとき一般に A か A でないかという判断が下される際の A の側に対応する。たとえば，異同判断やyes/no 判断においては同じか同じでないかや該当するかしないかを判断する

ので，同反応や yes 反応が正極，異反応や no 反応が負極として符号化される
（Seymour, 1973）。正極に関する処理は負極に関する処理よりもはやいことがし
ばしば報告されている（例，Chase & Clark, 1971; Nishimura & Yokosawa, 2006）。

　顕著特徴符号化（salient-features coding）説およびその発展形である極性対
応（polarity correspondence）説によると（Cho & Proctor, 2003; Proctor & Cho,
2006; Weeks & Proctor, 1990），上下次元においては上が認知的に優先される顕
著（salient）な側（正極），下が顕著でない側（負極）として非対称に符号化さ
れ（Chambers, McBeath, Schiano, & Metz, 1999; Chase & Clark, 1971），同様に左
右次元においては右手利き者にとっては右が顕著側（正極），左が顕著でない
側（負極）としてやはり非対称に符号化される（Olson & Laxar, 1973）。このた
め，上と右，下と左の組み合わせでは，上下と左右の極性構造が対応しており，
はやく正確な反応が可能となる。左右の顕著特徴が逆転し左側が正極となる左
手利き者（Olson & Laxar, 1974）では，直交型適合性効果も逆転し，上と左，
下と右の組み合わせでの反応がはやくなることも（Iani et al., 2014; Ladavas,
1987），極性対応説を支持する。これらの知見から，利き手という身体関連表
象が，左右の空間表象に伴う極性構造に影響を与えることで，直交型適合性効
果が生じるといえよう。

　上下，左右の非対称な符号化に関する初期の研究（Chase & Clark, 1971;
Olson & Laxar, 1973）は言語的処理に関連するものだったことから，Umiltá
（1991; Adam et al., 1998）は，極性構造を伴う符号化は言語的符号化に限定され，
空間的符号化では直交型適合性効果は生じないと考えた。そして，刺激と反応
の組み合わせを試行ごとに言語的に教示した場合には直交型適合性効果が生じ
るが，画像で教示した場合（図3-8）には生じないことを示した（Adam et al.,
1998）。しかし，上下，左右次元における極性構造に基づく非対称性は言語的
処理に限定されずに示されている（例, Chambers et al., 1999）。Kleinsorge（1999）
は，たとえば上 – 右／下 – 左の刺激と反応の組み合わせであれば上 – 右のよう
に，2つの刺激と反応の組み合わせのうち片方だけを手がかりとして与えるな
らば，画像での教示でも直交型適合性効果は消失しないことを示した。言語的
に教示が与えられる場合には2つの組み合わせは順番に処理されると考えられ
ることから，刺激と反応の組み合わせの教示方法による直交型適合性効果の消

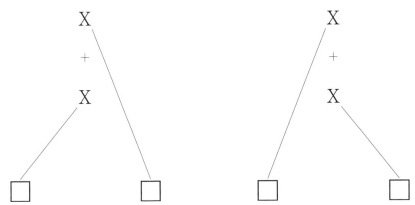

図 3-8　Adam et al.（1998）における刺激と反応の組み合わせの画像手がかり。試行ご
　　　とに左右の画像いずれかが呈示され，その試行における刺激と反応の組み合わ
　　　せを教示した。

失は，言語的か非言語的かの違いではなく，上刺激に対して右反応，下刺激に
対して左反応といった個々の刺激と反応の組み合わせを逐次的に処理するか，
それとも 2 つの刺激と反応の組み合わせを同時に処理するかの違いに由来する
と考えられる。

　そこで Cho & Proctor（2001, 2003; Proctor & Cho, 2006）は，言語表象か空
間表象かではなく，どのような空間表象が用いられるかが直交型適合性効果の
生起にとって重要であると論じた。空間表象には，基準との間の質的関係（左，
右，上，下など）を表すカテゴリカル（定性的）空間表象と，空間内での正確な
位置や距離などの数量的関係を表すコーディネイト（定量的）空間表象の 2 種
類が存在するとされる（Hellige & Michimata, 1989; Kosslyn, 1994）。カテゴリカ
ル表象には極性構造が存在するが，コーディネイト表象には存在しない。
Proctor & Cho（2001）は，反応時間制限を設けた場合には直交型適合性効果
が消失することを示し，この消失を素早い反応の必要によりコーディネイト符
号化がなされたことに帰属した（Cho & Proctor, 2003 も参照）。

　西村・横澤（2004; 西村, 2004）は刺激数と反応数を操作することで，直交
型適合性効果における 2 種類の空間表象の関与について検討した。刺激は，上

下に中心から遠近2カ所ずつ鉛直線上に並んだ合計4カ所の中から1カ所に呈示された。上の2カ所のどちらかに呈示された場合には左右のうち一方の，下の2カ所のどちらかに呈示された場合にはもう一方のボタンをそれぞれの手で押す4刺激2反応の場合には，常時注視点を呈示し続ける，上側の刺激同士，下側の刺激同士の距離を短くするなどして，注視点を基準とした刺激の上下位置のカテゴリカル符号化を促進する刺激配置を用いた場合にのみ直交型適合性効果が生じた。一方，同様の4刺激位置に対して両手の人差し指と中指で左右2反応ずつ合計4反応を用いた場合には，刺激配置によらず，上から下に対して，右から左の順に割り当てても，左から右に割り当てても反応時間に差がみられず，4刺激4反応では直交型適合性効果はみられなかった（5刺激に対して右手の5指を用いた5反応でも同様に，直交型適合性効果はみられない；Biel & Carswel, 1993）。2反応の場合には，反応は「左」と「右」に大別されるためにカテゴリカル表象が使用できる。刺激は4カ所あったが，上2つが片方の反応，下2つがもう片方の反応に割り当てられていたため，課題遂行上，刺激も「上」と「下」に大別することが可能であり（Nishimura & Yokosawa, 2012も参照），そのような符号化を促進するような配置ではカテゴリカル表象が用いられたと考えられる。一方4反応の場合には反応は4つあり，左右に大別するようなカテゴリカル空間表象を用いた反応の符号化では正確な課題遂行はできない。同様に，4刺激もそれぞれ別の反応に割り当てられていたため，刺激位置についても上下に大別するような符号化は課題遂行上不適切であり，個々の正確な位置を符号化するためのコーディネイト表象が用いられたと考えられる。これらの結果は，刺激や反応をそれぞれ「上」と「下」，「左」と「右」に2分するような空間表象が用いられる場合にのみ直交型適合性効果が生じるとする説を支持する。

✛左右反応の極性構造

　直交型刺激反応適合性効果は，反応を行うための装置全体の位置，試行開始方法，反応に用いる手指といった効果器やその姿勢など，様々な反応特性により影響を受ける。反応装置が右側に配置された場合には大きな直交型適合性効果がみられるが，左側に配置された場合には直交型適合性効果は消失，あるい

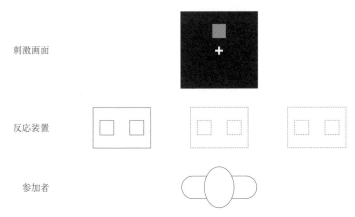

図3-9　反応偏心効果の実験における反応装置の配置の例。実線で書かれた反応装
　　　　置は，左配置の場合を示す。点線で書かれた反応装置はそれぞれ，中心配置，
　　　　右配置を示す。各反応装置内の左右の四角は，左右の反応ボタンを示す。

は逆転し上と左，下と右の組み合わせが優位になる（図 3-9; Cho & Proctor,
2002, 2004a, 2005; Cho et al., 2008; Lippa & Adam, 2001; Michaels, 1989; Michaels
& Schilder, 1991; Nishimura & Yokosawa, 2006; Proctor & Cho, 2003; Weeks et al.,
1995）。これは，反応偏心（response eccentricity）効果として広く知られている。
反応偏心効果は，主として刺激呈示画面に対する反応装置の左右位置に基づ
き生じ，参加者の体に対する反応装置の左右位置の寄与は少ない（Cho &
Proctor, 2005）。また，中央に配置した反応装置の右側に同じ装置一式を置いて
おく場合，左側に置いておく場合に比べて，直交型適合性効果は小さい（図
3-10; Proctor & Cho, 2003; Weeks et al., 1995）。トグルスイッチを片手の人差し
指と親指で挟んで左右に倒す場合（図 3-11; Bauer & Miller, 1982; Cho & Proctor,
2002; Cho et al., 2008），左手を使用する方が右手を使用するよりも大きな直交
型適合性効果が生じるが，これは掌を上側に向けた場合には逆転する。さらに，
小指と薬指で挟んでトグルスイッチを操作する場合には，これらの効果はすべ
て減少する。また，各試行を開始するために右側のボタンを押したり「右」と
発声すると直交型適合性効果が生じるが，左側のボタンを押したり「左」と発
声すると直交型適合性効果は減少または消失する（Cho & Proctor, 2001; Adam

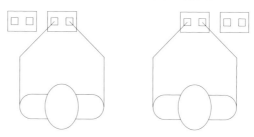

図 3-10　正面に配置した反応装置の左（左図）あるいは右（右
　　　　図）に，同様の使用しない反応装置を配置した模式図。

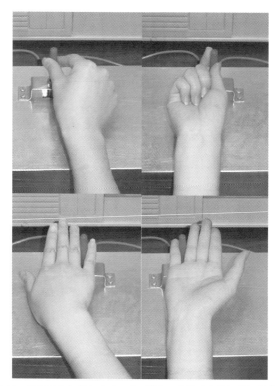

図 3-11　右手でのトグルスイッチの操作。上段は人差し指と親指で，
　　　　下段は薬指と小指で挟んでいる。左列は手の甲を上に，右列
　　　　は掌を上に向けている（Cho & Proctor, 2002, Figure 4）。

et al., 1998; Proctor & Cho, 2001 も参照）。

　上記の反応関連特性による直交型適合性効果への影響は，いずれも顕著特徴符号化・極性対応説の枠組みで，以下のように説明される（Cho & Proctor, 2003; Proctor & Cho, 2006; Proctor & Vu, 2006）。様々な基準に対する反応装置の左右位置が符号化されると，符号化された側と対応する側の顕著性が高まる，あるいは符号化された側を正極とした新たな極性構造が導入される（この2つの可能性のうちどちらが妥当な説明かは，現在のところ判断は難しい）。そのため，反応装置が様々な基準に対して右と符号化されると，左右反応における本来の極性構造と同方向に作用し，直交型適合性効果が増大する。一方，反応装置が左と符号化されると，本来の極性構造と逆方向に作用することで，直交型適合性効果の減少，消失，逆転につながる。参加者が操作する反応装置の左右位置が，反応偏心効果では刺激呈示画面に対して，課題とは無関係な反応装置一式の設置による影響ではその反応装置一式に対して，符号化されることで生じると考えられる。たとえば，刺激呈示画面よりも右側に配置された反応装置を用いる場合，刺激が呈示される位置に対して反応を行う位置が右側であるために，直交型適合性効果が増大する。また，実際には使用しない反応装置一式を本来の反応装置の右側に配置すると（図3-10右），反応を行う場所がもう1つの反応装置一式に対して左側にあるため，直交型適合性効果が低減されると考えられる。同様に，片手反応における反応装置を操作する手やその姿勢による直交型適合性効果への影響は，反応操作を手に対してどちら側で行うかで説明される（図3-11）。たとえば，右手でトグルスイッチを操作する際には，手の甲を上に向けていると親指と人差し指は手全体に対して左側に位置することになる（図3-11左上）。掌を上に向けていると，親指と人差し指は手全体に対して右側に位置する（図3-11右上）。これは左手では逆転する。さらに，小指と薬指でトグルスイッチを操作する場合には，これらの位置関係はすべて逆転する（例，右手の甲を上に向けた場合，手全体に対して右側で小指と薬指で挟んだトグルスイッチを操作することになる：図3-11左下）。これは，左右の空間表象に伴う極性構造を規定するにあたり身体表象が影響を与える一例だともいえよう。また，試行の開始方法については，試行開始に使用された側で顕著性が高まり正極としての符号化がなされると考えられる。直交型適合性効果，反応偏心効果，そ

の他の反応関連の効果はおおむね加算的に作用することから，多様な基準に基づく極性構造は，それぞれ独立して同時に課題成績に寄与することが示唆されている（例，Cho & Proctor, 2002）。

❖上下刺激の極性構造

極性対応説は，刺激次元における極性構造の操作も直交型適合性効果に影響することを予測する。反応偏心効果にみられるように，直交型適合性効果は刺激呈示画面と反応装置の相対的左右位置によって影響される。しかしながら，刺激を画面の上半分と下半分のどちらに呈示するか（Cho & Proctor, 2004a, 2004b）や，反応装置を注視点と同じ高さに配置するか，それとも通常の課題状況と同じく刺激呈示位置の下側に配置するかは直交型適合性効果に影響しない（西村，2004）。左右刺激，上下反応における直交型適合性効果（右刺激と上反応，左刺激と下反応の組み合わせ優位）に対しても刺激呈示画面の左右位置は影響を与えない（Cho & Proctor, 2004b）ことから，上下刺激左右反応での直交型適合性効果に刺激呈示位置と反応装置の相対的上下位置関係が影響しないのではなくて，刺激の変化する空間次元に沿った相対的位置関係は極性構造に影響しないのだと推察される。

西村・横澤（2007）は，参加者の空間的注意を操作することで，刺激次元の極性構造によっても直交型適合性効果が影響されることを明らかにした。高頻度で刺激が呈示される側をブロック間で操作した場合，試行ごとに刺激が高確率で呈示される側を示す手がかりを注視点上に呈示した場合の両方で，上側に内発的注意を向けた場合には直交型サイモン効果がみられたが，下側に向けた場合には消失した。これは，注意を向けた側の顕著性の高まり，または注意を向けた側を正極，向けなかった側を負極とした新たな極性構造の生起で説明される。このように，極性対応説は，直交型適合性効果およびその反応側・刺激側の操作による影響を総合的に説明可能である。

❖左右刺激上下反応での直交型適合性効果

極性対応説は，左右の刺激に対して上下で反応する場合には，右刺激と上反応，左刺激と下反応の組み合わせで，右刺激と下反応，左刺激と上反応の組み

合わせよりも，反応がはやく正確であることを予測する。実際，左右どちらか
を向いた矢印刺激や左右を意味する単語刺激，左右に呈示される刺激と，上下
単語の口頭発声反応やジョイスティックを前後（上下に対応，Vu et al., 2000 参
照）に倒す反応の間で，右刺激と上反応，左刺激と下反応の組み合わせの優位
が報告されており（Cho & Proctor, 2004b; Proctor et al., 2002; Weeks & Proctor,
1990），上と右，下と左の認知的な結びつきの一般性が示唆されている。

　一方で，片手の人差し指を上下のボタンへと移動させる場合には，一貫した
直交型適合性効果は得られていない（Bauer & Miller, 1982; Lippa, 1996; Michaels
& Schilder, 1991）。指を動かす反応では，右手と左手で適合的な組み合わせが
異なる。これについては，効果器の身体構造上の制約に基づき使用する手と手
の姿勢から特定の刺激位置と反応位置の組み合わせが好まれる可能性が指摘さ
れたり，手首と指先を結ぶ軸の右側に位置する反応は右，左側に位置する反応
は左と符号化されるといったように，じっさいには「上下」の反応軸を「左
右」の刺激軸と認知的にそろえる参照枠の関与が示唆される（Bauer & Miller,
1982; Lippa, 1996; Lippa & Adam, 2001; Michaels, 1989; Michaels & Schilder,
1991）など，空間表象に身体表象が影響している可能性が考えられる。これら
の要因は，上下刺激に対して左右反応する場合にも何らかの形で関与している
可能性がある。なお本書第2章でも述べたように，上下のボタンを手で押す場
合には，反応に用いる手や指といった効果器（例，右手と左手）が身体構造特
性上の左右情報を持つ可能性がある（Ehrenstein, Schroeder-Heister, & Heister,
1989; Heister, Schroeder-Heister, & Ehrenstein, 1990; Klapp, Greim, Mendicino, &
Koenig, 1979; Nishimura & Yokosawa, 2010a; Wiegand & Wascher, 2005;
Worringham & Kerr, 2000）ので，左右刺激，上下反応での直交型適合性効果の
検討にはボタン押し反応はあまり適さないかもしれない。

❖極性構造に基づく適合性効果の一般性

　Proctor & Cho（2006; Proctor & Xiong, 2015 も参照）は，極性の構造的対応
に基づく刺激反応適合性効果は上下と左右の組み合わせに限定されない可能性
を指摘している。彼らによると，数字が偶数か奇数かと左右の組み合わせに基
づく反応コードの言語的有標性連合（linguistic Markedness Association of Re-

表 3-1　左右反応で生じる適合性効果と刺激特性。適合，不適合の行の
ハイフンの左側は左反応に，右側は右反応に対応する刺激特徴。

	MARC	SNARC	SMARC	順序系列	STEARC
特　徴	数の偶奇	数の大小	音の高さ	系列内位置	時間
適　合	奇数−偶数	小−大	低音−高音	前−後	過去−未来
（例）	(1357) (2468) □ □	(123) (789) □ □	(低音) (高音) □ □	(月曜火曜) (木曜金曜) □ □	(過去) (未来) □ □
不適合	偶数−奇数	大−小	高音−低音	後−前	未来−過去
（例）	(2468) (1357) □ □	(789) (123) □ □	(高音) (低音) □ □	(木曜金曜) (月曜火曜) □ □	(未来) (過去) □ □

sponse Codes, MARC）効果（奇数と左，偶数と右の適合性；Nuerk, Iversen, &
Willmes, 2004; Reynvoet & Brysbeart, 1999），数字の大小と左右の組み合わせに
基づく反応コードの空間−数連合（Spatial-Numerical Association of Response
Codes, SNARC）効果（小さい数と左，大きい数と右の適合性，Dehaene, Bossini, &
Giraux, 1993）などの数の性質や，音の高さに基づく反応コードの空間−音楽
（音高）連合（Spatial-Musical（/Pitch）Association of Response Codes, SMARC/
SPARC）効果（低音と左，高音と右の適合性；Cho, Bae, & Proctor, 2012; Lidji et
al., 2007; Nishimura & Yokosawa, 2009; Rusconi et al., 2006）における音高等，左
右反応を用いる際にみられる様々な適合性効果（表 3-1）には，極性の構造的
対応が関与している（Cho & Proctor, 2007; Wood, Willmes, Nuerk, & Fischer,
2008）。この考えは，学習の課題間転移の知見からも支持されている。左右刺
激に対して左右のボタン押しをする空間的適合性課題の経験はその後に行う
SNARC 効果へと転移しないが，上下刺激に対して左右のボタン押しをする直
交型適合性課題の経験は SNARC 効果へと転移する（Bae, Choi, Cho, & Proctor,
2009）ことは，SNARC 効果の背景メカニズムは通常の刺激反応適合性効果よ
りも直交型適合性効果と類似していることを示唆する。また，音高に基づく左
右反応（SMARC）課題は直交型サイモン効果へと転移する（Bae, Cho, &
Proctor, 2009）ことは，これらの効果が共通のメカニズムに基づいて生じてい
ることを示唆する。
　左右反応へと影響する刺激特性は他にも報告されている（表 3-1）。SNARC

効果やSMARC効果のみならず，曜日や月，アルファベットといった順序系列も，系列中の前の方の項目（月曜や火曜，January 〜 April，EGIL）と左，後の方の項目（木曜や金曜，September 〜 December，RUWY）と右の組み合わせの優位が知られている（Gevers, Reynvoet, & Fias, 2003, 2004）。また，過去や予想よりはやい事象は左と，未来や予想より遅い事象は右と結びつくことから，時間が左から右へと流れることが示唆されている（反応コードの空間−時間連合効果；Spatial-TEmporal Association of Response Codes effect, STEARC effect, Ishihara, Keller, Rossetti, & Prinz, 2008; Santiago, Lupiáñez, Pérez, & Funes, 2007）。Chang & Cho（2015）によって近年，音の大小（小さい音と左反応，大きい音と右反応の組み合わせ優位）がこのリストに加えられた。これらの一見すると対応のない様々な特性と左右との結びつきが，あるいはこれらのうちどこまでが，極性の構造的対応に基づくのか，その他の何らかの系列同士の構造的対応に基づくのか，あるいはたとえば大きさなどのある程度概念的な対応に基づくのかについての検討がなされてきており，今後の更なる進展が期待される（Bae, Cho, & Proctor, 2009; Bae, Choi, Cho, & Proctor, 2009; Ito & Hatta, 2004; Proctor & Cho, 2006; Proctor & Xiong, 2015; Santiago & Lakens, 2015; Walsh, 2003）。また左右反応に関してのみならず，Proctor & Cho（2006; Proctor & Xiong, 2015; Rothermund & Wentura, 2004 も参照）は，潜在的態度を検討可能な手法として広く用いられている潜在連合テスト（Implicit Association Test（IAT），Greenwald, McGhee, & Schwartz, 1998; ノゼック・グリーンワルド・バナジ，2007）でも，少なくとも一部の場合においては属性カテゴリと標的カテゴリの間で極性の構造的対応が影響している可能性を指摘している。

❖ 直交型適合性効果における身体と空間の表象と極性対応

　一見対応のない上下と左右の間にも強い認知的対応が存在することが明らかにされてきた。この直交型適合性効果は，認知空間における非対称的な極性に基づく符号化に由来すると考えられ，極性構造に影響を与える様々な操作により影響される。さまざまな特性の極性構造を伴う非対称的な符号化は，要素間の弁別性を高め，また様々な認知的操作を共通の基盤で行うことを可能にすることに利点があるのかもしれない。反応偏心効果をはじめとする，効果器の位

置や姿勢などの身体関連特性による直交型適合性効果の変化は，身体表象が極性構造を通じて間接的に空間表象と相互作用していることを反映していると考えられる。

3.5　身体表象による空間表象への影響 ………………………………………

　本章では，サイモン効果の時間特性，左右の優勢，直交型刺激反応適合性から，上下と左右の空間表象について概観してきた。これらの知見では，身体表象と空間表象が相互作用することが示唆されている。両腕を交差させた場合の刺激反応適合性効果の研究では，腕を交差させない場合と同程度の反応位置に基づく適合性効果が生じる（Brebner, Shephard, & Cairney, 1972; Wallace, 1971）。腕の交差により全体的な反応時間の遅延が生じることは，身体表象の符号化はなされていることを示唆する。身体表象の符号化にもかかわらず適合性効果は空間表象のみに基づき決定されることから，刺激反応適合性効果における反応の空間表象には身体表象は影響しないと考えられてきた（たとえば Heister & Schroeder-Heister, 1985; Roswarski & Proctor, 2003）。しかし，サイモン効果の時間特性には腕の交差によって大きな違いがみられ，交差することで上下のサイモン効果と類似の時間特性を示すようになる（Wascher et al., 2001）。すなわち，身体表象の特性によって適合性効果は影響を受けていると考えられる。腕の交差による全体的な反応時間の遅延は，腕を交差すると身体と空間の表象をうまく対応づけられないことを支持している。両手を交差せずに用いた場合の適合性効果では，従来考えられてきた以上に身体表象が重要な役割を担っているのかもしれない（Wascher et al., 2001; Wiegand & Wascher, 2005）。また，腕の交差に伴う身体表象の変容は，左右と上下の空間表象の相対的な顕著性の規定因の1つとなり，左右の優勢にも影響することが報告されている（Vu & Proctor, 2001）。以上のように，左右次元における刺激反応適合性効果では，知覚，認知機能，運動制御の側性化そのものは決定的な役割を果たすわけではないことが示唆されている一方で，側性化が明確な左右の効果器の使用やその位置などといった身体の表象が空間表象に影響を与えており，対応する上下次元に比べて時に強力な影響を及ぼすと考えられる。

　直交型刺激反応適合性効果も，腕を交差しても左右の手ではなくて反応ボタンの位置に基づき生じる（Weeks & Proctor, 1990）ことから，身体表象に影響されず空間表象に基づくと考えられる。しかし一方で，身体関連表象が関与していることも示唆されている。直交型適合性効果は，参加者の利き手により影響されることが知られており，右利き者では上と右，下と左が，左利き者では逆の組み合わせがはやくなっている（Iani et al., 2014; Ladavas, 1987）。これは，カテゴリカル空間表象において利き手の側の顕著性が高く正極として符号化されるためだと考えられる。また，反応を行う手の姿勢（Cho & Proctor, 2002）などといった身体表象が，空間表象の極性構造を介して，行為に影響していることが示唆されている。腕の交差や複数の空間次元にわたっての適合性効果の相対的な大きさの違いの検討における知見も考え合わせると，身体のどの部位を空間的にどのように配置して行為を行うかは，空間表象に基づく刺激反応適合性効果に大きな影響を与えているといえるだろう。

　身体表象は，特に左右次元において左右位置が変化する場合には，直接刺激反応適合性効果を生じることはないと考えられているが，身体表象によって用いられる空間表象やその顕著性などが規定されることで間接的に適合性効果に影響している可能性が強く示唆されている。また，左右と上下の空間表象に関連した刺激反応適合性効果の研究を中心に得られた知見は，空間表象に基づく認知処理における身体の役割を再考することの重要性を示唆している。また近年，直接身体表象が空間表象と相互作用し行為へと統合されていく過程についても，研究が発展している。人間が身体を通じて環境と相互作用する際の認知特性を明らかにするため，今後この分野の更なる発展が待たれる。

第4章　逆さメガネ実験と視覚運動学習

　逆さメガネは，視野を逆さにするメガネである。たとえば，上下を逆さにするメガネでは，天井が下に，床が上に見え，左右を逆さにするメガネでは，自分の右手が身体の左側から出ているように見える。逆さメガネのような視野変換（visual rearrangement）は，視覚と運動との関係を変換し，身体表象が空間知覚や視覚行動にどのような役割を果たすかを考える糸口を提供し，また，脳の可塑性についても調べることができる。

　自動販売機の前で商品ボタンを選ぶときのように，視覚ターゲットへ手でリーチングする場面を考えてみよう。ふだん何気なくやっているこの行動も，逆さメガネをかけると最初はやや困難である。こうした何気ない行動にも，第1章で述べた身体表象が関わっており，過去経験を通じて身体表象に保持された視覚と運動，視覚と体性感覚の関係が，視覚誘導性行動を規定するからである。今までもっていた身体表象が想定する視覚と運動の関係は，通常の状況では視覚誘導性行動を効率的にするのであるが，悲しいかな，逆さメガネで変換された視野においては，それが逆効果になるのである。逆さメガネによって視野の方向と身体の方向との「関係」が通常とは逆になったとき，私たちは視空間をどのようにとらえ，どのように行動し，この新しい関係への学習（適応）はどのように進むのか。本章では，これらの問題に関する研究を紹介し，その後，関連する研究分野を概観しておく。

4.1　視野変換の分類

　歴史を紐解けば，視野を変換する装置は逆さメガネに限らず，くさび型プリズムによる視野の側方偏位（横ずれ）の研究も数多くおこなわれてきた。さらに，最近では，テレビやコンピュータ・ディスプレイを用いた視野変換も用い

られる。この章では，まず逆さメガネに関する研究を紹介し，その後，他の視野変換にも触れながら，視覚運動変換ルールの学習についてみていこう。

4.2　逆さメガネへの適応をめぐって ……………………………………

✣ストラットンの実験とその後

　そもそも，逆さメガネという少々過激な視野変換が考案された背景には，「我々の目の網膜では，外界は上下左右が逆さに映っているのに，外界がまともに見えるのはなぜか？」というデカルトによる古典的問いがあった（図4-1；牧野，1963）。視覚系には，逆さの網膜像を正立した外界の見えと対応づける何らかの機構が備わっているのだろうか？　しかし，この問いに直接答えるのは容易ではない。また，現在までに，そうした「生理的網膜像逆転装置」が見つかったという証拠は見あたらない。

　アメリカの心理学者 Stratton（1896；1897）は，上記の問いを次のような実証可能な問いに変更し，実験をおこなった。すなわち，「正立視には逆転した網膜像が必要か？」と問い，視野を180度回転させる逆さメガネによって網膜像が逆転していない状態を実験的に作り出し，その帰結を調べた。寝るとき以外は逆さメガネをかけ続け，外界の見えを観察したのである。その結果，初めはすべてが倒立して見えたものの，数日間かけ続けると，時々正立の印象が得られるようになったという。したがって網膜像が逆転していなくても，正立視が得られることになる。このようにして彼は，逆転した網膜像から正立した視覚世界を認識する機構が経験的に獲得されるものである可能性を示した。

　Stratton（1897）の実験は，時代背景もあり，研究参加者が彼自身の1名であり，内観報告データのみを用いていた。そのため，その後，多義的な解釈を生むこととなった。たとえば，「正立（normal）」の印象とは，逆さの視野を見続けることによる単なる「奇妙さの減少」に過ぎず，逆さの視野が再逆転して見えるようになるわけではないという主張もなされ，行動主義全盛期におこなわれた追試では，それを支持するデータも得られた（Ewert, 1930; Snyder & Pronko, 1952）。端的に言えば，着用初期の混乱が回復して視覚誘導性行動が逆さメガネ着用前の正確さや速さに達しても，「着用前の世界と比べれば依然と

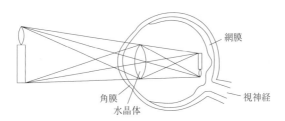

図 4-1　網膜像における視野の逆転（積山，1997）

して視野は逆さに感じられる」と被験者は報告するのである（Snyder & Pronko, 1952）。一方で，内観報告中心の研究では，Stratton（1897）同様，単なる奇妙さの減少にとどまらない感覚間の再調和を示唆する報告がみられる（Kohler, 1951/1964; 牧野，1963; Dolezal, 1982）。

　本章で後に述べるように（「左右反転視野の適応における新しい身体表象の形成」），逆さの視野への適応・順応過程の研究には，刺激と反応の間に介在する身体表象の概念が不可欠であり，身体表象を捉えるための実験的なしかけが必要である（Sekiyama, Miyauchi, Imaruoka, Egusa, & Tashiro, 2000）。身体表象の概念が実験心理学に定着するには，内的表象を扱う認知心理学の台頭および身体認知や運動制御をめぐる神経医学や計算工学などとの境界領域の研究の発展を待たなければならなかった。現代ではさらに，認知神経科学的アプローチにも後押しされている。ただし，こうした生理的計測指標があっても，身体表象の概念を欠いている場合には問題への切り込みができない（例として，Gonshor, & Melvill Jones, 1976; Linden, Kallenbach, Heinecke, Singer, & Goebel, 1999）。なお，着用期間が一週間などと短い場合には，行動的適応は生じても，知覚的順応にまで至らない可能性がある（例として，Richter, Magnusson, Imamura, Fredrikson, Okura, Watanabe, & Långström, 2002）。

　また，結論を先に述べるようではあるが，変換された視野への適応は，もとの視覚 − 運動協応ないしは身体表象を上書きするのではなく，新しい協応関係を付け加える形で進むと思われる（積山，1997; Sekiyama et al., 2000）。いわば，母語に加えて第 2 言語を習得するようなものである。したがって，「バイリン

ガル」の被験者から，どちらに基づいた反応を引き出すかという観点も必要になる。

　以下では，まず逆さメガネとはどのような影響をもつメガネかを紹介した後，現代的立場から，逆さメガネを切り口とした視空間認知と身体表象の研究について見ていこう。

❖逆さメガネ着用初期の現象

　逆さメガネには，Stratton（1897）が用いた視野の 180 度回転（上下，左右とも逆）の他に，上下のみ，または左右のみを入れ替える逆さメガネも存在し（吉村，1997），これら二者は光学的には 180 度回転よりも容易に実現できる。プリズムで実現する場合には，図 4-2 のような dove prism（直角プリズム）を眼前におくようにゴーグルにセットする。左右反転メガネの製作については，図 4-3 も参照されたい。視野を広く取るには，プリズムをなるべく眼の近くに置くことが望ましい。そのため，故杉田博士の方法では，プリズムをセットしたアクリル板のゴーグルを，熱を加えて変形させられる歯科用材料で顔型をとった台座（図 4-2 の写真参照）と合体させていた。顔型をとった台座以外にカスタマイズする点は，装着者の瞳孔間距離に基づくゴーグルの大きさの決定である。

　我々のグループでは，3 種類のいずれの視野変換でも実験をおこない（太城・大倉・吉村・雨宮・積山・江草・筑田・野津，1984; 積山，1987; 高田，1989），変換の種類による視覚誘導性行動への影響の違いや共通点をいくつか確認した結果，左右反転した視野への適応に焦点がしぼられた。そこには，脳に左右 2 つの半球が存在することに起因する研究上の利点もあるように思える。以下では，左右反転を中心に，逆さメガネによる着用初期の混乱をみてみよう。この部分については，困難さを追体験していただきやすくするため，積山自身の内観報告や他の実験参加者の行動観察記録（積山，2005），および初期の実験に参加してくれた T 君と A 君の言語報告（積山，1987）も交えて述べる。この節では以下，内観報告者の名前を引用することがある。

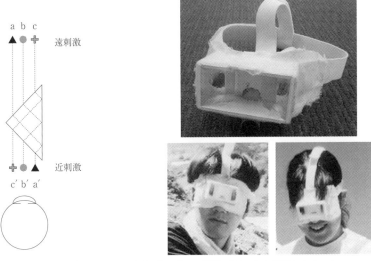

図4-2 左右反転メガネとプリズムの配置（図4-3も参照されたい）

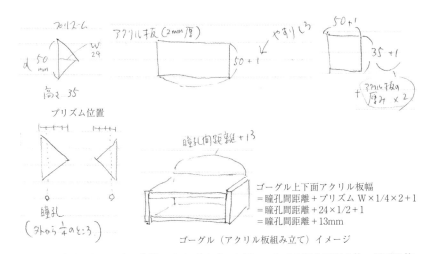

ゴーグル上下面アクリル板幅
= 瞳孔間距離 + プリズム W×1/4×2+1
= 瞳孔間距離 + 24×1/2+1
= 瞳孔間距離 + 13mm

ゴーグル（アクリル板組み立て）イメージ

図4-3 左右反転メガネの製作。直角プリズム2個，アクリル板上下面2枚，側面2枚。アクリル板で組み立てたゴーグルにプリズムをセットする。これを顔にフィットするように作成した台座と合体させ，装着用のベルトをゴーグルに取り付ける。

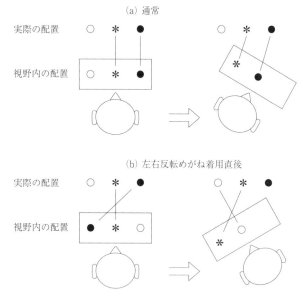

図 4-4　視野内の対象物●の方へ向こうとしたときに生じる
首振りとその帰結（積山，1997）

視野が狭い

　逆さメガネ実験では，メガネを通して見る以外の周囲の視野は遮蔽する。そのこともあって，視野が通常の視覚世界よりもかなり狭くなる。望遠鏡で遠くのものを見るときの視野を想像してもらえばよいだろう。視野が狭いため，回りの世界を把握するのに首を振って見渡す必要性がしばしば生じる。このとき，次のような困難が待ち受けている。

頭の動きを視野に対応させることの困難

　積山（2005）の報告によれば，左右反転メガネの長期着用実験の被験者となったとき（32日間，2004年），最初に克服しなければならなかったのは，頭の動きを左右反転した視野に対応させることであった。反転メガネ着用時，視野の左側に見えている対象物は，実際には身体の右側に位置するので（図4-4b

の●），そちらを向くには右肩の方へ頭を向けなければならないが，反転した見え（左視野）にひきずられて左肩の方へ頭を振ってしまい，結果的に目標物と逆（図4-4bの○）の方を向いてしまう誤った行動が出る（図4-4）。しかも，視野の印象が圧倒的なためか，自分がどちらに頭を向けているのか，体性感覚的な運動方向が分からないことが多い。こうした状況を克服するために積山（2005）が最初に編み出した戦略は，頭（体）を少しだけ左右にゆらゆらと動かして視覚フィードバック情報を得，どちらに動かせば目標物の方を向けるのかを見定めた後に本番の首振りをやる，というやり方であった。つまり，「右か左かの判断」は抜きに，「目標物に近づく方向か遠ざかる方向か」だけを考えて行動するやり方である。最初の2日間ほどは，こうしたやり方を通じて正しい頭の動きをマスターすることが大きな課題であった。いわば，首（頭）の視覚誘導性行動の習得である。ただし，こうしたフィードバック情報を利用した視覚誘導性の頭の動きは，視野内の見えているものに対しては有効だが，視野外のものを含めた行動には，さらに別次元の対応が必要であることを後に思い知ることになる。

視空間と触空間の乖離

　視野が反転することから来る視覚とそれ以外の感覚・運動情報との矛盾は，様々な局面で顕在化する。頭の動きの場合は，視野の印象が圧倒的になりがちであるが，手で対象物を見ながら触るような場合，対象物の「視覚的な位置（向き）」と手で触った「触覚的な位置（向き）」が別々に感じられ，両者の空間的乖離が経験される。これに関して，左右反転メガネをかけた当初の言語報告をみると，初日を総括して「視覚と触覚の乖離というのが，いろいろな場面ですごくて，とても興奮をおぼえました。でも，すごく乖離しているから，これからそれが一つになっていくような予感がして，とても楽しみです」と述べ，2日目には「ソファーなどが足に触った時は透明なものを触っているような感じで，ソファーが見えていない側に感触がある」と報告し，ドアの開閉およびドアの開口部を通過する際の視触覚乖離を伴う不思議な印象にたびたび言及している（積山，2005）。初期の実験に参加してくれたT君は，左右反転メガネ着用2日目に，「テーブルの周囲に沿って歩くときや，ドアノブを持って開け

閉めするときなど」に視覚と触覚の食い違いが顕著であると述べ、「廊下を歩いていて，壁に肩が触れると，見えている壁と自分の肩が触わっている壁（本当は同一の壁であるが）にはさまれているような気がして奇妙である」と報告している（積山，1987, pp. 47-48）。積山（2005）は，壁を伝い歩きする際，左右反転メガネをかけた直後は，見えと触覚の乖離があまりにも激しくて，初日は壁を触るとかえって歩きにくかった。仕方がないので，両手を視野の真ん中にかざすようにしながら，手が目標をさし示すかどうかを確かめながら，手を壁に触れずに廊下を歩いて寝室まで行った。

　このように逆さメガネ着用直後は，見えと感触が乖離し，見えているものは触覚的に知る現実世界の幻に過ぎないので，そこにぶちあたろうとしても視覚は幻だからぶつからない，という状況である。しかし，数日経つと，次の段階に移行するようである。障害物を避けて歩く場合，着用当初は障害物の見えている方へ当たって行こうとすることで障害物を避けることができたが，着用5日目に気づいたときには，見えている物の方へ行こうとするとぶつかってしまった。この段階への移行は，他の着用経験者もほぼ同じ時期に起こるようであった（積山，2005）。これは，視覚と触覚の再調和のきざしなのかもしれない。

まっすぐ歩くことの困難

　左右反転メガネ着用直後は，まっすぐ歩くことが難しい（積山，1987；吉村，1997；大倉，1989）。私たちは普段，何気なく目標に向かってまっすぐに歩いているが，左右反転メガネをかけることによって，まっすぐ歩くことには実は絶え間ない進路の微修正が伴うことに気づかされる。視覚情報によって進路からほんの少しずれたことが察知されると，通常は，それを微修正する方向へ足の動きが無意識的にプログラミングされ，私たちはこの逸脱→微修正を繰り返しているのだ。左右反転メガネをかけると，視覚フィードバック情報が左右逆なので，通常用いている修正過程が無意識的に働くと，進路からの逸脱がいっそう増幅されてしまう。

　積山（2005）の体験を述べると，次のような具合である（括弧内は今回加筆）。まず，「研究所の広い敷地の屋外を歩いてみたのですが，（首の傾きのせいか視野内の）大地がすぐに斜めになってしまい，まっすぐに歩くのはなかなか難し

いです。溝を避けようとして溝に落ちてしまいました（着用2日目の朝）」と初期の典型的な困難があり，「昼食後，運動靴をはいて外に出ました。左右の進路選択が最初ちょっと難しかったです。それから，比較的まっすぐな道になってからは，まっすぐ歩くのも難しかったです。朝，溝に落ちて転んだので，今度は溝に落ちないようにしようと思って，道の中央の白線に沿って歩こうとしましたが，ややもするとどちらかにそれて行ってしまうので，そのたびに体を白線に直交させるようにして，白線のところまで戻り，それからまた90度向きなおして進行方向に向いてから進むというようなことを繰り返しました」とジグザク歩きをしていた。

このように左右反転メガネをつけてまっすぐ歩くことは難しいのに対して，上下反転メガネではまっすぐ歩くことはたやすい（Yoshimura & Ohkura, 1983）。大倉（1989）は，運動を「目標方向」とそれに直交する「調整方向」とに分けて考え，「調整方向」に関する視野変換が導入されると，視覚運動協応を破壊する効果が大きいと述べている。左右反転メガネは歩行の調整方向を変換するのに対して，上下反転メガネは目標方向の変換であるために，困難が生じないと考えられる。この考えを実験的に示すために，彼は，上下反転と左右反転の2種類の視野変換条件で，手（または頭につけたライトの光点）で垂直方向または水平方向に線を描く課題を比較し，手，頭のいずれでも，調整方向が視野反転を受けると視覚運動協応の著しい困難が生じることを示した。

まっすぐ歩くことに関しては，左右反転メガネ着用3日目くらいから広い廊下での歩行がある程度円滑にできるようになる。ただし，これは，建物内で目標方向の風景を見ながらおおよその正しい進行方向を維持する歩き方である。一方，もっと精度が求められる歩行，たとえば，屋外のイレギュラーな起伏や溝がある場所を歩いたり飛び石を渡るなどの足と地面との見えの正確な関係を計算に入れた歩行や，頭を固定しない歩行などが可能になるには，かなり長い時間を要し，さまざまな歩行経験を積む必要があると思われる。

視野の動揺

左右反転メガネをかけて頭を左右に振ると，着用直後は頭の動きにつれて視野が揺れ動いて見える。通常は，位置の恒常性が成り立っており，頭の動きに

つれて網膜像が変動しても，頭の動きに関する体性感覚情報によって網膜像変動が相殺されるメカニズムがはたらき，視野の揺れを感じない（自分が頭を動かしており世界は静止していると感じる）のであるが，視野が反転することにより，網膜像変動は体性感覚情報に相殺されるどころか増幅されてしまうため，視野の動揺が知覚されると考えられる。視野の動揺感は，着用初期の数日間で特に大きく，その後急速に減少するという内観報告もあるが（T君の報告，積山，1987, p. 45），一定条件で実際に頭をふって主観的動揺感をマグニチュード推定法で数字を割り付けて報告してもらうと，数字がゼロに近くなるには2週間以上かかるようである（橋本，未発表データ：積山，2005による）。ただ，他の人に左右反転メガネを長期間かけてもらった時には，ほとんどの人が初期に視野の動揺やそこからくる気分の悪さを口にするのを観察したが，積山（2005）自身が長期着用実験に挑んだときは，なぜか，日常生活での視野の動揺があまり気にならなかった。乗り物酔いしやすい人の対策として，乗り物の進行方向を先回りして意識的に見ること，というのがある。これは，「ここへ行こう」という自己運動意図の結果として視野が揺れるのと，自己運動意図ぬきに受動的に視野が揺れるのとで，網膜像変動の知覚され方が異なるためではないだろうか。アクティブな方略を取ることで，逆さメガネ着用時の視野の動揺感も軽減されるのかもしれない。

　積山（2005）の報告を以下に抜粋しておく。「視野の動揺ですが，かけた直後から，視野の動揺が特に気分を悪くするとか，嫌だという印象もありませんでした。確かに，振ってみて上下と比べれば，左右は揺れているのは分かるのですが，それが圧倒的な印象ということはなく，いかにしてちゃんと正しく行きたいところに行くかに全身全霊を注いでいたので，視野の動揺はあるけれども，気にならなかったというのが正直なところです。今日，7日目ですが，やはりいまだに頭を振れば視野の動揺はあります。これは初日からそんなに劇的に減ったかというと，あまり減っていないかもしれません。あと，初日と2日目については，頭を振ったら気持ち悪くなるだろうという予備知識があったので，頭だけ振ることはしないで，頭と首とボディはセットにして上半身を振っていました。このために，気持ちが悪くならなかったのかもしれません」。このように，動揺感が気にならず気分が悪くなることもほとんどなかったものの，

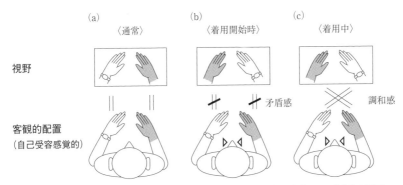

図 4-5 左右反転メガネ着用と身体の知覚。視覚と自己受容感覚の矛盾感と再調和
（Sekiyama et al., 2000）

特に初期には脳が疲れるような気持ち悪さはあり，次のような方略をとっていた。「動いたり寝たりを，小刻みにしています。寝るととても楽になって元気が出て，また何かできるようになります。（2日目の昼食後）」

　話はそれるが，後年，老眼になって読書用のメガネをあつらえたとき，そのメガネをかけて椅子から立ち上がったとたん，視野がくらくらしてとても歩けないことに気づいた。逆さメガネのように劇的な視野変換でなくても，日常自分が獲得している身体運動と網膜像変動との関係から少しずれた関係の情報が入ってくるだけで，視野の動揺は感じられるのだと思い知った。

自己身体の感覚間乖離と再調和

　すでに視空間と触空間の乖離の項で述べたことに関連して，自己身体もまた，視覚と自己受容感覚の乖離が経験される。左右反転メガネをかけて自分の右手を見ると，視野の左側に，左手の形をして見える（図4-5a, b）。このため，見えている手と自己受容感覚的に感じられる手とが空間の別のところに存在するという視覚と自己受容感覚との乖離が生まれる。ただし，着用直後にこうした乖離とそこからくる矛盾感が感じられるものの，自分の手，特に使用頻度の高い利き手については，かなり早くから再調和に向かうきざしがみられる。積山（2005）の観察では，一度自分でちゃんと食事をすると，見えている手と自己

受容感覚的に感じられる手とが，別の場所にありながらも，両者がつながって1つの手を表現しているように思える，という形での矛盾感の解消が，着用2日目には生じていた（図4-5c）。

　こうした自分の手の視覚と自己受容感覚の再調和は，外界の物体に関する視触覚乖離の解消が生じる前提条件になっていたように思う。これについて，積山（2005）の報告をみておこう。感覚間の再調和に関して，利き手が非利き手よりも先行し，手が足に先行し，これらの身体部位に関する感覚間再調和の成立が，外界の対象物の空間的知覚に関する感覚間の再調和へと波及するようすがうかがえる。「（3日目の朝）違和感がないのは，自分の手の見えと自己受容感覚だけです。その手で，ものを触りながら動いてしまうと，見えているオブジェクトと感触とはやはり空間的にまだ乖離してしまいます。（中略）らせん階段で，見えている手すりと，触っている手の感触は，やはり非常に乖離がありました。上って行くとき，右下から左上にらせん階段の手すりが見えるのに，触っている手は，左下から右上に向かって行っていました」「（4日目）らせん階段の行きは左手で手すりを触っていたためか，昨日と同じように見えている手すりと手の感触に乖離を感じましたが，帰りは右手で手すりを触ってきたために，右手が視野に入ったときには見えているところに，手すりと手がそこにあるような感触になり，手すりが見えているところにあってもいいかなという気が結構しました。つまり，右手については，もの（object）を触ったときでも，見えと感触が一致するときが出てきたということです」。

　足については，視覚と自己受容感覚の乖離はさらに激しく，積山（2005）は「（2日目）手に比べて足は，見えと触覚の違和感がすごくあります」と報告している。それでも，手における感覚間の再調和を追いかけるような形で，足についての感覚間の再調和も生起するようである。「（4日目）右手が左視野に見えるこの状況で，視覚と自己受容感覚の一体感みたいなものは，大分はっきりとなっていて，手が視野外にあるときでも，視野のどちらが右手と同じ側かを，考えることが増えてきています。左手についても少しつながりができてきたようです。それから足についても，前は，はっきりした違和感が強い印象でしたが，今は時々一致して感じられることもあります。が，まだ矛盾していることの方が多いです」「（5日目）らせん階段に行きました。今日は見えている足の

所に自分の足の感触も感じられて，また，手すりを持つ手が右手の時も左手の時も，手が視野に入っている限りは，そこに手の感触もあるように感じました。（中略）とにかく，自分の足から手まで，全体的な体がリアリティーを持って立ち現れてきたような感じでした」。同様に，T君の報告でも，「（7日目）靴やスリッパをはくとき，見えている足の動きと，足の感覚が一致して感じられるようになってきた。特に右足。そのため，はこうとする途中で転びそうになったり，靴をはきにくい方向に動かしてしまったりすることが少なくなってきた（積山，1987）」という記述がみられる。

視野内と視野外の不連続性

すでに述べたように，左右反転メガネ着用直後の最初の課題として，頭の動きを左右反転した視野に対応させることがあり，これには，頭（体）を少しだけ左右に動かして視覚フィードバック情報を得ることで，目標物に近づく方向を見つけることが有用であった。しかし，このやり方の限界として，視野内の空間にしか適用できない点があった。

　2日目は，首を左右に少しゆらゆら揺らすと，行きたい方に向けたかどうかというフィードバックがあるので，それを手がかりに進路を決める，というのをもっぱらやっていたと思います。それで，廊下とか，部屋の中とかの移動は，かなりうまくいくようになりました。フィードバックがあるから，どこでも行ける，と基本的には思います。しかし，3日目の今日，首の動きに伴う視覚フィードバックだけでうまく行動できないことの1つとして，手元の作業は首の適応とは関係がなく，また，視野の中と外のつながりも考えなければなりません。…（中略）…そこで，視野の中と視野の外のつながり，たとえば，手が視野外にあっても，どっちの手を伸ばせばドアノブをちゃんと掴めるのかなどを，主に考えてみました。その結果，これはかなり安定した基準になりつつあるのですが，自分の右手と，視野の左が結びつくということが何か重要なような気がしてきました。お茶碗を右手の側に置かれたとき，視野の左側に見えているんだけども，手が視野に入っていなくても，お茶碗があるのは右手側のような印象がある事がありました。しかし反対側に

左手の方にお茶碗が置かれたときは，それは，右にあるような印象で，まだ体とはつながらないという感じがしました。（積山，2005）

　前項で，身体部位に関する感覚間再調和の成立が，外界のオブジェクトに関する感覚間再調和へと波及することを述べたが，もう1つの重要な適応過程として，視野内での感覚間調和が，視野外へも波及することがあげられる。

動作の困難

　以上のような状況のなかで，視野反転下ではいろいろな視覚誘導性動作に困難が生じる（積山，2005）。左右反転メガネを着用すると，椅子に正面から近づいて体を回転させながら座るのが，非常に難しかった。これには，移動，方向転換などの変化の中で物体と自己との関係を把握するという高度な要素が含まれるからだろう。逆に，そうした高度な視覚運動協応を，ふだんは何気なく一瞬にしてうまく遂行していることに，驚嘆したものだ。その他，日常は建物の中であまり足を見ないで過ごすせいか，靴をはく，飛び石を歩くなどのことも，長い間難しかった。また，食後の皿洗いで，シンク一杯の大きな皿を傾けながら流水をかけて洗う際，皿の見えている向きと実際の向きとが矛盾することや，左手がうまく見えに対応して動かせないことなどから，狭いシンクや蛇口に皿がぶつからないよう，方向調整に苦労した。総じて，ふだん使用頻度の低い身体部位（左手，足）では，視覚運動協応の困難がいつまでも続いた。

　着用1ヵ月が近づくと，究極の運動テストとして，実験参加者には自転車に乗ってもらっていた（図4-6）。着用3週間以前では，自転車にまたがって走ろうとしても，ハンドルの傾きに対して体をどのように傾けて重心を変化させれば良いかがわからず（T君12日目：積山，1987；積山21日目：積山，2005），バランスを取って走り続けるのはほとんど不可能であった。しかし，左右反転メガネ着用で1ヵ月経つと，20歳台の参加者ならほぼ全て，数分の練習をしただけで，連続的に走れるようになった（Sekiyama et al., 2000）。40歳台で着用した場合は，少し練習が必要であった（積山，2005）。自転車をこぐには，身体のさまざまな部位を協調させてバランスをとりながら，見えているハンドルの傾きや風景の変化に対応しなければならず，非常に多くの視覚運動協応が組み

図 4-6 左右反転メガネに 1 ヵ月適応した人の自転車乗り

合わされているのだと考えられる。

認知地図の変化

　建物の位置関係や構造等に関するイメージ，すなわち認知地図は，視野の左右反転に大きな影響を受ける。初めて行く場所では，すぐにイメージを描けるのに，既知の場所では，メガネ着用前の記憶が邪魔をして描きにくい（A 君：積山，1987）。着用前の認知地図と比べて，最初は目の前に広がる風景は，左右反転のためにまったく別の風景に感じられることもある。また，1 つの場所に対して，メガネ着用前後の 2 種類の認知地図を描くことができる場合もある。そして，左右反転メガネ着用期間が経過するにしたがって，メガネ着用後の経験頻度の高い既知の場所に対する認知地図は，左右反転メガネを通した新しい見え方に凌駕されていく。このとき，逆さメガネをかけてから毎日いる部屋が先行し，そこを中心とした中規模スケールの空間がそれに続き 2 週間程度で新しい見え方の認知地図となる。一方，メガネ着用後に経験した時間が短い大規模スケールの空間では，着用前の見え方の認知地図がずっと優勢であるが，新しい見え方への違和感の消失も並行してゆっくりと進む（Miyauchi, Egusa, Amagase, Sekiyama, Imaruoka, & Tashiro, 2004；図 4-7）。

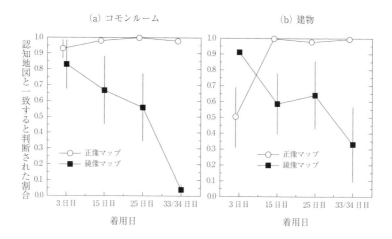

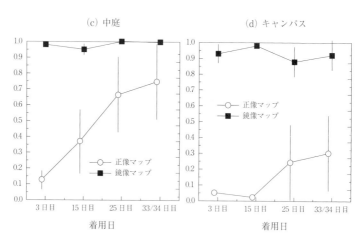

図 4-7　左右反転めがね着用進行による認知地図の変化（Miyauchi et al., 2005）。縦軸は，呈示された平面図が自身のもつ認知地図と一致すると報告された割合の平均と標準偏差。(a) 毎日の食事など着用中の大半の時間を過ごしたコモンルーム，(b) コモンルームを含む建物，(c) その建物を含む中庭，(d) 中庭を含むキャンパス

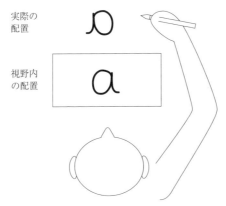

実際の
配置

視野内
の配置

図 4-8　左右反転メガネ着用中の書字行動（積山，1997）

閉眼反転書字の出現

　文字は arbitrary（任意）なパターンであり，それを書くのに失敗しても，食事動作の失敗などに比べて，生存に影響が少ない。このような文字を書く行為は，内的表象に基づく行動として非常に興味深い。左右反転メガネをかけた直後，実験参加者が文字を書く際にとる方略は 2 通りある。1 つは，反転して見える視覚情報を無視して，記憶している文字のパターンを運動的に再現する方略であり，この場合には，客観的に（逆さメガネをかけていない周囲の人から見て）まともな字を書く。もう 1 つは，書いた結果の（左右反転メガネを通した）見えが，着用者本人にとってまともに見えるように書く方略であり，この場合は，客観的には左右反転した字を書く。最初，人によっては，どちらも自由にできたり，片方しかできなかったりするが，左右反転メガネを数日も着用すれば，本人にまともに見える字（客観的に反転した文字）を書くことが普通となる（図 4-8; 積山，1997，第 4 章参照）。

　また，左右反転メガネ着用者に閉眼で書字するように求めると，触運動感覚だけで書いているにもかかわらず，客観的に左右反転した字を書くことがある。このような閉眼での反転書字は，着用直後に一時的に現れる自己受容感覚の一過性の変化を示唆するものと（Harris, 1980; A 君：積山，1997），着用開始 3 週

間ほどで現れる手の身体表象の変化を示唆するもの（T君19日目：積山，1997；積山27日目：積山，2005）とがある。積山の体験では，左右反転メガネ着用が進むに連れて，開眼でも閉眼でも，客観的に反転した字しか書けなくなり，昔書いていたまともな字はどうやって書けるのか，さっぱり分からなくなっていった。着用中に一度，外部へ手紙を送る必要があり，封筒の宛名書きでどうしても客観的にまともな字を書かなければならなくて，それを練習したことがあった（積山21日目：積山，2005）。これは，見えているのとはわざと逆に書こうとしないと書けなかったが，練習したら比較的きれいに書けるようになり，昔の書字の習慣がまだ脳の奥底に残っていたのだと思えた。

　着用後期のこうした閉眼での書字に関しては個人差も大きく，積山のように反転文字しか書けないケースもあれば，「文字の視覚イメージに頼って」「手の触運動的な記憶に頼って」と言った教示次第で，反転文字でもまともな字でも自由自在に書ける人もいたこと（T君：積山，1997）を付記しておく。

❖左右反転視野への適応における新しい身体表象の形成

　逆さメガネ着用初期の混乱や困難は，着用日数が増えるにつれて劇的に解消されていく。こうした適応の核となる変化として，新しい身体表象の形成があげられる。前項で多くの現象を通して述べたように，着用後かなり早い時期に自己身体の見えと感触が一致し始めることが適応の最初の一歩と考えられるが，これが現前の刺激布置の知覚にとどまらず，身体表象として内化されることで，空間知覚や視覚運動協応の様々な面に波及していくと思われる。

　再度，図4-5のように，自分の手に関する視覚情報と自己受容感覚情報との関係を考えてみよう。われわれは通常，触運動的に感じられる右手は，図4-5aに示すように，視野の右側に見えると予期する身体表象をもっている。しかし，左右反転メガネをかけると，図4-5bのように，右手を動かすと視野の左側の手が動いて見え，形としてもそれは左手に見える。このため，感覚間の乖離と矛盾感が着用初期には生じるのだが，着用が進むにつれて，感覚間の調和や一致感が得られるようになるのは，前述した通りである。つまり，図4-5cのような視覚と触運動感覚との対応づけが生じると考えられる。右手を動かしたときに視野の左側の手が動いて見える経験を繰り返すうちに，そうし

た触運動情報と視覚情報との対応が自然なものと感じられる知覚体制ができて
いくのであろう。このようないわば交差した触運動情報と視覚情報との対応関
係が，視野内の刺激布置への違和感消失のみならず，視野外の世界にも波及し
ていくためには，視覚と触運動感覚との「交差した」新しい対応関係が新たな
身体表象として内化されるのではないかと考えられる。

　この仮説を実験的に検証するにあたり，4 人の大学生の参加者に左右反転メ
ガネを 5 週間程度（35 日間または 39 日間）着用してもらう実験を行った（Seki-
yama et al., 2000）。それまでの多くの逆さメガネ実験では 2 週間程度の着用期
間であったが，それでは不十分であると考えてのことだ。身体表象を調べる課
題としては，本書の第 1 章で紹介した手の心的回転課題を用いた。参加者には，
この課題，すなわち画面に呈示された色々な向きの手の絵がそれぞれ右手か左
手かを判断し，口頭で報告する課題を，左右反転メガネ着用前とともに，着用
中 1 週間程度おきに実施した。その他にも，いくつかの視空間定位と視覚運動
協応課題を実施した。

　結果を述べる前に，手の心的回転課題における左右同定が左右反転メガネ着
用者にとってどのようなものかを，予想される結果とともに考えておこう。左
右反転メガネを通して画面に呈示された手の絵を見ると，当然ながら，メガネ
をかけていない者が見るのとは左右反転した視覚像（近刺激）となる。この手
が右手か左手かを判断する際，メガネ着用前に持っていた身体表象の視覚イメ
ージに照らし合わせると，図 4-9 に示すように，客観的には誤答となってしま
う。しかし，前述したように，左右反転した視野への適応の結果，図 4-5 c の
ような反転した視覚イメージと触運動情報が結びついた身体表象が新たに形成
され，それが身体の左右同定に用いられるなら，正答が出現するはずである。

　実験の結果，手の心的回転課題における左右同定の正答率は，左右反転メガ
ネ着用前はほぼ 100％ であったが，着用初期の 4 日目には，反転した刺激の見
えのために，ほぼゼロ％ であった（図 4-10，棒グラフが正答率を示す）。4 日目
にはまだ，実験前の身体表象を参照して左右を決めていたと思われる。メガネ
着用中に日をおいて課題実施を繰り返したところ，予想していた正答の出現は
遅く，着用 3 週間を過ぎてからであること，また，すべての手の刺激に等しく
現れるのではなく，右手の，指が上を向いた標準的方位に近い刺激において，

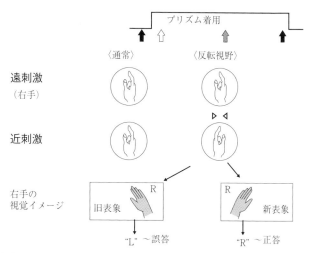

図4-9　左右反転メガネ着用中の手の左右同定課題（Sekiyama et al., 2000）。通常は，遠刺激（空間内の配置）と近刺激（目に入る直前の光の布置）とは一致しているが，反転視野ではそれらが反対になる。この反転した見えにだまされて最初は誤答となるが（白ぬき矢印），反転視野で見慣れた新たな手の視覚イメージが形成され，それが判断の基準となれば，正答が出現する（黒塗り矢印）と考えられる。

出現しやすいことが分かった。その際，特に教示しない限り，正答が出現する角度でも正答率は50%程度にとどまるようであった。このことから，図4-5cのような新しい身体表象が機能するとしても，古い身体表象も損なわれておらず，刺激によって使い分けられていたのではないかと考えられる。こうした使い分けは，課題遂行結果が生存とは無関係な実験室場面に特有なのかもしれないが，新しい身体表象が機能しやすいのは，左右反転メガネを着用した視野で経験する頻度が高かった刺激に対してのようであった。

　正答がかなり出現し始めた着用25日目に，教示を特定した新たな条件を追加で実施した。左右反転メガネを通した新しい見え方のみを基準に，右手か左手かを判断してください，と教示する条件であった。その結果，4人の参加者ともほぼ100%正しく答えることができたが，反応時間は，特に見慣れない角度において，著しく増大した（図4-10，25日目，下段：棒が正答率を，折れ線が

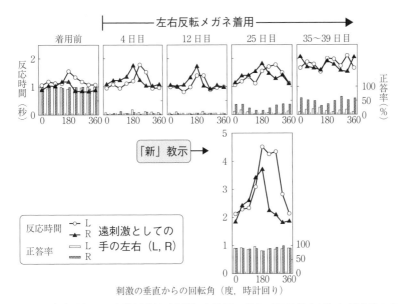

図 4-10 左右反転メガネ着用進行（上段）と教示の変化（25 日目上下）に伴う手の左右同定課題の反応の変化（Sekiyama et al., 2000）。反転メガネ着用前はどの角度でもほぼ 100% の正答率であったが，着用後 2 週間程度はほぼ 0% の日が続いた。25 日目には，メガネ着用で見慣れた角度（0° 付近）の右手で正答がかなり出現した。同じく 25 日目に「メガネ着用後の新しい見え方を基準として判断するように」と教示したテスト（下段）では，ほぼ 100% の正答と，大きく延長した反応時間が観察された。

反応時間を示す）。この結果から，新しい身体表象は 3 週間程度の適応期間では日常見慣れた角度でしか瞬時に用いることが難しく，自由自在に心的操作を加えるレベルにまで達していないことが示唆される。図 4-10 下段は，第 1 章で報告した小学校低学年児の反応時間を思い出させる。

　また，着用 35 日目には，fMRI を用いて，手の心的回転課題中の脳活動を計測した。このとき，左右反転メガネ着用前の古い手のイメージを基準にして，および，メガネ着用後の新しい手のイメージを基準にして，という 2 種類の条件で手の左右同定をおこなってもらい脳活動を計測した。その結果，両条件に共通して，手の心的回転課題に特有と思われる背側運動前野や頭頂葉の活動が

みられた。また，新しいイメージの教示の方がより多くの脳部位を賦活し，古いイメージの教示に比べて，前頭前野やブローカ野の活動が付加されていた。ブローカ野は見まね学習に関連することが知られていることから（Rizzolatti & Arbib, 1998; Leslie, Johnson-Frey, & Grafton, 2004），観察されたブローカ野の活動は，新しい手の表象の操作がまだ学習初期段階であったことを意味するのかもしれない。

　以上の結果から，左右反転視野への適応による新しい身体表象の形成は，反転メガネ着用 3 週間後くらいから客観的指標でとらえられること，新しい表象は反転メガネを通して見慣れた手の角度の見えに対して比較的良く機能することが分かった。

　このような手の心的回転課題でとらえられた左右反転視野への適応的変化が，他のどんな課題における変化と関連しているかをみてみたところ，視覚対象の空間定位課題で，類似した変化が見られた。この課題では，画面中央の凝視点の右または左に視覚ターゲット（円）を呈示し，ターゲットが自分のどちらの手と同じ側にあると感じられるかを，視野外の手でボタン押しして答えてもらった。その結果，正答率は，着用 3 日目，12 日目ではほぼゼロ％であったが，25 日目には 75% 程度となり，35 日目にもこの高い正答率が維持されていた（図 4-11）。手の新しい表象が機能し始めると，それが基準となって視空間の左右が判断されることが示唆される。

　これらの課題におけるいわば遅い適応に対して，リーチングのような視覚誘導性行動はもっと早い適応を示した。画面に呈示された視覚ターゲットにできるだけ早く正確にリーチングする課題で，着用 3 日目には速さも正確さも着用前より低下していたが，着用 11 日目にはほぼ着用前のレベルに戻っていた。

　以上のことをまとめると，左右反転した視野への適応において，リーチングのような行動の結果が正しいかどうかの視覚フィードバック情報が視野内で利用できる課題への行動的適応が比較的早く進み，2 週間以内に着用前のレベルに戻る。そして，そうしたフィードバック情報がなく身体表象にのみ依存する身体空間認知課題への適応的変化には，3 週間以上の長い適応期間を要する。そして，3 週間以上かけて形成された新しい身体表象は，視空間定位の基準枠

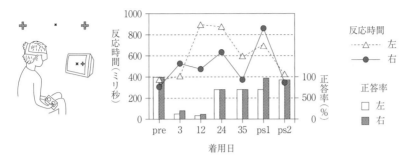

図 4-11 左右反転メガネ着用進行による視空間定位課題の反応変化（Sekiyama et al., 2000）。画面に呈示されたターゲットが，中央の凝視点の左右どちらの手の側にあると感じられるかを，視野外の左右の手でボタンを押して答えてもらう課題への反応。反転メガネ着用前（pre）は 100% 正答であったが，着用後の 2 週間ほどは正答がほとんどみられなかった。24 日目からは，かなり高い正答率が見られ，視覚と触運動感覚との対応関係が成立したことがうかがわれた。メガネ除去後第 1 日（ps1）には反応時間が延長し，残効がうかがわれた。

組みになると思われる。

❖残効からみた新しい感覚間の関係の構築

　前節で紹介した研究は，逆さメガネ着用によって一度は損なわれた知覚体制が，着用期間が長くなるにつれて回復するかどうか（正答が再び出現するかどうか）という観点からの研究であった。高次の課題になるほど，こうした実験計画でしか変化を捉えにくいのであるが，一方で，後述する側方偏位プリズムの研究のように，逆さメガネ着用期間終了後にメガネを除去した際の残効（誤答の出現）を捉えることができれば，知覚的な変化のより強い証拠となる。この残効は，メガネによって変換された視野に適応するために形成された新たな知覚体制が，それがもはや有効でなくなった場面で機能し続けることで生じる効果であり，通常，課題への誤答として現れる。例をあげれば，逆さメガネ着用中にボールが飛んできた方向へ瞬時に正しく手を伸ばせるように適応していた人が，メガネを除去した直後，ボールとは反対方向へ手を伸ばしてつかみ損ねてしまう，といった誤反応である。

　このキャッチボールの例のような行動レベルの残効は，先行研究にも散見されるが（Kohler, 1951/1964; 積山, 1997），未解決の問題として，逆さメガネ着用後に比較的遅く現れる知覚レベルの適応（知覚的順応）に関して，残効が見られるかどうかという点があった。逆さメガネへの適応後の残効については研究が少なく，研究者によっては，逆さの視界は変換の程度が大きすぎるため，残効を生じるような本質的な知覚的順応は生じない，と実証的な研究ぬきに断ずる人もいた（Welch, 1986）。そこで，Sekiyama, Hashimoto, & Sugita（2012）は，知覚的順応の残効に焦点を当て，4 人の参加者を対象に，5 週間程度（37 日間または 32 日間）の左右反転メガネ着用実験を実施した。この実験では，左右反転した視野への知覚的順応が生じるならば，どのような感覚間の関係に残効が見られるのかに焦点を当て，刺激の位置の左右判断を 4 つの条件で課した。

　そのうち 2 つの条件は，残効の出現が期待される条件で，残りの 2 つは統制条件的な役割を持っていた。前者は，逆さメガネによって変換を受ける視覚と変換を受けない触運動・体性感覚との関係を調べるものであり，後者は，視覚以外の感覚間の関係（聴覚，体性感覚と触運動の関係）を調べるものであった。1 番目の視覚 − 運動（V-M）条件は，先に述べた実験（Sekiyama et al., 2000）でも視空間定位課題として用いたものであり，画面中央の凝視点の右または左に視覚ターゲットを呈示し，その位置が参加者自身の左右どちらの手と同じ側に感じられるかを視野外の手でボタン押しによって答えてもらう課題であった。2 番目の体性感覚 − 視覚（S-V）条件は，この実験で新たに導入した条件であり，体性感覚刺激（エアパフ）を呈示し，その位置を視覚参照基準に照らして答えてもらう課題であった。具体的には，参加者の身体（顔，首，手）の左右，計 6 カ所のいずれかの視野外の皮膚上にエアパフ刺激を呈示し，反応のための視覚参照基準として画面の右側に赤，左側に青などのパッチを呈示し，エアパフ刺激の感じられる位置がどちらと同じかを「赤」または「青」と口頭で報告してもらった。3 番目の体性感覚 − 運動（S-M）条件では，S-V 条件と同様にエアパフ刺激を呈示し，その位置が自分の左右どちらの手と同じ側に感じられるかを視野外の手でボタン押しで答えてもらった。4 番目の聴覚 − 運動（A-M）条件では，ディスプレイの左右にあるスピーカーから音を呈示し，音の位置が自分の左右どちらの手と同じ側に感じられるかを視野外の手でボタン押しで答

えてもらった。S-M 条件および A-M 条件は視覚を含まず，統制条件としての役割を想定していたが，変換された視野への知覚的順応が「自己受容感覚の変化」によると主張する側方偏移プリズムでの先行研究（Harris, 1963; 1965）に基づけば（これについては後述する），自己受容感覚を含むこれらの条件でも逆さメガネ着用による変化が見られる可能性もあった。なお，これらの行動的なデータの他に，後述するように，fMRI による脳機能計測も実施した。

　実験の結果，予想通り，V-M 条件と S-V 条件では，左右反転メガネ着用直後は逆さの見えに騙されて反応が誤答となるものの，着用途中から適応を示す正答が出現し，メガネ除去後には残効を示す誤答が出現した。ただし，着用中に正答がいつごろ出現するかには個人差があり，正答が早く出現する参加者ほど除去後の誤答も明瞭に見られ，正答の出現が非常に遅く（着用最終段階の 36 日目）にしか見られなかった 1 名では，除去後の誤答が見られない結果となった。

　一方，統制条件的に置いた S-M 条件と A-M 条件では，残効は見られなかった。これら両条件は視覚を含まないので，原理的に逆さメガネによる影響を受けないはずであり，着用中，除去後ともほぼ 100% の正答であった。ただし，A-M 条件においては，着用中に一過的なエラーが出現する時期があった。

　これらの変化について条件間の関係を把握するために，図 4-12 に，各条件の平均正答率（刺激の位置をこみにした値）を fMRI データも利用できた 3 人の被験者（F1, M1, M2）について示す。V-M 条件は，日常の視覚誘導性行動と類似した条件であるためか，純粋に感覚的判断を求める S-V 条件に比べ，着用中の正答が少し早く出現した。ここで注目すべきは，A-M 条件における一過的な誤答の出現が，S-V 条件での正答出現時期とほぼ同期していることである。この A-M 条件における一過的な変化の理由は明らかでないが，知覚的順応段階へと移行する過渡期に生じるように見受けられる。これについては，側方偏位プリズムでの先行研究との関係で，後に考察したい。

　さて，この実験では，これらの行動的なデータの他に，fMRI による脳活動データも計測していた。fMRI 計測の際に参加者に課した課題は，半視野に呈示される視覚刺激の受動的な観察であった。参加者には，凝視点を注視し続けるようにだけ教示し，点滅するチェッカーボード刺激を凝視点の右または左に

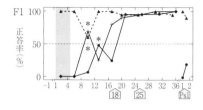
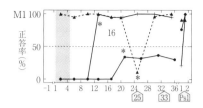
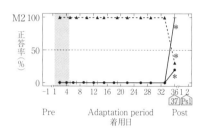

図 4-12　左右反転メガネ着用進行に伴う感覚間マッチング課題の反応変化（Sekiyama et al., 2012）。被験者（F1, M1, M2）ごとの各課題（AV, SV, VM 課題）の正答率を折れ線で示す（遠刺激に対する客観的正答）。アステリスクは，各課題の正答率が着用 2 日目と比べて初めて有意に変化した日であることを示す。グレーで示す範囲は，リーチング課題での運動時間が着用前に比べて延長していた時期を示す。ラベルに示された字は，V1 の受容野が通常の対側から両側に変化していた測定日を示す（fMRI は週 1 回計測）。リーチングの向上はどの被験者にも共通して着用初期に素早く生じた一方で，知覚課題での変化はもっと長い時間を要し，生起する時期には個人差が大きかった。重要なことは，知覚課題間で変化に大まかな同期が見られたことで，SV 課題（━●━）での正答の出現と AM 課題（┄▲┄）での誤答の出現，および V1 受容野の両側化の開始は，ほぼ同じ時期に起こっていた。また，メガネ除去直後には残効が見られ，知覚的順応が比較的早く起こっていた 2 人の被験者（F1, M1）では VM, SV 課題での誤答および V1 受容野の両側性の活動が，知覚的順応が遅かった M2 では V1 受容野の両側性の活動のみが見られた。

呈示し，右または左半球の 1 次視覚野の賦活を試みた。この刺激は，通常は片側半球のみの 1 次視覚野を賦活させるのであるが，サルでの先行研究によれば，左右反転メガネへの適応に伴い，1 次視覚野の受容野の両側化が見られるという（Sugita, 1996）。このアナロジーから，ヒトでの fMRI 実験では，半視野へ

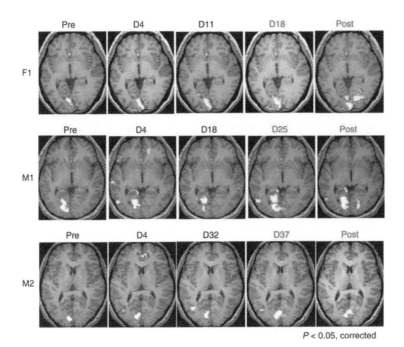

$P < 0.05$, corrected

図 4-13　左右反転メガネ着用進行に伴う視覚受容野の変化（Sekiyama et al., 2012）。被
　　　　験者（F1, M1, M2）ごとに fMRI で見た半視野刺激に対する V1 の活動を示す。
　　　　着用期間中は反転メガネ着用のままで計測したが，視覚刺激の位置は近刺激
　　　　（プリズム通過後の布置）で定義している（この例では右視野刺激）。着用前
　　　　および着用直後から中期にかけては V1 の活動は片側（対側）に限局していた
　　　　が，後半には両側性の活動が，被験者 F1 では着用 18 日目から，M1 でが 25
　　　　日目から，M2 では 37 日目に見られた。また，メガネ除去直後にも，両側性
　　　　の活動が再び現れ，残効を示した。着用前と着用後のテストでは，被験者は
　　　　プリズムのない素通しのゴーグルを着用していた。

の視覚刺激が両側の 1 次視覚野を賦活させるかどうかを検討した結果，図
4-13 に示すように，出現時期に個人差はあるものの，3 人の参加者すべてにお
いて両側半球にまたがった 1 次視覚野の賦活が見られた。また，この脳活動パ
ターンが最初に出現する時期は，前述の行動データにおいて S-V 条件での正
答と A-M 条件での誤答が同期している時期であった（図 4-12）。また，着用

後期に一旦は消失した両側1次視覚野の賦活は，メガネ除去後に残効として再び観察された。この1次視覚野の受容野の両側化がどのようなメカニズムで生じるのかは定かでないが，1次視覚野のレベルでは左右半球間の直接的な連絡がほとんどないため，1次視覚野よりも高次の脳部位での半球間連絡を介して生じていると考えられる。つまり，この脳活動パターンは，比較的高次の両側半球間相互作用を示唆する。行動データとの対応から，この半球間相互作用は，左右反転した視野への知覚的順応と関連していると考えられる。また，行動データでは残効を示さなかった適応の遅い参加者M2においても，脳活動データでは残効が見られたことから，脳活動データの方が行動データよりも感度が高いことがうかがわれる。

　ちなみに，図4-12の影をつけた期間は，リーチング課題で向上の見られた時期であり，着用5日目までは急激な向上が見られたが，これ以降は高原状態に達していた。この図から，視覚誘導性行動が回復してからかなり後の3-5週目に知覚的順応を示す様々な変化が起きていたことが分かる。

　以上のように，残効を伴う左右反転視野への知覚的順応は，3週間以上の長期着用によって生じると考えられる。ここで，ストラットン（Stratton, 1897）は知覚的順応を達成していたのかを推測してみると，2回の着用期間を合計しても11日間であることや，知覚的な残効を示唆する記述がないことから，われわれのV–M課題等で着用中の正答が出現する程度には感覚間の再調和を達成していたと思われるが，残効を伴う程度には達成していなかった可能性がある。

4.3　側方偏位視野への順応 ……………………………………………………

　これまで述べてきた逆さメガネ実験は，適応に長い日数を要し労力のかかる実験であるため，世界的に見れば実施数は少ない。それに対して，数分から数時間の観察期間で知覚的順応が生じる視野の側方変換（横ズレ）実験は，Helmholtz（1865/1925）によってこの現象が発見されて以来，特に1960年代を中心に数多く行われ（Harris, 1963; Held & Hein, 1958; Held, 1961; Kaufman, 1974; 概説として Welch, 1986），理論的考察も進んでいる。

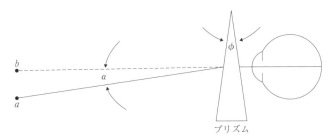

図4-14　くさび形プリズムを用いた視野の側方変換（横ズレ）（積山，1997）

（a）プリズム着用前　　（b）プリズム着用直後　　（c）プリズム順応後　　（d）プリズム除去後の残効

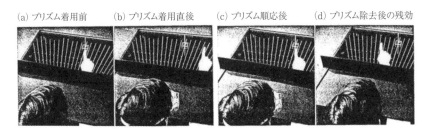

図4-15　視野の側方変換への順応と残効（Harris, 1980 に基づき作成）。（a）プリズム着
　　　　用前は，ターゲットを正しく指すことができるが，（b）視野を右にずらすプリ
　　　　ズムの着用直後は，見えにだまされて実際より右をポインティングしてしまう。
　　　　何度かポインティングをして誤りを見ているうちに，（c）のように正しくポイ
　　　　ンティングできるようになる。（d）その後プリズム・ゴーグルを除去すると，
　　　　今度は実際より左をポインティングしてしまう残効がみられ，着用直後とは逆
　　　　方向へ補償的な運動パターンを生成する体制ができあがっていたことが分かる。

❖順応と残効

　視野の側方偏位は，くさび形プリズムを用いた変換であり，たとえば左ズレ
であれば，視野が実際よりも左にずれて見える（図4-14）。典型的には，ずれ
の程度は視角11度程度で，反転視野に比べると非常に程度の小さな変換であ
る。この左ズレ視野で，手の運動軌跡を見ずに視覚対象にポインティングしよ
うとすると，プリズム着用前は正しくできていたにもかかわらず（図4-15a），
プリズムによる視野の左ズレに騙されて実物よりも左側に手を伸ばしてしまう
誤りが生じる（図4-15b）。これに関して，運動の終点での誤りを見るフィード
バックを数回繰り返すうちに，ポインティング位置のエラーは次第に減少して

正しい位置を指せるようになる（図4-15c）。その後，プリズムを除去すると，今度は実物よりも右側に手を伸ばしてしまう誤り（残効）が生じ（図4-15d），このことから，プリズムによる偏位を補償しようとするプロセスが適応期間中に生じていたことがわかる。

❖早い適応と遅い順応

　こうした順応と残効に関して，適応期のエラーの減少が素早く生じる（15試行程度以内の繰り返しでプリズム着用以前の正確さに戻る）のに対して，プリズム除去後の残効の増大は，ずっとゆっくりと進むという。こうした現象に関して，いろいろな研究アプローチがあるが，知覚的な側面に焦点を当てている Redding, Rossetti, & Wallace（2005）は，プリズム適応において少なくとも2つのプロセス（早い適応と遅い順応）があると提案している。彼らの用語では，それらは再較正（recalibration）と再整列（realignment）である（用語は研究者によって違うので，若干注意が必要である）。

　Redding et al.（2005）によれば，再較正は strategic control とも呼ばれ，先行するエラー経験に基づくフィードフォワードな（実際に運動する前の）運動プランの修正である。再較正に基づく残効量は，適応期とテスト期の条件の類似性に依存する（Redding & Wallace, 2006）。一方，再整列は真の順応とも言われ，プリズムによって生じた視覚と自己受容感覚との矛盾を解消するためのモダリティ間での空間座標軸の新たな対応付けであり，この対応付けは空間全体に般化されるという。再較正がある程度意図的で急激に進むのに対して，再整列はゆっくり，無意識的に進むという。

　これら2つのプロセスは，先の左右反転視野への適応で考えれば，再較正が視覚誘導性行動の適応的変化に，再整列が知覚的順応による感覚間再調和に相当すると考えられる。もちろん，アナロジーがある程度当てはまるとしても，順応に必要な時間は非常に異なる。左右反転視野では，遅い順応に3週間程度が必要であったのに対して，側方偏位視野では，数分から数時間程度である。ただし，より最近の研究で，Inoue, Uchimura, Karibe, O'Shea, Rossetti, & Kitazawa（2015）は，側方偏位視野への運動学習の観点から，早いシステム，遅いシステム，超遅いシステムの3つがあるとしている。

❖視覚優位現象との区別

　変換された視野への知覚的順応（再整列）を考える際に，1つ注意したいのは，再整列と視野変換開始直後から現れる視覚優位現象（visual capture）との区別である。視覚優位現象は，視覚と自己受容感覚の間に矛盾がある時，見えている手の位置に自己受容感覚的な手があるように感じられる現象である（Hay, Pick, & Ikeda, 1965）。これは，変換された視野での経験量に関わらず，視野変換によってただちに生じる現象である。また，視覚優位現象そのものは残効を生じるわけではない（Welch, 1978, 1986）。したがって，この現象は，視野変換開始時の感覚の重み付けが自己受容感覚よりも視覚において勝っていることの反映にすぎず（Welch, 1978, 1986），たとえば腹話術効果において，音が実際の音源ではなく見えている音源付近から聞こえることや，矛盾する口の動きの映像が音声知覚を変容させるマガーク効果などと同様の現象と考えられる。

❖側方偏位視野への順応における「自己受容感覚変化説」をめぐって

　側方偏位視野への順応に関して，1960年代に大きな旋風を巻き起こした理論の1つに，「自己受容感覚変化説」（Harris, 1963, 1965）がある。これは，プリズム順応によって変わるのは，プリズムを通して見た手の自己受容感覚（位置感覚）である，という説である。それまでに提唱されていた諸説では，視覚が変わる（Kohler, 1964），特定の運動反応が学習されるだけ（Smith & Smith, 1962），運動とそれに対する視覚フィードバックの新しい関係の貯蔵に基づき感覚運動システムが変化する（Held & Freeman, 1963）などがあったが，自己受容感覚変化説は，それらを否定するかもしくはより広汎な変化を主張するものであった。

　側方偏位視野への順応の結果生じる残効を調べるテストとしては，視覚ターゲットを自分の手は見えない状態で指し示すテスト，自分の真正面を閉眼で指差すテストなどが用いられるが，Harris（1963）はこれに加え，閉眼で音源を指差すテストを取り入れた。その結果，たった3分間の適応期間の後に，いずれのテストにおいても適応期間にプリズムを通して見ながら動かした手による反応では音源指示に残効が見られ，一方で，適応期間に用いなかった手による反応では残効が見られなかった。視覚ターゲットだけでなく聴覚ターゲットに

対しても残効が生じることと，これらの残効はプリズムを通して見た手に限られることから，適応時に用いた手の自己受容感覚が変化したと解釈することで結果を整合的に理解できる，と Harris は主張したのである。

　Harris（1963）は，側方偏位プリズムによる数分間の実験しかしていないが，自己受容感覚変化説は，側方偏位視野に限らず反転視野の場合にも当てはまるのではないかとさえ主張している（Harris, 1965）。しかし，この見解は，非常に短時間の実験しかしていないことによる「視野狭窄」の産物とも考えられる。側方偏位視野への順応においては，確かに自己受容感覚の変化と思われる変化が生じる時期があるが（Harris, 1963; Hatada, Miall, & Rossetti, 2006; Hay & Pick, 1966; Michel, Pisella, Prablanc, Rode, & Rossetti, 2007; Redding & Wallace, 2009），より長期的な実験結果では，それは一過的であることが示されている（Hay & Pick, 1966）。それによれば，自己受容感覚の変化を示唆する閉眼での聴覚ターゲットへの指差しおよび自己身体の正面の指差しでのエラーは，側方偏位メガネ着用後 12 時間をピークとして，3 日目には消失する結果が得られているのである。

　先に述べた左右反転メガネ実験でも，聴覚刺激の位置を手による反応で判断する課題で，着用 3 週間を経過する頃に一過的なエラーが見られた（図 4-12; Sekiyama et al., 2012）。これも，「自己受容感覚の変化」を示しているかのように見えるが，Sekiyama et al.（2012）はむしろ，聴覚との関係において自己受容感覚の抑制が生じたと捉えている。なぜなら，触覚刺激の位置を判断する課題では，そのような誤りが生じず，自己受容感覚が変化したとは考えにくいからである。触覚刺激のような自己中心的空間（egocentric space）に呈示された刺激に手を反応させる場合は，自己受容感覚の抑制は生じず正しく位置が判断される一方で，聴覚刺激や視覚刺激のような外在空間（exocentric space）に呈示された刺激に手を反応させる場合には，一過的に手の自己受容感覚の抑制が生じる時期があるのではないだろうか。そして，外在空間に存在する視覚刺激への対応が聴覚へも過剰に般化される形で生じるのではないだろうか。実際，そのような一過的な体性感覚の脳内での抑制を示唆する報告もある（Bernier, Burle, Vidal, Hasbroucq, & Blouin, 2009）。

❖側方偏位プリズムへの適応をめぐる今日の状況

　視野を側方へ偏位させるプリズムを用いた適応実験は，比較的短時間で行動的変化を観察できることから，現在もいろいろな目的で使われている。比較的長期の効果を調べたり（Hatada et al., 2006; Inoue et al., 2015），運動学習研究のパラダイムとして用いたり（Kitazawa, Kimura, & Uka, 1997），変化の脳内機構を調べたり（Clower, Hoffman, Votaw, Faber, Woods, & Alexander, 1996），半側空間無視の患者への応用に用いたり（Rossetti, Rode, Pisella, Farnè, Li, Boisson, & Perenin, 1998; Rossetti, Kitazawa, & Nijboer, 2019），高次認知機能との相互作用を調べたり（Michel, 2016），種々のアプローチが取られている。

4.4　コンピュータやビデオを用いた変換··

　逆さメガネや視野側方偏位メガネでは，視覚誘導性行動におけるエラーの減少よりもむしろその後に生じる知覚的現象や残効に関心を持たれることが多いのに対して，コンピュータ上の視覚刺激の運動方向の変換や，ビデオを用いた視野方向の変換は，運動学習に焦点を当てた研究で用いられている。

　たとえば，今水ら（Imamizu, Miyauchi, Tamada, Sasaki, Takino, Pütz, Yoshioka, & Kawato, 2000）は，コンピュータのマウスカーソルの運動方向が実際とは120°回転されてスクリーンに呈示されるのをモニターしながら，スクリーン上のランダムなターゲットの位置を視野外の手でマウスを動かして追跡する課題を用い，追跡エラーの減少過程と課題中の fMRI による脳活動データの関係から，2つの運動学習フェーズがあることを示している。1つは，学習初期に見られる小脳の広い範囲の活動で，その活動量の減少は，追跡エラーの減少過程と相関しており，エラー信号を反映していると考えられた。もう1つは，エラーがベースラインと同等にまで減じる学習の最後の段階で，この時には小脳上後裂付近に限局された活動が残り，これは新しいマウスの使い方に関する内部モデルの形成を反映していると考えられた。

　同様のカーソルの運動方向の回転変換を用いた彼らの最近の研究では（Kim, Ogawa Lv, Schweighofer, & Imamizu, 2015），40°と−40°の2つの反対方向の回転を1ブロックずつ交互に学習していく課題で，エラー減少過程へのモデルの

あてはめにより，学習には短期の2つ，中期の1つ，長期の1つの潜在的コンポーネントがあることが示唆された。また，これらのそれぞれが脳の別の部位の活動と相関しており，短期の適応には前頭前野，頭頂葉，小脳後方が，中程度の時間の適応には下頭頂葉が，長期の適応には前内側小脳が関連しているという。

　上記2つの研究は，1時間程度の視覚運動適応に関するデータをもとに運動学習の「小脳説」を提唱し，小脳前方に新しい視覚と運動の関係（道具の使い方）に関する内部モデルが形成されるとしている。その一方で，運動学習の「1次運動野説」も見られ（たとえば，Landi, Baguear, & Della-Maggiore, 2011），実験が1週間などと長期間に及ぶと，より遅い学習が1次運動野で生じることが示唆されている。Landi et al. (2011) では，Imamizu et al. (1998) とほぼ同様のカーソルの回転への運動学習を1日1時間程度，1週間繰り返すことにより，1次運動野の手の領域付近の構造的な変化（皮質密度の増大，白質堅牢性の増大）が見られ，白質堅牢性の1週間での増大量は，1年後の学習の節約率と相関していたという。2つの説をつなぐ知見として，小脳は運動適応の獲得に関与し，1次運動野は学習した結果の保持に関連していることを示唆する研究もある（Galea, Vazquez, Pasricha, de Xivry, & Celnik, 2011; Hadipour-Niktarash, Lee, Desmond, & Shadmehr, 2007）。

　なお，ここまで述べてきたコンピュータ上のカーソルの変換では，自分の手や実際のマウスは見ないでターゲットと運動方向が変換されたカーソルのみを見るので，どのようなエラーが起きているのかを意識的に把握することが難しく，無意識的学習（implicit learning）であると考えられている。それに対して，自分の手を最終的には見るプリズムを用いた視野変換実験では，エラーが正確に把握でき，意識的学習（explicit learning）になると考えられる。無意識的学習と意識的学習とでは，神経基盤が大きく異なると言われており（Grafton, Hazeltine, & Ivry, 1995），コンピュータ上のカーソルの変換で行われている運動学習の研究は，視野変換プリズムのアナロジーでは扱えないかもしれない。

　たとえば，プリズムでの変換のように自分の手が見える変換として，ビデオカメラからの出力を回転させてヘッドマウントディスプレイに映し出す視野変換を行ったPETによる脳機能計測実験では（Inoue, Kawashima, Satoh, Kinomura,

Sugiura, Goto, Ito, & Fukuda, 2000），1時間程度の適応の後期に，前頭眼野，運動前野，補足運動野，頭頂葉などの活動がベースラインに比べて増大したという。これらの比較的高次の領野の関与が，意識的学習の特徴なのかもしれない。また，側方偏位視野プリズムへの適応過程の神経基盤を探ったPETによる脳機能計測研究でも（Clower et al., 1996），頭頂葉後部がプリズムへの適応に関連する部位であるという。頭頂葉後部は，身体中心座標による空間認知の神経基盤として知られている部位でもあり（Galati, Committeri, Sanes, & Pizzamiglio, 2001; Tsakiris, 2010），手の見える視野全体の変換の場合には，空間座標全体に波及するような身体図式の再構築が関与するのかもしれない。

　さて，前節で紹介した左右反転メガネ5週間着用実験で，着用3週間くらいで1次視覚野の受容野の両側化が見られた（Sekiyama et al., 2012）。前述したように，この変化は，1次視覚野よりも高次の脳部位での半球間連絡を介して生じていると考えられた。これに関連して，このfMRI実験では興味深い結果が観察された。この実験では，参加者は注視点を見続けるように求められ，半視野に呈示される視覚刺激を受容するという受動的な視覚課題が与えられた。その結果，逆さメガネ着用前には片側半球の1次視覚野のみに活動が限局していたのであるが，逆さメガネ着用開始後には，2次視覚野，頭頂間溝，運動前野など，いろいろな部位の賦活が見られるようになり，1次視覚野の受容野両側化は，そうした変化の1つとして見られたのである。残念ながら，3人の被験者間で活動部位には個人差があり，一定の法則を見出すには至らなかったが，1次視覚野の両側化が，1次視覚野よりも高次の脳部位での半球間連絡を介しているという論理的考察をある程度裏付ける事実のように思えた。

4.5　逆さメガネ，側方偏位プリズム，カーソル変換
——共通点と相違点

　この章では，逆さメガネへの適応に関する知見の紹介を主眼にし，その現象的側面の記述からスタートし，適応のメカニズムの考察へと進んだ。そして，その知見を，側方偏位変換を用いたいわゆるプリズム適応の研究と比較し，さらに，コンピュータ上のカーソルの位置変換を用いた研究との関係についても論じた。

　筆者が逆さメガネの研究を始めた大学院生の頃には，逆さメガネへの適応と側方偏位プリズムへの適応とではメカニズムがかなり違うかもしれないと思っていたが（太城ほか，1984），研究が進むにつれ，また，過去の文献を紐解くうちに，思いのほか共通点があることに驚かされた（Sekiyama et al., 2012；そして本章）。測定に乗ってくる変化が生じるタイムスケールは大きく異なるものの，自己受容感覚の一時的抑制，聴覚的な外在空間への一時的過剰適応，残効などの点で，両者に共通点が見られたのである。

　一方，長期の逆さメガネ実験を多数おこなった経験からは，人間は側方偏位のような小さな視野変換だけでなく，どのような視野の変換にも適応できる可塑性を持っているのではないかと感じる。逆さメガネ実験のような時間と労力のかかる実験は，今後なかなか行うことが難しいが，やってみるまでこのことは分からなかった。

　また，本章での考察を通して，コンピュータ上のカーソルの変換と，プリズムなどによる手が見える視野変換とでは，適応のメカニズムが異なる可能性もうかがわれた。どちらも，今までの視覚運動協応を上書きするのではなく，新しいルールが付加される形の学習が進む点では共通しているけれども，前者で扱う運動の内部モデルは個々のカーソル（道具）に対して無意識的に形成され，手が見える視野変換では意識的な学習を起点に新たな身体図式が空間座標全体に波及する，という捉え方ができるかもしれない。こうした一般化が妥当かどうか，それぞれの研究の実験設定やタイムスケールを考慮しながら，さらに研究動向を見守っていきたい。

第5章　身体所有感と偽体錯覚

5.1　身体に関する多感覚知覚 ……………………………………………

　我々自身の身体知覚は，他者の身体または物体の知覚とは，いくつかの点で著しく異なる。自分の身体知覚では，すべての感覚と身体運動の情報が脳内で収束されるとき，それぞれが独立ではなく，物理法則によって厳密に拘束されているという事実が前提となる。たとえば，テーブルを拳で叩く身体運動をするとき，テーブルとの接触に関わる視覚情報には，同時に常に拳から得られるテーブルの触感が伴う。このような場合，すべての感覚入力の情報源が自身の身体になるので，手でテーブルを叩いたという視覚情報と触覚情報の同時性を変えることはできない。このような意味での制約を受けない物体知覚または他者に関する身体知覚では，多感覚の同時性だけでは事象の一意性は保証されない。たとえば，公園で犬を見ると，ほぼ同じ瞬間に同じ方向から吠え声が聞こえたとすると，もちろんその犬が吠えたのかもしれないが，すぐ後ろに2匹目の犬がいて，その犬が吠えた可能性もある。すなわち，多感覚入力があったときに，それぞれが異なるソースである可能性を想定することもできる。当然ながら，自分自身に関連するすべての多感覚入力はすべて同じ身体から発生していることになるので，自分自身の身体に関してはそのような仮定を置くことができない。また，自分自身の身体情報を処理する際には，基本的な五感情報に加えて，筋や腱，関節などに起こる深部感覚も関わってくるが，これらは物体知覚や他者の身体知覚では利用することができない。深部感覚とは，内臓感覚を除く，身体内部の感覚を意味し，自己受容感覚（proprioceptive sense）とも呼ばれ，筋受容器からの伸縮などの情報により，身体部位の位置情報が得られる。

　逆に言えば，日常物体や他者の身体を含む外部オブジェクトの多感覚知覚を

研究するとき，実験において各感覚情報の独立した操作を行うことができる。これにより，各感覚刺激の呈示に遅延を導入したり，異なる位置から刺激を呈示したり，様々な文脈を操作することができる。したがって，操作された感覚刺激間の空間的，時間的，意味的関係が多感覚知覚にどのように影響するかを調べることができる（Doehrmann & Naumer, 2008; Alais, Newell, & Mamassian, 2010）。一方，自分自身の身体知覚に関する多感覚入力は密接に結びついていて，お互いに独立していないという制約により，従来多感覚知覚研究で採用されてきた研究手法で，自分自身の身体知覚を実験研究することには困難が伴うので，同じ方法を直接的に適用することはできないことが多い（Kilteni, Maselli, Kording, & Slater, 2015）。たとえば，拳でテーブルを叩くのを見てから，拳にテーブルの触感を感じるまでの時間的な遅延を導入するには，特殊な仕掛け，特殊な道具を利用した実験方法が必要となる。

　我々自身の身体を他者の身体や周囲に存在する物体と区別できるのはなぜかという疑問を解明するために，神経科学，心理学，哲学などからの挑戦が行われてきた（Gallagher, 2000; Jeannerod, 2003; Blanke & Metzinger, 2009; de Vignemont, 2011）。特に，視覚情報と触覚情報の統合は，我々の身体近傍空間を知覚する上で重要であると考えられている。このような統合過程の存在は，サルの脳内の視覚・触覚ニューロンの発見が先駆けになっている。サル自身の身体を中心として，その身体近傍に呈示された視覚刺激のみに応答するニューロンを特定し，その中で視覚受容野と大部分が重複する触覚受容野を備えたニューロンが発見されている（Rizzolatti, Scandolara, Matelli, & Gentilucci, 1981）。すなわち，手の触感に関与する個々のニューロンは，手に近づいている視覚オブジェクトには応答するが，身体の他の部分に近づいているオブジェクトには応答しないことになる。これらのニューロンの受容野が上肢に固定され，腕が動くと，両感覚ニューロンの視覚受容野も一緒に移動することが明らかになった（Fogassi et al., 1996; Graziano, Hu & Gross, 1997; Graziano, Yap, & Gross, 1994）。この受容野移動は，サルの目の位置とは無関係であり，これらの多感覚ニューロンが，身体部分を中心とした座標系の身体近傍空間を担当していることが分かっている（Gentilucci, Scandolara, Pigarev, & Rizzolatti, 1983; Graziano et al., 1997）。

　人間の脳内にも身体近傍空間における多感覚統合システムが存在する。たとえば，fMRIによる脳機能計測研究により，特定の身体部位に関連して視覚刺激と触覚刺激の両方に反応する運動前野および頭頂内皮質の領域が特定されている（Bremmer et al., 2001; Ehrsson et al., 2004; Lloyd, Morrison, & Roberts, 2006; Lloyd, Shore, Spence, & Calvert, 2003; Makin, Holmes, & Zohary, 2007; Nakashita, Saito, Kochiyama, Honda, Tanabe, & Sadato, 2008; Sereno & Huang, 2006）。

5.2　身体歪み錯覚

　身体知覚における錯覚の代表例は，身体歪み錯覚（Body Distortion Illusion）である。これは，人体の解剖学的制約を必ずしも満たすことなく，身体部分のサイズまたは姿勢が劇的に変化したと解釈する現象である。錯覚的な身体の歪みを誘発するのは，自己受容感覚の錯覚に基づいており，たとえば関節の腱筋を機械的に振動させると，目隠しされた被験者が，正しくない身体位置を推定する現象である。たとえば，図5-1のように，上腕二頭筋を100ヘルツで振動させると，肘の角度が最大40度伸びて感じられる。その結果，鼻を触らせると，鼻が著しく高くなったと感じるピノキオ効果が生じる（Goodwin et al., 1972: なお，ウソをついた時に鼻周辺の体温が上昇するという現象も報告されており，その現象をピノキオ効果と呼ぶことがあるが（Moliné et al., 2017），それは身体歪み錯覚ではない別の現象である）。このように，静止状態にある身体部分の振動が，接触している他の動かない身体部分のサイズの変化と錯覚させることになる（Lackner, 1988; de Vignemont et al., 2005; Ehrsson et al., 2005）。身体歪み錯覚は，側頭頭頂皮質の領域の活性化によって，身体部位の触覚処理が変調されることが示されている（Ehrsson et al., 2005）。

　このように，身体歪み錯覚は，視覚入力を遮断することで，自己受容感覚と触覚に基づき，人体の解剖学的制約を満たすことなく，脳が自分自身の身体形状を動的かつ柔軟に解釈することを示している。

図 5-1　ピノキオ錯覚（Goodwin et al., 1972）。上腕二頭筋に振動を
　　　　与えながら，鼻を触らせると，鼻が高くなったと錯覚する。

5.3　身体所有感

❖身体知覚と身体所有感

　我々自身の身体知覚は，視覚および自己受容感覚から得られた情報に大きく
影響される。視覚と自己受容感覚の統合により，私たちの身体が空間のどこに
あるかを特定できるようになる。すなわち，両モダリティからの情報によって，
特定の身体部位が特定の時点でどこに存在するかについて脳に知らせることが
できる。たとえば，目を閉じた状態で手がどこにあるかは自己受容感覚に基づ
きある程度推定することができるが，目を開けて自分の手を見下ろすことで，
その判断をさらに正確に特定できる。すなわち，目を開け，見下ろしてみれば，
当然のように自分の手，足，体が見える。そして，見ているものが，自分の身
体であると感じる。これが，身体所有感である。

　身体所有感に関わる脳情報処理過程に触れておこう。関節，筋肉，腱，およ
び皮膚の求心性神経情報，ならびに視覚，前庭，および聴覚情報などは，身体
信号が統合されると考えられる前頭葉，頭頂葉，および側頭葉に到達する
（Angelaki & Cullen, 2008; Avillac, Ben Hamed, & Duhamel, 2007; Graziano &

Botvinick, 2002; Graziano & Cooke, 2006; Hagura et al., 2007; Pouget, Deneve, & Duhamel, 2002）。視覚および体性感覚領域からの投射は，それぞれ頭頂間溝と下頭頂皮質，および運動前野の周辺にも到達する（Graziano & Botvinick, 2002; Graziano, Gross, Taylor, & Moore, 2004; Rizzolatti, Luppino, & Matelli, 1998）。

　前頭葉および頭頂葉に損傷があると，麻痺した手足が自分のものであると認識できない場合がある（Arzy, Overney, Landis, & Blanke, 2006; Berti et al., 2005; Bottini, Bisiach, Sterzi, & Vallar, 2002; Critchley, 1953）。これらの研究は，前頭葉および頭頂葉が手足の所有感に関与していることを示唆しているが，基礎となる知覚プロセスおよび神経メカニズムについてはまだ分かっていないことが多い。身体パラフレニア（somatoparaphrenia）は，脳損傷によって，我々自身の身体所有感が劇的に低下する現象である（Vallar & Ronchi, 2009; Feinberg et al., 2010）。身体パラフレニアは，多感覚情報処理の障害が原因である可能性があり（Vallar & Ronchi, 2009），この症例からも，身体所有感がさまざまな感覚情報を自分自身の身体という統一された知覚に統合する脳情報処理過程の結果に基づくと見なすべきであろう。ただ，なぜ身体パラフレニア患者が自分の身体が自分のものと認識できないのかについて，いまだに十分な説明ができたとはいえず，身体パラフレニア患者の研究が続けられている（Jenkinson et al., 2013; van Stralen et al., 2013; Bolognini et al., 2014）。

❖ 身体所有感に関する錯覚

　我々自身の身体知覚に基づき，身体所有感を感じることができる。身体歪み錯覚とは異なり，身体所有感に関する錯覚（Body Ownership Illusion, BOI）は，身体以外の物体や他者の身体が自分の身体の一部であるという錯覚的な知覚現象，いわゆる偽体錯覚（Fake Body Illusion）を指す。すなわち，身体所有感に関する錯覚は，典型的には人工的な身体部位や偽の身体を自分の身体であると認識する条件を調べることになるので，我々が身体とみなす境界を検討することと同義になり，脳によって操作される多感覚情報から身体所有感がどのように現れるかを調べ，我々自身の身体を他者の身体や周囲に存在する物体とリアルタイムで区別できるのはなぜかという根本的な疑問に挑戦するための強力な実験ツールを提供している。

　身体所有感は，様々な感覚手がかりを，"自分の身体"として統合し知覚する脳情報処理の結果である（Ehrsson, 2012）。そこで，身体所有感が生じるために必要な空間的，時間的，文脈的制約条件が研究されている。様々に設定された制約条件に基づいて生じる偽体錯覚について，以下では説明する。

5.4　ラバーハンド錯覚 ……………………………………………………………

❖ラバーハンド錯覚の基本現象

　人工物に対して身体所有感を感じるはずはないのに，明らかに人工物であるにも関わらず，自分の身体と錯覚させた代表的現象が，ラバーハンド錯覚である（Botvinick & Cohen, 1998）。実験室内で統制された状況で，手足の身体所有感の操作を可能にする実験的パラダイムが考案されたことにより，様々な実験研究が可能になった。

　Botvinick & Cohen（1998）は，ゴム製の手を自分の手と錯覚するラバーハンド錯覚（Ruber Hand Illusion, RHI）を初めて報告した。今では，ラバーハンド錯覚は，身体所有感を調べるための典型的な現象として使われている。この錯覚を生起させるために，図5-2のように，実験参加者の手は，遮蔽壁により視野の外に置かれ，等身大のゴム製の手（すなわち，ラバーハンド）が実験参加者の前に置かれる。実験者は，2つの小さな絵筆を利用して，ラバーハンドと参加者の隠された手をこすり，そのタイミングを同期させる。結果として，大部分の人は，ゴム製の手が自分の手であり，絵筆の感触を感じるのはゴム製の手であるという経験をすることになる。さらに，自分自身で感じている手の位置が，触覚刺激前の回答と比較してゴム製の手に近づいていることから，自己受容感覚に基づく手の位置の推定にも影響を及ぼすことが確認された（Botvinick & Cohen, 1998; Tsakiris & Haggard, 2005）。ただし，同時にこすられるのを見るだけ，もしくはゴム製の手を見ているだけでは，このような錯覚は生じない（Longo, Cardozo, & Haggard, 2008）。このように，ラバーハンド錯覚は視覚，触覚，自己受容感覚という3者間の相互作用の結果であり，腹話術効果など，2者間の相互作用に基づく現象とは明らかに異なっている（Woods & Recanzone, 2004）。手の身体所有感は，進化の観点から明らかに順応性があり，おそらく

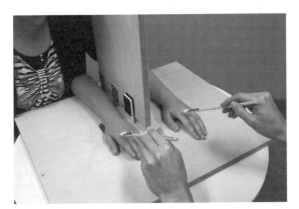

図 5-2　ラバーハンド錯覚を生起させる典型的方法（横澤, 2017）。左がラバーハンドで，右が実験参加者の手。

環境内で自分の位置を特定して正しく識別するという現実での生存課題に関連
していると考えられている（Graziano & Botvinick, 2002; Makin et al., 2008）。

✤ラバーハンド錯覚の生起指標

　ラバーハンド錯覚の主観的な経験は，アンケート調査で調べられている。最
も一般的に使用されるアンケートでは，「ゴム製の手が私の手であるかのよう
に感じた」，「その場所で絵筆のタッチを感じているように見えた」など，錯覚
の主要な知覚効果に関する 2，3 の設問と，「ゴム製の手が触れられていると
ろを見た」というような，実験課題の手順が正しく統制されていたかを確認す
るための 5-7 個の設問からなる（Botvinick & Cohen, 1998）。
　ラバーハンド錯覚が生起したかどうかという客観的な確認としては，自己受
容感覚ドリフトを記録する。たとえば，実験参加者が左手のラバーハンドの錯
覚を経験した後，隠れた左手を机の下から右手で指し示すように依頼すると，
実験参加者は正しい左手位置ではなく，ラバーハンドの位置に近づいたと報告
をする（Botvinick & Cohen, 1998）。このように得られた，正しい位置からの距
離を自己受容感覚ドリフトと呼ぶ。ただし，客観的な指標といっても，自己受
容感覚ドリフトはラバーハンド位置付近に回答されるわけではなく，実験参加

者は，実際の手からラバーハンドにわずか 15-30％の距離がずれたドリフトを
報告するのにとどまる（Costantini & Haggard, 2007; Tsakiris & Haggard, 2005）。
さらに，身体所有感と自己受容感覚ドリフトのタイムコースは異なる。身体所
有感の錯覚は，触覚的に同時にこすられ始めてから 6-11 秒で発生する可能性
があるが（Ehrsson et al., 2004; Lloyd, 2007），自己受容感覚ドリフトが生じてか
ら，数分間ドリフト量が増加し続ける（Tsakiris & Haggard, 2005; Tsakiris et
al., 2007）。

　一般的にアンケート調査による錯覚の強さに関する主観的な報告と，自己受
容感覚ドリフト（Longo et al., 2008b）や，脳活動（Ehrsson et al., 2004; Limanow-
ski et al., 2013）などの客観的測定は相関する。さらに，自己受容感覚ドリフト
とは別に，ラバーハンド錯覚が生起すると，実際の手の皮膚温度が 0.27℃低下
し，実際の手からの触覚入力の処理が遅れる（Moseley et al., 2008; Hohwy &
Paton, 2010）。このとき，体温低下の程度は錯覚の主観的強度と相関している
（Moseley et al., 2008）。また，脅威にさらされているゴム製の手を見たときに実
験参加者の自律神経反応を引き起こす（Armel & Ramachandran, 2003）。たとえ
ば，ラバーハンド錯覚が生じると，実際の手が脅かされるときと同じレベルに
ラバーハンドが脅威にさらされるとき，人差し指と中指に 2 つの小さな電極を
置き，皮膚のコンダクタンスの変化を記録した指標を使うことができる（皮膚
コンダクタンス応答，SCR）。感情的反応は自律神経系の活性化に関連しており，
発汗が増加し，SCR が増加する。ラバーハンドの指が現実にはあり得ないほ
ど後方に曲げられている場合や（Armel & Ramachandran, 2003），針が刺されて
いる場合に（Ehrsson et al., 2008; Petkova & Ehrsson, 2009），SCR は統制条件に
比べ，大きな変化が見られる。このようなとき，不安に関わる内受容意識に関
連する脳領域が選択的に活性化される（Ehrsson et al., 2007）。

❖ラバーハンド錯覚における視触覚刺激の整合性

　500 ミリ秒程度の視覚刺激と触覚刺激の非同期により，ラバーハンド錯覚は
生起しにくくなる。視覚刺激と触覚刺激の間の時間的遅延を，100 ミリ秒から
600 ミリ秒まで操作して調べると，ラバーハンド錯覚と自己受容感覚ドリフト
は，最大 300 ミリ秒の短い遅延で有意差が生じることが分かった（Shimada,

Fukuda, & Hiraki, 2009)。すなわち，刺激間の遅延が 300 ミリ秒未満の場合，実験参加者はゴム製の手に加えられた刺激によってラバーハンド錯覚が引き起こされるが，それより大きな遅延ではラバーハンド錯覚が大幅に減弱して感じることが分かった（Shimada et al., 2009, 2014）。ラバーハンド錯覚における視覚刺激と触覚刺激の時間的一致の重要性は，多感覚統合における時間的一致原理との明らかな類似性がある（Holmes & Spence, 2005; Stein & Stanford, 2008）。

ただし，ラバーハンド錯覚の生起には時間的一致だけでは不十分であり，時間的統合に加えて，空間的一致も不可欠である。ゴム製の手と実際の手を同期して刺激しても，異なる部位（たとえば，人差し指と小指，手のひらと前腕，または人差し指と中指）を刺激したときにはラバーハンド錯覚は生じなかった（Kammers et al., 2009; Limanowski et al., 2013; Riemer et al., 2014）。参加者の手と同期してゴム製の足がこすられても（Guterstam et al., 2011），ゴム製の右手と実験参加者の左手に同期した刺激を与えても（Tsakiris & Haggard, 2005），ラバーハンド錯覚は生起しなかった。したがって，実際の手の位置とゴム製の手の位置との一致は，ラバーハンド錯覚の生起において重要な要素である。これは，運動前野および後頭頂皮質の多くの多感覚ニューロンが腕の触覚的位置および視覚的位置の両方に鋭敏であるという報告とよく一致する（Graziano, 1999; Graziano et al., 2000）。

ラバーハンド錯覚の生起は，ゴム製の手と実験参加者の実際の手の空間的距離によって制限され，2 つの手の距離を変化させることで，大きな距離ではラバーハンド錯覚が大幅に減弱したという報告もあれば（Lloyd, 2007; Armel & Ramachandran, 2003），手の距離が小さくても（15 cm），大きくても（45 cm），ラバーハンド錯覚の生起には影響がないという報告もある（Zopf et al., 2010）。興味深いことに，ラバーハンド錯覚が距離の影響を受けるという報告では，非線形の減衰を示し，距離が短い場合はかなり安定して生起するが，27.5 cm を超えると急激な減弱を示した（Lloyd, 2007）。垂直面に関して，実際の手とゴム製の手を 12 または 27.5 cm の垂直距離に置いた場合には差がないものの，手の垂直距離を 43 cm に増やすと，ラバーハンド錯覚の生起が減弱する（Kalckert & Ehrsson, 2014b）。この減弱するまでの領域は，電気生理学的研究（Fogassi et al., 1996; Graziano et al., 1997）や神経心理学的研究（Ladavas et al., 1998）で推定

されてきた身体近傍空間と呼ばれる範囲とほぼ一致する。

　そもそも，現象の発見のときから（Botvinick & Cohen, 1998），実際の手とゴム製の手の位置が空間的に一致していないにもかかわらず，ラバーハンド錯覚は生起していた。そこで，ラバーハンドを実験参加者の身体の正中線に近づけた空間配置が，その後の研究の標準プロトコルとして確立された（Armel & Ramachandran, 2003; Tsakiris & Haggard, 2005; Haans et al., 2008; Moseley et al., 2008; Schütz-Bosbach et al., 2009）。すなわち，ラバーハンド錯覚に関する多くの研究では実際の手の側方，たとえば 15-20 cm の距離でゴム製の手を呈示している。

　ラバーハンド錯覚の生起に関する手の大きさの効果については，小学生の手のサイズのような小さい手，または背の高い男性の手のサイズのような大きな手を使用しても，ラバーハンド錯覚の生起に関しては有意差がなかった（Heed et al., 2011）。同様に，実験参加者の実際の手に対して，ゴム製の手ではなく，ある程度まで拡大または縮小された手の画像を使用しても，ラバーハンド錯覚の生起に関して有意差はなかった（Pavani & Zampini, 2007）。ただ，正常な身体の比率とはかけ離れた人工身体の部位，たとえばラバーハンドが実際の手よりも 91 cm 離れている場合には，身体所有感が減弱し（Armel & Ramachandran, 2003），実際の腕の最大3倍の長さのラバーハンドに対してもラバーハンド錯覚は生起するが，4倍の長さではラバーハンド錯覚が減弱した（Kilteni et al., 2012）。

　ゴム製の手を前後さかさまにしたり（Ehrsson et al., 2004; Holle et al., 2011; Kalckert & Ehrsson, 2012; Lloyd, 2007），90度回転したりすると（Pavani et al., 2000; Tsakiris & Haggard, 2005），自己受容感覚ドリフトが小さくなる。すなわち，ゴム製の手の解剖学的妥当性は，ラバーハンド錯覚に影響し，身体所有感に重要な役割を果たす。回転角が同じでも，解剖学的に妥当な回転のときに，ラバーハンド錯覚は生起した（Ide, 2013）。

　実験参加者の隠された実際の手と並んで配置された2つのラバーハンドを同期してなでると，身体の片側に複数の手を持っているようなラバーハンド錯覚が誘発される（Guterstam et al., 2011; Ehrsson, 2009）。

　木製のオブジェクトなど，人間の手にまったく似ていないオブジェクトでは

図5-3　他者刺激と自己刺激によるラバーハンド錯覚の比較（横澤，2017）。左図
　　　が実験者による刺激で，右図が実験参加者自身による刺激。ディスプレイ
　　　の手の画像には，実際の手が刺激されている位置が光点で示されている。

ラバーハンド錯覚は生起しにくくなる（Tsakiris, Carpenter, James, & Fotopoulou,
2010; Tsakiris & Haggard, 2005）。 テーブルでも自分の一部のように感じるこ
とができるという報告もあるが（Armel & Ramachandran, 2003），アンケートに
基づく主観報告も，その数字を注意深く見ると，錯覚のアンケート評価と皮膚
コンダクタンス応答は，ラバーハンドではなくテーブルを使用した場合に著し
く低下する。

　以上のように，ラバーハンド錯覚が生起するための整合性は，手足を中心と
する空間座標で動作するすべての利用可能な時間的および空間的に一致する視
覚，触覚，および自己受容感覚情報の統合に基づくという，多感覚統合の時間
的および空間的原理によく適合する（Holmes & Spence, 2005; Stein & Stanford,
2008）。

　ラバーハンド錯覚の典型的な実験では，実験者が触覚刺激を与えることにな
るが，実験参加者自身が触覚刺激を与えても，ラバーハンド錯覚は生起する
（金谷・石渡・横澤，2011）。図5-3のように，実験参加者に，ペン型の装置を
右手で持ち，自分では見えない左手の指を順番に触ってもらうと，実験参加者
は左手に触覚的な刺激を感じることになる。その上で，手のひらの画像を呈示
したディスプレイに，被験者の左手を刺激するペン先の動きを，カーソルの動
きとして同時に呈示する。すなわち，ディスプレイ上に呈示されている手のひ
ら画像がラバーハンドの代わりになる。このような仕掛けを用いることで，ペ

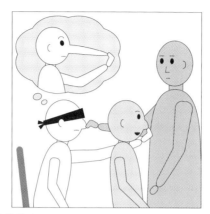

図 5-4　幻鼻錯覚（Ramachandran & Hirstein, 1998）。目隠しされた実
験参加者が前に座っている人の鼻を触ったときに，同期して実
験者が実験参加者の鼻を触ると，鼻が高くなったと錯覚する。

ン型の装置を持った右手だけで，被験者の左手に触覚刺激が与えられ，同時に
ペン型の装置の動きに合わせたディスプレイ上のカーソルの動きで手のひら画
像への視覚的な刺激を観察することができる。実験の結果，他者刺激のみなら
ず，自己刺激によってもラバーハンド錯覚が生じ，他者刺激はラバーハンド錯
覚の必要条件ではないことを示している。

　このような自己刺激によるラバーハンド錯覚に類似した錯覚として，幻鼻錯
覚（phantom nose illusion）と呼ばれる現象があり，図 5-4 のように，目隠しを
して，他人の鼻を触っているときに，実験者に鼻を触られると，自分の鼻が非
常に高くなったと感じることができる（Ramachandran & Hirstein, 1998）。

　また，触覚刺激を与えるためには絵筆などが一般的に使われるが，綿を使用
してゴム製の手を刺激し，スポンジを使用して実際の手を刺激するか，または
その逆でラバーハンド錯覚の生起を調べたところ，自己受容感覚ドリフトとア
ンケートの両方とも，同じ道具で触覚刺激を与えたときと変わらず，有意差は
なかった（Schütz-Bosbach et al., 2009）。さらに，レーザーポインターの明るい
ビームでゴム製の手を何度もなでると，実際の隠された手に触覚刺激がなくて
も，触覚および熱感覚を生み出すという報告もあるが（Durgin, Evans, Dunphy,

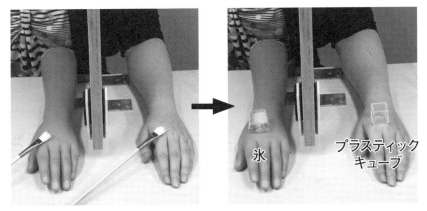

図 5-5　ラバーハンド錯覚と温度知覚（横澤，2017）。左図のように絵筆を使ってラバー
　　　　ハンド錯覚が生じたとき，右図のように実験参加者の手にプラスティックキュー
　　　　ブが触れられても，ラバーハンドに氷が触れているのを見ていると冷たく感じる。

Klostermann, & Simmons, 2007），絵筆が手に近づいているだけで絵筆の感触を
期待することと同様に，感覚的予測に基づくものかもしれない。また，ラバー
ハンド錯覚が生じているときにのみ，ラバーハンド上の物体の温度変化が，本
物の手の温度感覚に影響を与える（Kanaya, Matsushima, & Yokosawa, 2012）。
実際には実験参加者の手に触れた物体には温度変化がないにもかかわらず，図
5-5 のように，ラバーハンドの上で視覚的な温度変化があった場合には，被験
者の手に触れる物体が温かく感じられたり，冷たく感じられたりする。

✥ ラバーハンド錯覚に関わる脳情報処理

　fMRI を使用して，ラバーハンド錯覚中に運動前野および頭頂内皮質の活性
化が調べられている（Ehrsson et al., 2004）。触覚刺激と視覚刺激の時間的一致
性，および実際の手とゴム製の手の向きの空間的整合性を操作した結果，図
5-6 のように，空間的整合性および時間的一致性のある状態で，腹側前運動皮
質および左頭頂内皮質でより大きな活性化があった。頭頂内皮質は，ゴム製の
手の向きと視覚刺激と触覚刺激の同期の両方に影響を受けていた。ラバーハン
ド錯覚が生起しているとき，この領域の活性化レベルは，時間的一致性および

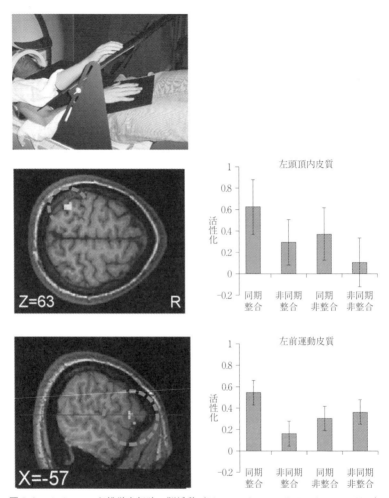

図 5-6　ラバーハンド錯覚生起時の脳活動（Ehrsson, Spence, & Passingham, 2004）。
　　　　上段のように，実験参加者の手とゴム製の手の向きを操作したとき，左頭
　　　　頂内皮質（中段）と左前運動皮質（下段）の活性化は，空間的整合性と時
　　　　間的一致性により異なる。

空間的整合性の効果を共に反映していた。

　一方，運動前野は，時間的一致性と空間的整合性の相乗効果を反映しており，両者の相互作用を担っていると考えられる。運動前野および頭頂内皮質におけるこれらの活性化部位，および視覚，触覚および自己受容感覚の統合の程度による影響は，身体所有感の多感覚統合仮説と非常に一致している（Makin et al., 2008）。したがって，考えられる説明の 1 つは，手の所有感は，視覚，触覚，および自己受容感覚の入力が 1 つの手の多感覚オブジェクトとして知覚的に融合することに対応するということになる。この知覚融合は，手と腕を中心とする共通の参照座標で視覚，触覚，および自己受容感覚を統合する腹側前運動皮質，頭頂内皮質などの多感覚部位のニューロン集団によって媒介される可能性がある。したがって，四肢の所有感を多感覚的に説明し，その原因は脳の多感覚知覚システムに実装されていると考えられる。身体の所有という主観的な経験は，後部島皮質の活動によって支えられていると考えられている（Tsakiris, 2009）。この領域を含む病変は脳卒中患者の身体所有感の喪失を引き起こす可能性がある（Baier & Karnath, 2008; Karnath, Baier, & Nagele, 2005）。

　手足を見ることができると，その手足の触覚が改善され（Kennett, Taylor-Clarke, & Haggard, 2001; Taylor-Clarke, Kennett, & Haggard, 2002; Tipper et al., 1998），手に関する視覚的入力により，知覚される痛みの強度も低下することがわかっている（Longo, Betti, Aglioti, & Haggard, 2009）。そこで，疼痛を治療するためのラバーハンド錯覚を利用した治療法の可能性がある。これは，幻肢痛のミラーボックス治療を補完する可能性があり（Ramachandran & Rogers-Ramachandran, 1996），失われた手肢の視覚的印象が痛みの軽減をもたらすと考えられている（Chan et al., 2007; Moseley, Gallace, & Spence, 2008; Ramachandran & Altschuler, 2009）。ラバーハンド錯覚中に隠された本物の手の触覚反応が遅くなるので，痛みの知覚と身体所有感の間の潜在的な結合が促進され（Folegatti, de Vignemont, Pavani, Rossetti, & Farne, 2009; Moseley, Olthof et al., 2008），身体所有感が体性知覚を調節することができるかもしれない。

　脳をだますことで，身体所有感を人工装具に投影するために，ラバーハンド錯覚を使用することが検討されている。図 5-7 のように，実験参加者の肢体切断部分と義手の指を同期してこすると，ラバーハンド錯覚が生じることがある

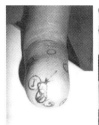

図 5-7　ラバーハンド錯覚を利用した人工装具への身体所有感付与（Ehrsson, Spence, & Passingham, 2008）。切断部位（左図）に対応する義手をこすると（中図），ラバーハンド錯覚が生じる。この結果を元に，指先に触覚センサーを備えた人工装具を作成することができる（右図）。

（Ehrsson et al., 2008）。そこで，これらの実験が行われる前に，切断部分の感覚マップを調べておき，そのマップ上の人差し指を感じる部分をこすると，18人の参加者のうち 6 人は，切断部分が触れられたときに人工装具からの強い触感が報告され，義手に身体所有感が報告されるようになった。切断部分をこすると，人差し指としての触感が得られ，ゴム製の手に触れる絵筆の光景から，多感覚情報処理によって，ラバーハンド錯覚が生み出された可能性がある。日常での使用中に，ラバーハンド錯覚を再現する切断部分での触覚シミュレーターの配列に接続できるように，指先に触覚センサーを備えた人工装具を作成することが可能となる（Rosén et al., 2009）。この方法は，義手の基本的な触覚感覚を回復する方法として，義手デバイスからの感覚フィードバックにより，既存の方法を補完することになる（Lundborg & Rosen, 2001）。

5.5　幽体離脱体験 ……………………………………………………………………

　ここで取り上げる幽体離脱体験（Out-of-Body Experience）は，オカルト的な現象ではなく，いわばラバーハンド錯覚の全身版ともいえる現象である。図5-8 において，左向きに座っているのがヘッドマウントディスプレイを装着した実験参加者であり，右に設置されているのがビデオカメラである。実験者はその中央で，両手にペンを持ち，片方の手で実験参加者の胸を押すような動作

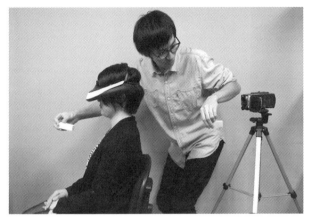

図 5-8　幽体離脱体験を生起させる典型的方法（横澤，2017）。ヘッドマウント
　　　　ディスプレイを装着した実験参加者の胸を押すのと同時に，ビデオカ
　　　　メラに向かってペンを指すと，ビデオカメラの映像を見ている実験参
　　　　加者は，自分の後ろ姿の更に後ろに自分が存在するように錯覚する。

をし，もう片方の手でビデオカメラに向かってペンを指している。ビデオカメ
ラでは被験者の後ろ姿を撮っていて，その映像をヘッドマウントディスプレイ
に映す。すると，実験参加者の目の前には自分の後ろ姿が見えることになる。
このような視覚情報だけでは特に幽体離脱は体験できないのだが，実験者が実
験参加者の胸をビデオカメラに写らないようにペンなどで押すのと同時に，ビ
デオカメラ前の何もない空間を押すような動作をする。このとき，まさに自分
の身体から脱して，自分の後ろ姿の更に後方にいるような体験ができる（Ehrs-
son, 2007）。

　さらに，ビデオカメラを等身大のマネキンが着用するヘルメットに取り付け
て，マネキンの体を見下ろすように配置し，実験参加者がこのビデオカメラに
接続されたヘッドマウントディスプレイを身に着けて見下ろすと，マネキンの
体が自分の実際の体が見えると予想される場所に見える（Petkova & Ehrsson,
2008）。図 5-9 のように，実験者が 2 本の棒を使用して，マネキンの腹と人の
腹の対応部位に 1 分間同時に触れると，実験参加者の大半はマネキンの体が自

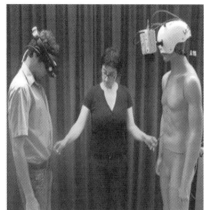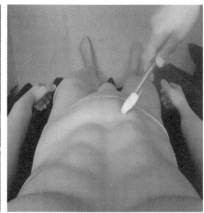

図 5-9　対面状態での幽体離脱体験（Petkova & Ehrsson, 2008）。ビデオカメラを装着したマネキンと向きあっている実験参加者（左図）が，ヘッドマウントディスプレイを通して見ているのはマネキンの腹部である（右図）。

分のものであると感じるようになる。アンケート調査と参加者がマネキンの腹を切るナイフを観察したときの皮膚コンダクタンス応答に基づき，幽体離脱体験の生起が確認された。重要なことは，この錯覚はラバーハンド錯覚と同様に，空間的および時間的一致が必要であり，非同期の視覚的および触覚的刺激，マネキンを木材ブロックに置換，または実験参加者の正面で身体近傍空間の外に置くために 2 メートル離してマネキンを呈示すると，幽体離脱体験の生起が大幅に減弱する（Petkova & Ehrsson, 2008; Petkova, Khoshnevis, & Ehrsson, 2011）。したがって，マネキンを中心とした座標系で視覚，触覚，自己受容感覚を時間的および空間的に一致させることで，全身に関する身体所有感を生み出すことができる。

　また，実験参加者が実際の体で握手しているときでも，幽体離脱体験が生起する（Petkova & Ehrsson, 2008）。図 5-10 のように，ビデオカメラが実験協力者の頭に取り付けられ，実験参加者が着用するヘッドマウントディスプレイに接続され，参加者は実験協力者の視点から自分自身を見ることになる。実験協力者と実験参加者が繰り返し同期して手を握ると，ほとんどの実験参加者は実

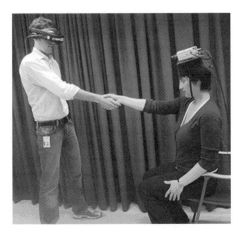

図 5-10 幽体離脱体験時の握手（Petkova & Ehrsson, 2008）。ヘッドマウ
ントディスプレイを通して見ている実験参加者は，ビデオカメラ
を装着した実験協力者の手を所有していると感じるようになる。

験協力者の身体と入れ替わり，実験協力者の手を所有していると感じるように
なる。皮膚コンダクタンス応答を調べると，このような錯覚中にナイフで本人
の手を脅したときよりも，ナイフが実験協力者の手を脅すのを見たときに，よ
り怖がることが確認できる。

　いずれの幽体離脱体験においても，身体所有感を得るために，身体近傍空間
での身体中心参照枠における多感覚情報の一致が重要である。さらに，実験参
加者が環境内のどこにいるのかという感覚は，一致した多感覚情報と，一人称
の視覚的視点によって決定でき，実際の身体の外に見かけの身体があることを
許容できることを示している。

　身体所有感に関する身体近傍空間と視覚的な一人称視点の重要性とは一見矛
盾するような実験結果も報告されている（Aspell, Lenggenhager, & Blanke,
2009; Lenggenhager, Mouthon, & Blanke, 2009; Lenggenhager, Tadi, Metzinger, &
Blanke, 2007）。実験参加者が，ヘッドマウントディスプレイで数メートル前に
呈示されたマネキンの体を見て，実験参加者の背中と同期して触れられている
マネキンの背中を見ると，マネキンの背中が自分の背中であると感じられるよ

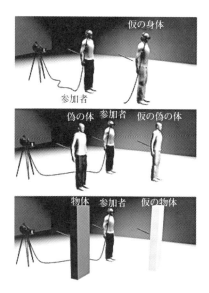

図 5-11　幽体離脱対象の操作（Lenggenhager, Tadi, Metzinger, &
Blanke, 2007）。実験参加者自身（上段），他者（中段），棒
状の物体（下段）が幽体離脱対象となる実験操作法の例。

うになる（Lenggenhager et al., 2007）。この結果は，ラバーハンド錯覚の空間的
制約に矛盾し，三人称視点から観察される身体近傍空間の外にあるマネキンに
も身体所有感を感じることができることを明らかにしている。マネキンに対す
る身体所有感は，鏡やテレビ画面での自己認識に似ていて，知覚システムが鏡
やビデオシステムの空間変換を学習しているため，自分の身体と関連付けるこ
とができるのかもしれない。

　図 5-11 のように，ヘッドマウントディスプレイに本人の身体以外のものや
別人を映しても，幽体離脱体験が生起すれば自分自身のように感じられるが，
壁のような物体にしてしまうとそのような感覚はなくなってしまう（Lenggen-
hager, Tadi, Metzinger, & Blanke, 2007）。

　重要な問題は，全身に関して身体所有感があるということが，すべての身体
部分の身体所有感の総和か，それとも全身に関する身体所有感として異なる認

知プロセスが必要かという問題であろう（Blanke & Metzinger, 2009）。身体全体の所有感が，複数の体の部分をカバーする大きな受容野を有するニューロンの活性化で生じる可能性がある。高次の体性感覚野では，複数の手足や身体の部分を含む大きな受容野を有し（Iwamura, 1998），運動前野では，複数の身体の部分や全身さえも含む受容野を有するニューロンが存在する（Graziano & Gandhi, 2000）。

　幽体離脱体験のような全身の錯覚は，身体所有感の錯覚に加え，空間位置の錯覚を伴う可能性があり，海馬，脳梁膨大後部皮質，前部皮質，および下頭頂皮質における神経処理が関わっているかもしれない（Burgess, 2006; Maguire et al., 1998）。幽体離脱体験という錯覚を実験的に生起させたことは，神経学的起源の幽体離脱体験を感じたという患者からの報告と同様に，知覚された自己の位置が身体の位置から分離できることを示していることになる（Blanke & Mohr, 2005）。

5.6　身体所有感と仮想現実感 ···

　仮想現実感が得られる視覚環境でも，幽体離脱体験のような錯覚を起こせば，仮想の手足や身体に身体所有感が得られる（Slater, Perez-Marcos, Ehrsson, & Sanchez-Vives, 2009）。図5-12のように，仮想空間内で3次元の腕と手によるラバーハンド錯覚を生起させるとき，腕が仮想であるだけでなく，それに触れているように見えるオブジェクトも仮想でも，実際の手の動きと時間的および空間的に一致する限り，仮想の手に身体所有感が得られる。

　ヘッドマウントディスプレイで仮想現実の情景として呈示すれば，実際の身体と同じ空間位置に偽の身体を自由に見せることができる（Petkova & Ehrsson, 2008; Slater et al., 2010; Petkova et al., 2011; Maselli & Slater, 2013）。実験参加者が自分の身体を見下ろすと，代わりに仮想身体が見え，仮想鏡を見ると，仮想身体の鏡映像が見える操作が可能である（Slater et al., 2010）。このような設定で生じる身体所有感の全身錯覚は，ラバーハンド錯覚に類似した生理学的および自己受容感覚を有する（Petkova & Ehrsson, 2008; Llobera et al., 2013; Maselli & Slater, 2013, 2014）。

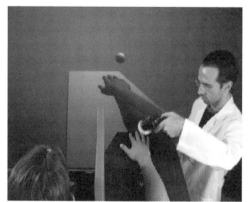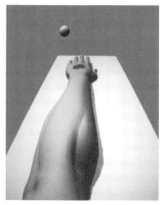

図 5-12　仮想空間におけるラバーハンド錯覚（Slater, Perez-Marcos, Ehrsson, & Sanchez-Vives, 2009）。ヘッドマウントディスプレイを装着した実験参加者（左図）は，仮想空間におけるラバーハンドと物体を見ている（右図）。

　このような結果は，我々の身体知覚における脳の高度な可塑性を示しているが，実験参加者に知覚，態度，行動の変化を誘発する現象が見出されたことも興味深い。アバターと呼ばれる仮想身体の特性によって，仮想空間内外の行動が変化する現象は，身体形状を変える能力を有するギリシャの神であるプロテウスの名前に因み，プロテウス効果と呼ばれる（Yee & Bailenson, 2007）。たとえば，大人が仮想空間内で人形のような小さな仮想身体に縮小されるとき，オブジェクトのサイズを過大評価し（van der Hoort et al., 2011），小さな仮想身体が子供の姿になって投影されると，態度や行動が子どものように変化してしまう（Banakou et al., 2013）。他にも，白人の実験参加者が黒いラバーハンドを使用してラバーハンド錯覚を経験したり，または仮想空間において黒い肌の仮想身体で身体所有感の錯覚を経験したりすると，黒人に対する人種的偏見が減少し（Peck et al., 2013; Farmer et al., 2014; Maister et al., 2015），その効果は少なくとも 1 週間続いたと報告されている（Banakou et al., 2016）。

　体型や肌の色のような知覚的レベルだけでなく，より高いレベルの認知処理にも影響がある可能性がある。有名な精神分析学者であるフロイト（Sigmund Freud）を仮想身体として使用するときの身体所有感の錯覚は，個人的な問題

に対するより満足のいく解決策を見つけるためのカウンセラーとして，実験参加者にプラスの影響を与えた（Osimo et al., 2015）。すなわち，仮想身体がフロイトのとき，あたかも有名なセラピストの特性が実験参加者に射影されるかのような効果があった。また，高度な知能を有するアルバート・アインシュタインの仮想身体が，認知能力の短期的変化につながるかについて，ロンドン塔課題（Shallice, 1982）を用いて調べたところ，仮想身体が表しているアインシュタインを反映した知覚処理だけでなく，態度，行動が変化することが示された（Banakou, Kishore, & Slater, 2018）。より高度な能力を持つ仮想身体に身体所有感が生じるとき，認知課題の成績が向上するのは，自己認識が，新たに変換された仮想身体の属性に関連付けられるため，実験参加者は普段の思考様式ではない過程を経て，行動を変化させるのかもしれない。ただし，実験参加者の自尊心に関するスコアは，課題成績の向上と負の関連があった。この負の相関は，自尊心が低い実験参加者の成績変化が大きいが，自尊心が高い実験参加者の成績変化がほとんどないためである。したがって，実験参加者にアインシュタインになるという経験をさせると，自尊心の低い人が自信を深め，それがストレスを減少させ，認知能力に影響をもたらす可能性がある。

　元来持っている自己認識が揺らがなければ，仮想世界で何になろうと，現実世界の態度が揺らぐことはないはずであるが，実際にはそうではない。すなわち，仮想身体もしくはアバターの外見により，仮想空間で自信のある行動をすることが，現実世界の性格や行動にも影響を及ぼすことを意味する。VR ゲーム内でヒーローに扮したからといって，現実で特別な力が使えるわけではない。しかし，考え方や行動の傾向を現実世界に持ち帰ることはできる。これは，VR を使って心身ともに健康の維持に繋がる助けになるかもしれない。摂食障害の女性が標準的な体重になった自分のアバターを体験することで，現状より太って健康的になった自分を頭の中で想像するよりも強い体験をすることができる。理想に近い自分を体験し，現実でより健康になるためのモチベーションになれば，肥満や摂食障害といった問題の解決に貢献することになるかもしれない。

　一方，人を殺すという経験を現実的にシミュレーションできるようになる前に，仮想現実での殺人は違法にしなければならないという主張もある。仮想現

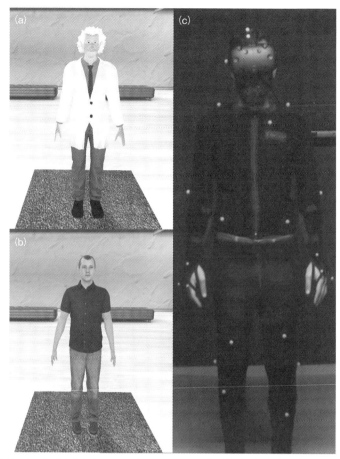

図 5-13　仮想身体としてのアインシュタイン像（左上図）と統制条件として
　　　　の平均的男性像（左下図）（Banakou, Kishore, & Slater, 2018）。実験
　　　　参加者の身体の 37 ヵ所の動きを計測し（右図），同期して呈示する。

実内の暴力が私たちをどのように変えてしまうのかが明らかになるまでは，仮想殺人は違法にしておく必要があるという主張である。従来より，シューティングゲームは鎮静剤になりうるという調査もあれば，暴力行為の原因となる危険因子になりうる可能性を示唆している研究もある。仮想空間における自分のアバターの期待に従い，そのような行動が，現実世界に流出する危険性がある。没入型の仮想環境において，殺人犯を具現化することによって，暴力を掻き立て，残虐性を養うリスクを犯している可能性があるので，われわれは慎重にならなければならない。

おわりに

KY 「はじめに」では，身体表象と空間表象を論じるけれども，両者は独立ではなく，お互いに依存関係を持っていると位置付けています。全体として，このような位置付けについて，どのように思われますか？

KS そもそも，空間認知は身体表象がなければ成立しないと考えています。この信念は，逆さメガネをかけた経験から来るものです。左右反転メガネをかけた直後には，これまで無意識的にうまく働いてくれていた身体表象が，変換された視覚と体性感覚との関係に不適合な予期や行動を生むために，行動の結果として視覚と体性感覚との矛盾を感じ，行動は間違いであることがわかり，そして自分のいる空間のまとまりのあるイメージを思い描くことが困難でした。ふだんの生活では身体表象をあまり意識することがありませんが，当たり前にうまく機能してくれる身体表象があればこそ，意識する必要がないのだと思います。

AN 認知機能は，この（たとえば，重力が働き，基本的に光源は上，などをはじめとした様々な特徴のある）世界を，この身体で生き抜いていく中で進化・発達してきたと考えられます。身体は外空間から影響を受け，また及ぼすことになるので，空間の表象と身体の表象は相互に深く関連しているという位置付けには納得できます。ただそういった表象は必ずしも1種類というわけではなく，場面の切り取り方や目的によっては，刺激反応適合性効果における腕の交差のように，身体表象と空間表象が相互に独立して働くような場合もみられますが，基本的には両者は深く関係していると考えるのが自然だと思います。近年，身体化認知が注目を集めてきましたが，身体と空間の表象の相互依存的関係もまたこの中に位置付けることもできるかもしれません。

KY 第1章「身体の表象」では，特に手の表象に関する心理学的な知見や，その神経基盤について取り上げています。身体近傍空間における視覚と触覚と

の強い相互作用が脳活動レベルでもとらえられるようになってきて，あらためて手の表象の特異性は，身体全体の表象を考えるときに，その重要性が明らかになってきたということでしょうか？

KS 自身の手は，私たちが最も使い慣れた道具ということもできるでしょう。左右反転メガネへの適応で，利き手がもっとも速く視空間に対応できるようになる一方で，非利き手は後れを取り，そして足もなかなか適応しないことを経験しました。こうしたことを考えると，手，特に利き手の表象が空間認知にとって特別な意味を持つことが容易に想像できます。しかし，空間全体を考えたとき，手の表象だけでは不十分です。今は視野に入っていない背後の世界も含めて初めて，空間表象としてのまとまりを感じることができます。背後の世界まで計算に入れるには，もう1つ上のレベルの身体表象が関与するように思います。

AN 手は，感覚野，運動野いずれのホムンクルスでも非常に大きく描かれるように，重要な役割を有しているのだと思います。世界と物理的に相互作用する，特に世界に対して意図的に影響を及ぼす身体部位の代表は手であり，したがって空間と身体の表象を考えるうえで，特別な地位にあるといえるかもしれません。ただ，どの程度「特別」なのでしょうか。手は他の部位と質的に違うのでしょうか，それとも量的に（程度が）違うのに過ぎないのでしょうか。逆さメガネによる順応（第4章）では，利き手と非利き手やその他の身体部位との間で違いがみられたようですが，最終的には順応は進んでいったように思います。足の使用に高度に熟練した場合，たとえば足で箸を使える，ピアノを弾ける，などしたときに，その表象はどうなるのでしょうか。

KY 第2章「空間的刺激反応適合性」では，空間的適合性効果が広範にみられる頑健な現象であり，知覚と行為が共通の認知表象で符号化されると考えるわけです。このとき，一見対応のない刺激と反応の組み合わせにも適合性が存在する場合には特に問題になるかもしれないのですが，日常生活ではなかなか気づくことが難しいように思います。たとえば認知的負担の軽いインターフェースのデザインに応用するコツはあるのでしょうか？

AN そうですね，正面に左右の刺激と左右のボタンのような基本的な場合には間違いようがありませんが，少し事態が複雑化すると，どちらが使いやすい

かの予測は人々の間でわかれることもありますし，研究者でも間違えること
もあります。また，知覚的あるいは概念的対応はわかりやすいことが多いで
すが，一見すると対応がないけれどもじつは構造的対応が隠されている場合
（第3章）にも注意が必要です。ありきたりになりますが，刺激反応適合性
は幅広い事態で関連している可能性があると知ることが大切なのかもしれま
せん。一方で，そういった影響は小さいからこそ気づきにくいのかもしれま
せんし，ちょっとした操作で大きく影響されることもあります。そうだとす
ると，実際に可能性のある設計の間でデータを取り比較する以外にも，他の
認知的負担を軽くするような設計につながる要素，たとえばアフォーダンス，
観念運動原理，あるいは強い適合性などをうまく導入することで，解決でき
るかもしれません。

KY　第3章「左右と上下の空間表象と身体表象」では，左右空間表象と上下空
　　間表象の認知的対応および反応空間における身体表象の関与について論じて
　　います。我々が生活している環境を3次元空間として考えると，前後空間表
　　象，すなわち奥行き空間表象と，左右空間表象と上下空間表象との相違点は
　　どのように考えれば良いのでしょうか？

AN　自分にとっての前後は，少なくとも視覚的には，同時に処理するのは不可
　　能であり，また前方に重みづけされているといえるでしょう。もちろんここ
　　で言われる前後は，奥行き（遠近）方向のことだと思いますが，そういった
　　意味で，前後は自己中心座標と環境中心座標で大きく変わってくるという特
　　徴があるかもしれません。一方で，要素間の対称性が低く，混乱が生じにく
　　いのは上下との類似点といえるかもしれません。また，上下と左右は網膜座
　　標上で定まりますが，奥行きに関しては制約条件をもとに復元する必要があ
　　ります。物体は奥行き変化に伴い大きさが変化するため，どのように統制す
　　るか，という問題も出てきます。加えて，奥行きには遠近という要素も入っ
　　てくることから，接近‒回避と関連するおそれや，距離によっては身体近傍
　　空間に入るか否かといった要素が影響する可能性もあります。少し話は変わ
　　りますが，前後に関する空間表象間の関連としては，画面上でのカーソルの
　　上下移動は手元のマウスの前後移動と対応しているなど，上下と奥行き面の
　　変換はほぼコストなくできる場合があります。この点において，上下と前

後の空間次元の対応は，上下と左右の空間次元の対応であるところの直交型適合性よりもはるかに強い適合性を生じているように思われます。このように，上下と左右だけでなく，前後も含めての3次元空間の表象の検討は，第3章でも少しふれたように始まっていますが，もしかすると仮想現実空間（第5章）を利用することも有望かもしれません。

KY　第4章「逆さメガネ実験と視覚運動学習」では，身体表象が空間知覚や視覚行動に果たす役割を考えると共に，脳の可塑性についても重要な研究成果が得られている分野であることが分かります。実体験をすることはなかなか難しいのですが，逆さメガネを装着して慣れた状態では，装着前と本当に同じように左右や上下が見ているのですか？

KS　確実に言えることは，視覚と触覚との間に矛盾がなくなるということです。しかし，（大人の1ヵ月程度の着用では）着用前と同じように見えているとは言い難いと思います。たとえて言うなら，外国語を体当たりで学習して，口が滑らかに動き音もすらすら聞き取れるようになるのと似ていて，どこまで行ってもそれが母語と異なる言語であることが自覚できるのと同じように，以前の見えと異なることは自覚できます。

KY　以前の見えと異なることは自覚できても，視覚と触覚の矛盾がなくなるというのは具体的にどのようなことなのでしょう。

KS　視覚と触覚との間に矛盾がなくなるためには，3つくらいのことが起こります。1つは，対象の見えとそれを触った時の配置が調和して感じられるようになること。2つ目として，認知地図が変わります。自分がいる空間の配置は，逆さメガネを通した見えとして認知地図に表象され，昔の配置の見えは，逆さメガネ着用中は思い出すのが非常に困難になります。3つ目に，自己身体の新しい表象が形成されます。自分の右手が昔の基準で言う左手として見えることが記憶に定着し，右手の触運動感覚と「左手像」が結びつきます。

KY　その中間移行状態では，どのように見えが変わっていくのでしょうか？

KS　上記の3つの事項の進行速度が若干異なることから，中間段階のようなものはいろいろあると思います。逸話的になってしまいますが，上記の第一段階に至る頃に驚愕した体験は，ドアの開口部を通り抜ける時の手と腕の感覚

です。進行方向を安定させるために両手を広げ開口部の両端を手で押さえた時，1回目は見えている手と触運動的な手は反対側にあるように乖離して感じました。数日後に同じことをしたら，今度は見えている手と触運動的な手は同じところにあるように一致して感じられたのですが，その時，両肩から出ている腕が，自分の胸の前で交差して反対方向へ伸びているように感じました。手での感覚間一致を実現するために，手と肩との自己受容感覚の関係にしわ寄せが来たのかもしれません。

AN　面白い感覚ですね。第5章で紹介されている身体の歪みの錯覚をはじめ，不自然な事態に対してもつじつまを合わせて，全体としてある種の一貫性を保つような認知がなされるようですね。このようなことは，シリーズ第1巻『注意』の選択の見落としにおける「していない」選択の理由の説明や，認知的不協和の解消などの認識面のみならず，身体表象においても生じるのですね。誰にでもそう感じられるのでしょうか。それとも，この段階は（意識的には）スキップされる，あるいは別の意識体験を持つ人もいるのでしょうか。

KY　数学的には単純な対称操作ですが，神経回路的にはどのようなことが起こっていると考えられるのでしょうか？

KS　神経回路はまだよくわかっていませんが，おそらく運動系が大きく関与していると考えられます。

KY　身体表象と空間表象といっても，実は地球上という重力空間に身体が物理的に存在しているという大前提があって，従来の研究が行われてきたと思います。第4章で議論された逆さメガネなどの変換視の研究も，このような大前提は変わっていません。第5章「身体所有感と偽体錯覚」では，先端技術を利用することで，仮想現実感を与え，現実空間ではない仮想空間に身体が存在するように錯覚させたときの身体表象や空間表象が議論されるようになってきています。ただ，視覚情報としてはある種の変換視だと思うのですが，仮想現実感における身体表象や空間表象に特殊性はあるのでしょうかね。

KS　仮想現実感の場合，自己身体情報は体性感覚と直結した位置情報から取られていて，自分の身体が見えていないのが普通だと思います。その場合は，逆さメガネのように自己身体が見えているのとは異なる身体表象が用いられ

ると考えるべきだと思います。

AN　仮想現実の特筆すべき点としては，現実世界での制約条件から大幅に解放されることが挙げられると思います。われわれはかなり柔軟に空間の表象と身体の表象を結びつけることができるように思われますが，その限界や特性について更なる理解が期待されます。変換視としても，かなり研究の自由度が上がるのではないかと思いますし，むしろ仮想現実をうまくツールとして使うことで，身体表象や空間表象に関する理解がさらに進むことも期待されます。また逆に，仮想現実感における身体表象と空間表象の理解の進展は，没入感を高めることにもつながるでしょう。というのは，仮想現実感における没入感は，仮想空間表象にいかにうまく身体の表象を関連づけられるか，ということではないかと思われるからです。

KY　各章で扱ってきた様々な現象を通じて，我々の身体とその周囲の空間が脳内でどのように表象されているのかを知ることによって，行動の制約条件や拡張可能性を明らかにする重要性が再確認できたように思います。

引用文献

はじめに

Berkeley, G. (1709). *An Essay towards a New Theory of Vision*, Dublin: printed by Aaron Rhames, for Jeremy Pepyat. (バークリ, G. 下條信輔・植村恒一郎・一ノ瀬正樹 (訳) (1990). 視覚新論 勁草書房)

Iriki, A., Tanaka, M., & Iwamura, Y. (1996). Coding of modified body schema during tool use by macaque postcentral neurones. *Neuroreport*, **7**(14), 2325-2330.

Merleau-Ponty, M. (1945). *Phénoménologie de la perception*, Vol. 194. Paris: Gallimard. (メルロ゠ポンティ, M. 竹内芳郎・小木貞孝 (訳) (1967). 知覚の現象学 I みすず書房)

Penfield, W. G., & Boldrey, E. (1937). Somatic motor and sensory representation in the cerebral cortex of man as studied by electrical stimulation, *Brain*, **60**, 389.

Ramachandran, V. S., & Hirstein, W. (1998). The perception of phantom limbs. The D. O. Hebb lecture. *Brain*, **121**(Pt 9), 1603-1630.

Rock, I. (1966). *The nature of perceptual adaptation*. Basic Books

積山 薫 (1997). 身体表象と空間認知 ナカニシヤ出版

Ungerleider, L. G., & Mishkin, M. (1982). Two cortical visual systems. In D. J. Ingle, M. A. Goodale, & R. J. W. Mansfield (Eds.). *Analysis of Visual Behavior*. MIT Press: Cambridge, MA., 549-586.

第 1 章

Bonda, E., Petrides, M., Frey, S., & Evans, A. (1995). Neural correlates of mental transformations of the body-in-space. *Proceedings of the National Academy of Sciences of the United States of America*, **92**(24), 11180-11184.

Botvinick, M., & Cohen, J. (1998). Rubber hands 'feel' touch that eyes see. *Nature*, **391**(6669), 756.

Bruner, J. S., Oliver, R. R., Greenfield, P. M., Hornsby, J. R., & Harvard University. Center for Cognitive Studies. (1966). *Studies in cognitive growth*. (ブルーナー, J. S. 岡本夏木・奥野茂夫・村川紀子・清水美智子 (訳) (1970). 認知能力の成長 (上) 明治図書)

Caeyenberghs, K., Wilson, P. H., van Roon, D., Swinnen, S. P., & Smits-Engelsman, B. C. (2009). Increasing convergence between imagined and executed movement across development: evidence for the emergence of movement representations. *Developmental Science*, **12**(3), 474-483.

Conson, M., Mazzarella, E., Frolli, A., Esposito, D., Marino, N., Trojano, L., … Grossi, D. (2013). Motor imagery in asperger syndrome: testing action simulation by the hand laterality task. *PLoS One*, **8**(7), e70734.

Conson, M., Mazzarella, E., & Trojano, L. (2013). Developmental changes of the biomechanical effect in motor imagery. *Experimental Brain Research*, **226**(3), 441-449.

Cooper, L. A., & Shepard, R. N. (1975). Mental transformations in the identification of left and right hands. *Journal of Experimental Psychology: Human Perception and Performance*, **104**(1), 48-56.

Cooper, L. A., & Shepard, R. N. (1973). Chronometric studies of the rotation of mental images. In W. G. Chase (Ed.), *Visual information processing* (pp. 75-176). New York: Academic Press.

de Lange, F. P., Hagoort, P., & Toni, I. (2005). Neural topography and content of movement representations. *Journal of Cognitive Neuroscience*, **17**(1), 97-112.

De Simone, L., Tomasino, B., Marusic, N., Eleopra, R., & Rumiati, R. I. (2013). The effects of healthy aging on mental imagery as revealed by egocentric and allocentric mental spatial transformations. *Acta Psychologica* (*Amst*), **143**(1), 146-156.

Driver, J., & Spence, C. (1998). Attention and the crossmodal construction of space. *Trends in Cognitive Sciences*, **2**(7), 254-262.

Fitts, P. M. (1954). The information capacity of the human motor system in controlling the amplitude of movement. *Journal of Experimental Psychology*, **47**(6), 381-391.

Francois-Brosseau, F. E., Martinu, K., Strafella, A. P., Petrides, M., Simard, F., & Monchi, O. (2009). Basal ganglia and frontal involvement in self-generated and externally-triggered finger movements in the dominant and non-dominant hand. *European Journal of Neuroscience*, **29**(6), 1277-1286.

Funk, M., Brugger, P., & Wilkening, F. (2005). Motor processes in children's imagery: the case of mental rotation of hands. *Developmental Science*, **8**(5), 402-408.

Gogtay, N., Giedd, J. N., Lusk, L., Hayashi, K. M., Greenstein, D., Vaituzis, A. C., … Thompson, P. M. (2004). Dynamic mapping of human cortical development during childhood through early adulthood. *Proceedings of the National Academy of Sciences of the United States of America*, **101**(21), 8174-8179.

Gonzalez, B., Rodriguez, M., Ramirez, C., & Sabate, M. (2005). Disturbance of motor imagery after cerebellar stroke. *Behavioral Neuroscience*, **119**(2), 622-626.

Graziano, M. S., Cooke, D. F., & Taylor, C. S. (2000). Coding the location of the arm by sight. *Science*, **290**(5497), 1782-1786.

Graziano, M. S., Hu, X. T., & Gross, C. G. (1997). Visuospatial properties of ventral premotor cortex. *Journal of Neurophysiology*, **77**(5), 2268-2292.

Graziano, M. S., Yap, G. S., & Gross, C. G. (1994). Coding of visual space by premotor neurons. *Science*, **266**(5187), 1054-1057.

Graziano, M. S. A., & Botvinick, M. W. (2002). How the brain represents the body: Insights from neurophysiology and psychology. In W. P. B. Hommel (Ed.), *Attention and performance. XIX. Common mechanisms in perception and action* (pp. 136-157). Oxford: Oxford University Press.

Grealy, M. A., & Lee, D. N. (2011). An automatic-voluntary dissociation and mental imagery disturbance following a cerebellar lesion. *Neuropsychologia*, **49**(2), 271-275.

Grezes, J., & Decety, J. (2001). Functional anatomy of execution, mental simulation, observation, and verb generation of actions: a meta-analysis. *Human Brain Mapping*, **12**(1), 1-19.

Hanakawa, T., Dimyan, M. A., & Hallett, M. (2008). Motor Planning, Imagery, and Execution in the Distributed Motor Network: A Time-Course Study with Functional MRI. *Cerebral Cortex*, **18**(12), 2775-2788.

Head, H. (1920). *Studies in neurology*, Vol. 2. Oxford University Press.

Head, H. & Holmes, G. (1911). Sensory disturbances from cerebral lesions. *Brain*, **34**, 102-254.

Hebb, D. O. (1968). Concerning imagery. *Psychological Review*, **75**(6), 466-477.

Hetu, S., Gregoire, M., Saimpont, A., Coll, M. P., Eugene, F., Michon, P. E., & Jackson, P. L. (2013). The neural network of motor imagery: an ALE meta-analysis. *Neuroscience & Biobehavioral Reviews*, **37**(5), 930-949.

Hoshi, E., & Tanji, J. (2007). Distinctions between dorsal and ventral premotor areas: anatomical connectivity and functional properties. *Current Opinion in Neurobiology*, **17**(2), 234-242.

Ionta, S., Fourkas, A. D., Fiorio, M., & Aglioti, S. M. (2007). The influence of hands posture on mental rotation of hands and feet. *Experimental Brain Research*, **183**(1), 1-7.

Iriki, A., Tanaka, M., & Iwamura, Y. (1996). Coding of modified body schema during tool use by macaque postcentral neurones. *Neuroreport*, **7**(14), 2325-2330.

Kawamichi, H., Kikuchi, Y., Endo, H., Takeda, T., & Yoshizawa, S. (1998). Temporal structure of implicit motor imagery in visual hand-shape discrimination as revealed by MEG. *Neuroreport*, **9**(6), 1127-1132.

Knoblich, G., Thornton, I., Grosjean, M., & Shiffrar, M. (Ed.) (2006). *Human body perception from the inside out*. New York: Oxford University Press.

Kosslyn, S. M., Digirolamo, G. J., Thompson, W. L., & Alpert, N. M. (1998). Mental rotation of objects versus hands: Neural mechanisms revealed by positron emission tomography. *Psychophysiology*, **35**(2), 151-161.

Manto, M., Bower, J. M., Conforto, A. B., Delgado-Garcia, J. M., da Guarda, S. N., Gerwig, M., ... Timmann, D. (2012). Consensus paper: roles of the cerebellum in motor control--the diversity of ideas on cerebellar involvement in movement. *Cerebellum*, **11**(2), 457-487.

Maravita, A., & Iriki, A. (2004). Tools for the body (schema). *Trends in Cognitive Sciences*, **8**(2), 79-86.

Maravita, A., Spence, C., Kennett, S., & Driver, J. (2002). Tool-use changes multimodal spatial interactions between vision and touch in normal humans. *Cognition*, **83**(2), B25-34.

Mendelsohn, A., Pine, A., & Schiller, D. (2014). Between thoughts and actions: motivationally salient cues invigorate mental action in the human brain. *Neuron*, **81**(1), 207-217.

Merzenich, M. M., Nelson, R. J., Stryker, M. P., Cynader, M. S., Schoppmann, A., & Zook, J. M. (1984). Somatosensory cortical map changes following digit amputation in adult monkeys. *Journal of Comparative Neurology*, **224**(4), 591-605.

Miller, K. J., Schalk, G., Fetz, E. E., den Nijs, M., Ojemann, J. G., & Rao, R. P. (2010). Cortical activity during motor execution, motor imagery, and imagery-based online feedback. *Proceedings of the National Academy of Sciences of the United States of America*, **107**(9), 4430-4435.

Mitchell, S. W. (1872). *Injuries of nerves, and their consequences*. Philadelphia: J. B. Lippincott.

Moseley, G. L., & Brugger, P. (2009). Interdependence of movement and anatomy persists when amputees learn a physiologically impossible movement of their phantom limb. *Proceedings of the National Academy of Sciences of the United States of America*, **106**(44), 18798-18802.

Moseley, G. L., Gallace, A., & Spence, C. (2012). Bodily illusions in health and disease: Physiological and clinical perspectives and the concept of a cortical 'body matrix'. *Neuroscience and Biobehavioral Reviews*, **36**(1), 34-46.

Munzert, J., Lorey, B., & Zentgraf, K. (2009). Cognitive motor processes: the role of motor imagery in the study of motor representations. *Brain Research Reviews*, **60**(2), 306-326.

村田 哲 (2005). ミラーニューロンの明らかにしたもの：運動制御から認知機能へ 日本神経回路学会誌, **12**(1), 52-60.

Newport, R., Pearce, R., & Preston, C. (2010). Fake hands in action: embodiment and control of supernumerary limbs. *Experimental Brain Research*, **204**(3), 385-395.

Nico, D., Daprati, E., Rigal, F., Parsons, L., & Sirigu, A. (2004). Left and right hand recognition in upper limb amputees. *Brain*, **127**(Pt 1), 120-132.

Obayashi, S., Tanaka, M., & Iriki, A. (2000). Subjective image of invisible hand coded by monkey intraparietal neurons. *Neuroreport*, **11**(16), 3499-3505.

Parsons, L. M. (1987a). Imagined spatial transformation of one's body. *Journal of Experimental Psychology: General*, **116**(2), 172-191.

Parsons, L. M. (1987b). Imagined spatial transformations of one's hands and feet. *Journal of Cognitive Psychology*, **19**(2), 178-241.

Parsons, L. M. (1994). Temporal and kinematic properties of motor behavior reflected in mentally simulated action. *Journal of Experimental Psychology: Human Perception and Performance*, **20**(4), 709-730.

Parsons, L. M., Fox, P. T., Downs, J. H., Glass, T., Hirsch, T. B., Martin, C. C., ... Lancaster, J. L. (1995). Use of Implicit Motor Imagery for Visual Shape-Discrimination as Revealed by Pet. *Nature*, **375**(6526), 54-58.

Pavani, F., Spence, C., & Driver, J. (2000). Visual capture of touch: out-of-the-body experiences with rubber gloves. *Psychological Science*, **11**(5), 353-359.

Penfield, W., & Rasmussen, T. (1957). *The cerebral cortex of man*. New York: Macmillan.

Piaget, J. I., B. (1971). *Mental imagery in the child; a study of the development of imaginal representation* (P. A. Chilton, Trans.). New York: Basic Books Inc.

Pons, T. P., Garraghty, P. E., Ommaya, A. K., Kaas, J. H., Taub, E., & Mishkin, M. (1991). Massive cortical reorganization after sensory deafferentation in adult macaques. *Science*, **252**(5014), 1857-1860.

Ramachandran, V. S., & Hirstein, W. (1998). The perception of phantom limbs. The D. O. Hebb lecture. *Brain*, **121**(Pt 9), 1603-1630.

Ramachandran, V. S., & Rogers-Ramachandran, D. (1996). Synaesthesia in phantom limbs induced with mirrors. *Proceedings of the Royal Society B: Biological Sciences*, **263**(1369), 377-386.

Raz, N., Lindenberger, U., Rodrigue, K. M., Kennedy, K. M., Head, D., Williamson, A., ... Acker, J. D. (2005). Regional brain changes in aging healthy adults: general trends, individual differences and modifiers. *Cerebral Cortex*, **15**(11), 1676-1689.

Rossini, P. M., Micera, S., Benvenuto, A., Carpaneto, J., Cavallo, G., Citi, L., ... Dario P. (2010). Double nerve intraneural interface implant on a human amputee for robotic hand control. *Clinical Neurophysiology*, **121**(5), 777-783.

Saimpont, A., Pozzo, T., & Papaxanthis, C. (2009). Aging affects the mental rotation of left and right hands. *PLoS One*, **4**(8), e6714.

Schwoebel, J., & Coslett, H. B. (2005). Evidence for multiple, distinct representations of the human body. *Journal of Cognitive Neuroscience*, **17**(4), 543-553.

Sekiyama, K. (1982). Kinesthetic aspects of mental representations in the identification of left and right hands. *Perception and Psychophysics*, **32**, 89-95.

Sekiyama, K. (1983). Mental and physical movements of hands: Kinesthetic information preserved in representational systems. *Japanese Psychological Research*, **25**, 25-102.

積山 薫 (1987). 手のイメージの触運動感覚的操作:心的回転課題の刺激提示様式からの検討 心理学研究, **57**, 342-349.

Sekiyama, K., Kinoshita, T., & Soshi, T. (2014). Strong biomechanical constraints on young children's mental imagery of hands. *Royal Society Open Science*, 1(4), 140118.

Sekiyama, K., Miyauchi, S., Imaruoka, T., Egusa, H., & Tashiro, T. (2000). Body image as a visuomotor transformation device revealed in adaptation to reversed vision. *Nature*, 407(6802), 374-377.

Shenton, J. T., Schwoebel, J., & Coslett, H. B. (2004). Mental motor imagery and the body schema: evidence for proprioceptive dominance. *Neuroscience Letters*, 370(1), 19-24.

Shepard, R. N., & Metzler, J. (1971). Mental rotation of three-dimensional objects. *Science*, 171(3972), 701-703.

Sirigu, A., & Duhamel, J. R. (2001). Motor and visual imagery as two complementary but neurally dissociable mental processes. *Journal of Cognitive Neuroscience*, 13(7), 910-919.

Sirigu, A., Duhamel, J. R., Cohen, L., Pillon, B., Dubois, B., & Agid, Y. (1996). The mental representation of hand movements after parietal cortex damage. *Science*, 273(5281), 1564-1568.

ter Horst, A. C., van Lier, R., & Steenbergen, B. (2010). Mental rotation task of hands: differential influence number of rotational axes. *Experimental Brain Research*, 203(2), 347-354.

Tomasino, B., Skrap, M., & Rumiati, R. I. (2011). Causal Role of the Sensorimotor Cortex in Action Simulation: Neuropsychological Evidence. *Journal of Cognitive Neuroscience*, 23(8), 2068-2078.

Vingerhoets, G., de Lange, F. P., Vandemaele, P., Deblaere, K., & Achten, E. (2002). Motor imagery in mental rotation: an fMRI study. *Neuroimage*, 17(3), 1623-1633.

Williams, J., Thomas, P. R., Maruff, P., & Wilson, P. H. (2008). The link between motor impairment level and motor imagery ability in children with developmental coordination disorder. *Human Movement Science*, 27(2), 270-285.

Wilson, P. H., Maruff, P., Butson, M., Williams, J., Lum, J., & Thomas, P. R. (2004). Internal representation of movement in children with developmental coordination disorder: a mental rotation task. *Developmental Medicine and Child Neurology*, 46(11), 754-759.

Wise, S. P. (1985). The primate premotor cortex: past, present, and preparatory. *Annual Review of Neuroscience*, 8, 1-19.

山田実・樋口貴広・森岡周・河内崇 (2009). 肩関節周囲炎患者における機能改善とメンタルローテーション能力の関連性. 理学療法, 36(5), 281-286.

第2章

Abrahamse, E. L., & Van der Lubbe, R. H. J. (2008). Endogenous orienting modulates the Simon effect: critical factors in experimental design. *Psychological Research*, 72, 261-272.

Aisenberg, D., & Henik, A. (2012). Stop being neutral: Simon takes control! *Quarterly Journal of Experimental Psychology*, 65, 295-304.

Anderson, S. J., Yamagishi, N., & Karavia, V. (2002). Attentional processes link perception and action. *Proceedings of the Royal Society of London B- Biological Sciences*, 269, 1225-1232.

Ansorge, U. (2003). Spatial Simon effects and compatibility effects induced by observed gaze direction. *Visual Cognition*, 10, 363-383.

Ansorge, U., & Wühr, P. (2004). A response-discrimination account of the Simon effect. *Journal of Experimental Psychology: Human Perception and Performance*, 30, 365-377.

Anzola, G. P., Bertoloni, G., Buchtel, H. A., & Rizzolatti, G. (1977). Spatial compatibility and anatomical factors in simple and choice reaction time. *Neuropsychologia*, 15, 295-302.

Ariga, A., & Watanabe, K. (2009). What is special about the index finger? The index finger advantage in manipulating reflexive attentional shift. *Japanese Psychological Research*, **51**, 258–265.

Bächtold, D., Baumüller, M., & Brugger, P. (1998). Stimulus-response compatibility in representational space. *Neuropsychologia*, **36**, 731–735.

Berlucchi, G., Crea, F., Di Stefano, M., & Tassinari, G. (1977). Influence of spatial stimulus-response compatibility on reaction time of ipsilateral and contralateral hand to lateralized light stimuli. *Journal of Experimental Psychology: Human Perception and Performance*, **3**, 505–517.

Bertenthal, B. I., Longo, M. R., & Kosobud, A. (2006). Imitative response tendencies following observation of intransitive actions. *Journal of Experimental Psychology: Human Perception and Performance*, **32**, 210–225.

Bialystok, E., Craik, F. I. M., Klein, R., & Viswanathan, M. (2004). Bilingualism, aging, and cognitive control: Evidence from the Simon task. *Psychology and Aging*, **19**, 290–303.

Bosbach, S., Prinz, W., & Kerzel, D. (2004). A Simon effect with stationary moving stimuli. *Journal of Experimental Psychology: Human Perception and Performance*, **30**, 39–55.

Brass, M., Bekkering, H., & Prinz, W. (2001). Movement observation affects movement execution in a simple response task. *Acta Psychologica*, **106**, 3–22.

Brass, M., Bekkering, H., Wohlschläger, A., & Prinz, W. (2000). Compatibility between observed and executed finger movements: Comparing symbolic, spatial, and imitative cues. *Brain and Cognition*, **44**, 124–143.

Brebner, J. (1973). S-R compatibility and changes in RT with practice. *Acta Psychologica*, **37**, 93–106.

Brebner, J., Shephard, M., & Cairney, P. (1972). Spatial relationships and S-R compatibility. *Acta Psychologica*, **36**, 1–15.

Burle, B., Possamaï, C.-A., Vidal, F., Bonnet, M., & Hasbroucq, T. (2002). Executive control in the Simon effect: an electromyographic and distributional analysis. *Psychological Research*, **66**, 324–336.

Burle, B., van den Wildenberg, W. P. M., & Ridderinkhof, K. R. (2005). Dynamics of facilitation and interference in cue-priming and Simon tasks. *European Journal of Cognitive Psychology*, **17**, 619–641.

Castiello, U., & Umiltà, C. (1987). Spatial compatibility effects in different sports. *International Journal of Sport Psychology*, **18**, 276–285.

Catmur, C., & Heyes, C. (2011). Time course analyses confirm independence of imitative and spatial compatibility. *Journal of Experimental Psychology: Human Perception and Performance*, **37**, 409–421.

Chan, K. W. L., & Chan, A. H. S. (2011). Spatial stimulus response compatibility for a horizontal visual display with hand and foot controls. *Ergonomics*, **54**, 233–245.

Chapanis, A., & Lindenbaum, L. E. (1959). A reaction time study of four control-display linkages. *Human Factors*, **1**, 1–7.

Chastain, G., & Cheal, M. (2001). Attentional capture with various distractor and target types. *Perception & Psychophysics*, **63**, 979–990.

Cho, D. T., & Proctor, R. W. (2010). The object-based Simon effect: Grasping affordance or relative location of the graspable part? *Journal of Experimental Psychology: Human Perception and Performance*, **36**, 853–861.

Cho, Y. S., & Proctor, R. W. (2003). Stimulus and response representations underlying orthogonal stimulus-response compatibility effects. *Psychonomic Bulletin & Review*, **10**, 45-73.

Courtière, A., Hardouin, J., Burle, B., Vidal, F., & Hasbroucq, T. (2007). Simon effect in the rat: A new model for studying the neural bases of the dual-route architecture. *Behavioural Brain Research*, **179**, 69-75.

Craft, J. L., & Simon, J. R. (1970). Processing symbolic information from a visual display: Interference from an irrelevant directional cue. *Journal of Experimental Psychology*, **83**, 415-420.

Danziger, S., Kingstone, A., & Ward, R. (2001). Environmentally defined frames of reference: Their time course and sensitivity to spatial cues and attention. *Journal of Experimental Psychology: Human Perception and Performance*, **27**, 494-503.

Davranche, K., Carbonnell, L., Belletier, C., Vidal, F., Huguet, P., Gajdos, T., & Hasbroucq, T. (2019). A Simon-like effect in Go/No-Go tasks performed in isolation. *Psychonomic Bulletin & Review*, **26**, 1008-1019.

De Houwer, J. (1998). The semantic Simon effect. *Quarterly Journal of Experimental Psychology*, **51A**, 683-688.

De Jong, R., Liang, C.-C., & Lauber, E. (1994). Conditional and unconditional automaticity: A dual-process model of effects of spatial stimulus-response correspondence. *Journal of Experimental Psychology: Human Perception and Performance*, **20**, 731-750.

Dehaene, S., Bossini, S., & Giraux, P. (1993). The mental representation of parity and number magnitude. *Journal of Experimental Psychology: General*, **122**, 371-396.

Deubel, H., & Schneider, W. X. (1996). Saccade target selection and object recognition: Evidence for a common attentional mechanism. *Vision Research*, **36**, 1827-1837.

Deubel, H., Schneider, W. X., & Paprotta, I. (1998). Selective dorsal and ventral processing: Evidence for a common attentional mechanism in reaching and perception. *Visual Cognition*, **5**, 81-107.

Dolk, T., Hommel, B., Colzato, L. S., Schütz-Bosbach, S., Prinz, W., & Liepelt, R. (2011). How "social" is the social Simon effect? *Frontiers in Psychology*, **2** : 84.

Duncan, J. (1984). Selective attention and the organization of visual information. *Journal of Experimental Psychology: General*, **113**, 501-517.

Dutta, A., & Proctor, R. W. (1992). Persistence of stimulus-response compatibility effects with extended practice. *Journal of Experimental Psychology: Learning, Memory, and Cognition*, **18**, 801-809.

Ehrenstein, W. H., Schroeder-Heister, P., & Heister, G. (1989). Spatial S-R compatibility with orthogonal stimulus-response relationship. *Perception & Psychophysics*, **45**, 215-220.

Eimer, M. (1995). Stimulus-response compatibility and automatic response activation: Evidence from psychophysiological studies. *Journal of Experimental Psychology: Human Perception and Performance*, **21**, 837-854.

Eimer, M., Hommel, B., & Prinz, W. (1995). S-R compatibility and response selection. *Acta Psychologica*, **90**, 301-313.

Eriksen, B. A., & Eriksen, C. W. (1974). Effects of noise letters upon the identification of a target letter in a nonsearch task. *Perception & Psychophysics*, **16**, 143-149.

Figliozzi, F., Silvetti, M., Rubichi, S., & Doricchi, F. (2010). Determining priority between attentional and referential-coding sources of the Simon effect through optokinetic stimulation. *Neuropsychologia*, **48**, 1011-1015.

Fitts, P. M., & Deininger, R. L. (1954). S-R compatibility: Correspondence among paired elements within stimulus and response codes. *Journal of Experimental Psychology*, **48**, 483-492.

Fitts, P. M., & Seeger, C. M. (1953). S-R compatibility: Spatial characteristics of stimulus and response codes. *Journal of Experimental Psychology*, **46**, 199–210.

Friesen, C. K., & Kingstone, A. (1998). The eyes have it! Reflexive orienting is triggered by nonpredictive gaze. *Psychonomic Bulletin & Review*, **5**, 490–495.

Galfano, G., Mazza, V., Tamè, L., Umiltà, C., & Turatto, M. (2008). Change detection evokes a Simon-like effect. *Acta Psychologica*, **127**, 186–196.

Grosjean, M., & Mordkoff, J. T. (2002). Post-response stimulation and the Simon effect: Further evidence of action-effect integration. *Visual Cognition*, **9**, 528–539.

Hasbroucq, T., & Guiard, Y. (1991). Stimulus-response compatibility and the Simon effect: Toward a conceptual clarification. *Journal of Experimental Psychology: Human Perception and Performance*, **17**, 246–266.

Hasbroucq, T., & Guiard, Y. (1992). The effects of intensity and irrelevant location of a tactile stimulation in a choice reaction time task. *Neuropsychologia*, **30**, 91–94.

Hasbroucq, T., Kornblum, S., & Osman, A. (1988). A new look at reaction time estimates of inter-hemispheric transmission time. *Cahiers de Psychologie Cognitive/Current Psychology of Cognition*, **8**, 207–221.

Hedge, A., & Marsh, N. W. A. (1975). The effect of irrelevant spatial correspondences on two-choice response-time. *Acta Psychologica*, **39**, 427–439.

Heister, G., Ehrenstein, W. H., & Schroeder-Heister, P. (1986). Spatial S-R compatibility effects with unimanual two-finger choice reactions for prone and supine hand positions. *Perception & Psychophysics*, **40**, 271–278.

Heister, G., Ehrenstein, W. H., & Schroeder-Heister, P. (1987). Spatial S-R compatibility with unimanual two-finger choice reactions: Effects of irrelevant stimulus location. *Perception & Psychophysics*, **42**, 195–201.

Heister, G., Schroeder-Heister, P., & Ehrenstein, W. H. (1990). Spatial coding and spatio-anatomical mapping: Evidence for a hierarchical model of spatial stimulus-response compatibility. In R. W. Proctor & T. G. Reeve (Eds.), *Stimulus-response compatibility: An integrated perspective* (pp. 117–143). Amsterdam: North-Holland.

Hommel, B. (1993a). The relationship between stimulus processing and response selection in the Simon task: Evidence for a temporal overlap. *Psychological Research*, **55**, 280–290.

Hommel, B. (1993b). The role of attention for the Simon effect. *Psychological Research*, **55**, 208–222.

Hommel, B. (1993c). Inverting the Simon effect by intention. *Psychological Research*, **55**, 270–279.

Hommel, B. (1994). Spontaneous decay of response-code activation. *Psychological Research*, **56**, 261–268.

Hommel, B. (1995). Stimulus-response compatibility and the Simon effect: Toward an empirical clarification. *Journal of Experimental Psychology: Human Perception and Performance*, **21**, 764–775.

Hommel, B. (1996a). S-R compatibility effects without response uncertainty. *Quarterly Journal of Experimental Psychology*, **49A**, 546–571.

Hommel, B. (1996b). The cognitive representation of action: Automatic integration of perceived action effects. *Psychological Research*, **59**, 176–186.

Hommel, B. (1998). Event files: Evidence for automatic integration of stimulus-response episodes. *Visual Cognition*, **5**, 183–216.

Hommel, B. (2002). Responding to object files: Automatic integration of spatial information revealed by stimulus-response compatibility effects. *Quarterly Journal of Experimental Psychology*, **55A**, 567–580.

Hommel, B. (2004). Event files: feature binding in and across perception and action. *Trends in Cognitive Sciences*, **8**, 494–500.

Hommel, B. (2011). The Simon effect as tool and heuristic. *Acta Psychologica*, **136**, 189–202.

Hommel, B., Colzato, L. S., Scorolli, C., Borghi, A. M., & van den Wildenberg, W. P. M. (2011). Religion and action control: Faith-specific modulation of the Simon effect but not Stop-Signal performance. *Cognition*, **120**, 177–185.

Hommel, B., & Lippa, Y. (1995). S-R compatibility effects due to context-dependent spatial stimulus coding. *Psychonomic Bulletin & Review*, **2**, 370–374.

Hommel, B., Müsseler, J., Aschersleben, G., & Prinz, W. (2001). The Theory of Event Coding (TEC): A framework for perception and action planning. *Behavioral and Brain Sciences*, **24**, 849–937.

Hommel, B., Pratt, J., Colzato, L., & Godijn, R. (2001). Symbolic control of visual attention. *Psychological Science*, **12**, 360–365.

Hommel, B., & Prinz, W. (Eds.). (1997). *Theoretical issues in stimulus-response compatibility*. Amsterdam: North-Holland.

Ivanoff, J., & Klein, R. M. (2001). The presence of a nonresponding effector increases inhibition of return. *Psychonomic Bulletin & Review*, **8**, 307–314.

James, W. (1890). *The principles of psychology*. Cambridge, MA: Harvard University Press.

Kahneman, D., Treisman, A., & Gibbs, B. J. (1992). The reviewing of object files: Object-specific integration of information. *Cognitive Psychology*, **24**, 175–219.

Katz, A. N. (1981). Spatial compatibility effects with hemifield presentation in a unimanual two-finger task. *Canadian Journal of Psychology*, **35**, 63–68.

Kerzel, D., Hommel, B., & Bekkering, H. (2001). A Simon effect induced by induced motion and location: Evidence for a direct linkage of cognitive and motor maps. *Perception & Psychophysics*, **63**, 862–874.

Klapp, S. T., Greim, D. M., Mendicino, C. M., & Koenig, R. S. (1979). Anatomic and environmental dimensions of stimulus-response compatibility: Implication for theories of memory coding. *Acta Psychologica*, **43**, 367–379.

Klein, R. M., & Ivanoff, J. (2011). The components of visual attention and the ubiquitous Simon effect. *Acta Psychologica*, **136**, 225–234.

Kornblum, S., Hasbroucq, T., & Osman, A. (1990). Dimensional overlap: Cognitive basis for stimulus-response compatibility- A model and taxonomy. *Psychological Review*, **97**, 253–270.

Kornblum, S., & Lee, J.-W. (1995). Stimulus-response compatibility with relevant and irrelevant stimulus dimensions that do and do not overlap with the response. *Journal of Experimental Psychology: Human Perception and Performance*, **21**, 855–875.

Kunde, W. (2001). Response-effect compatibility in manual choice reaction tasks. *Journal of Experimental Psychology: Human Perception and Performance*, **27**, 387–394.

Kunde, W., & Stöcker, C. (2002). A Simon effect for stimulus-response duration. *Quarterly Journal of Experimental Psychology*, **55A**, 581–592.

Lamberts, K., Tavernier, G., & d'Ydewalle, G. (1992). Effects of multiple reference points in spatial stimulus-response compatibility. *Acta Psychologica*, **79**, 115–130.

Lammertyn, J., Notebaert, W., Gevers, W., & Fias, W. (2007). The size of the Simon effect depends on the nature of the relevant task. *Experimental Psychology*, **54**, 202–214.

Liepelt, R., Prinz, W., & Brass, M. (2010). When do we simulate non-human agents? Dissociating communicative and non-communicative actions. *Cognition*, **115**, 426-434.

Liepelt, R., Von Cramon, D. Y., & Brass, M. (2008). What is matched in direct matching? Intention attribution modulates motor priming. *Journal of Experimental Psychology: Human Perception and Performance*, **34**, 578-591.

Lleras, A., Moore, C. M., & Mordkoff, J. T. (2004). Looking for the source of the Simon effect: Evidence for multiple codes. *American Journal of Psychology*, **117**, 531-542.

Lu, C.-H., & Proctor, R. W. (1994). Processing of an irrelevant location dimension as a function of the relevant stimulus dimension. *Journal of Experimental Psychology: Human Perception and Performance*, **20**, 286-298.

Lu, C.-H., & Proctor, R. W. (1995). The influence of irrelevant location information on performance: A review of the Simon and spatial Stroop effects. *Psychonomic Bulletin & Review*, **2**, 174-207.

Lu, C.-H., & Proctor, R. W. (2001). Influence of irrelevant information on human performance: Effects of S-R association strength and relative timing. *Quarterly Journal of Experimental Psychology*, **54A**, 95-136.

Lugli, L., Baroni, G., Nicoletti, R., & Umiltà, C. (2016). The Simon effect with saccadic eye movements. *Experimental Psychology*, **63**, 107-116.

MacLeod, C. M. (1991). Half a century of research on the Stroop effect: An integrative review. *Psychological Bulletin*, **109**, 163-203.

Marble, J. G., & Proctor, R. W. (2000). Mixing location-relevant and location-irrelevant choice-reaction tasks: Influences of location mapping on the Simon effect. *Journal of Experimental Psychology: Human Perception and Performance*, **26**, 1515-1533.

Marzi, C. A., Bisiacchi, P., & Nicoletti, R. (1991). Is interhemispheric transfer of visuomotor information asymmetric? Evidence from a meta-analysis. *Neuropsychologia*, **29**, 1163-1177.

Masaki, H., Takasawa, N., & Yamazaki, K. (2000). An electrophysiological study of the locus of the interference effect in a stimulus-response compatibility paradigm. *Psychophysiology*, **37**, 464-472.

Mattes, S., Leuthold, H., & Ulrich, R. (2002). Stimulus-response compatibility in intensity-force relations. *Quarterly Journal of Experimental Psychology*, **55A**, 1175-1191.

Miller, J. (2006). Simon congruency effects based on stimulus and response numerosity. *Quarterly Journal of Experimental Psychology*, **59**, 387-396.

Miller, J., Atkins, S. G., & Van Nes, F. (2005). Compatibility effects based on stimulus and response numerosity. *Psychonomic Bulletin & Review*, **12**, 265-270.

Moore, C. M., Lleras, A., Grosjean, M., & Marrara, M. T. (2004). Using inattentional blindness as an operational definition of unattended: The case of a response-end effect. *Visual Cognition*, **11**, 705-719.

Mordkoff, J. T., & Hazeltine, E. (2011a). Parallel patterns of spatial compatibility and spatial congruence...as long as you don't look too closely. *Acta Psychologica*, **136**, 253-258.

Mordkoff, J. T., & Hazeltine, E. (2011b). Responding to the source of stimulation: J. Richard Simon and the Simon effect foreword. *Acta Psychologica*, **136**, 179-180.

Müller, D., & Schwarz, W. (2007). Is there an internal association of numbers to hands? The task set influences the nature of the SNARC effect. *Memory & Cognition*, **35**, 1151-1161.

Müsseler, J., & Hommel, B. (1997). Blindness to response-compatible stimuli. *Journal of Experimental Psychology: Human Perception and Performance*, **23**, 861-872.

Müsseler, J., Wühr, P., & Prinz, W. (2000). Varying the response code in the blindness to response-compatible stimuli. *Visual Cognition*, **7**, 743-767.

Nakamura, K., Roesch, M., & Olson, C. R. (2005). Neuronal activity in macaque SEF and ACC during performance of tasks involving conflict. *Journal of Neurophysiology*, **93**, 884-908.

Nicoletti, R., Anzola, G. P., Luppino, G., Rizzolatti, G., & Umiltà, C. (1982). Spatial compatibility effects on the same side of the body midline. *Journal of Experimental Psychology: Human Perception and Performance*, **8**, 664-673.

Nicoletti, R., & Umiltà, C. (1984). Right-left prevalence in spatial compatibility. *Perception & Psychophysics*, **35**, 333-343.

Nicoletti, R., & Umiltà, C. (1989). Splitting visual space with attention. *Journal of Experimental Psychology: Human Perception and Performance*, **15**, 164-169.

Nishimura, A., & Michimata, C. (2013). Pointing hand stimuli induce spatial compatibility effects and effector priming. *Frontiers in Psychology*, **4**: 219.

Nishimura, A., & Yokosawa, K. (2006). Orthogonal stimulus-response compatibility effects emerge even when the stimulus position is task irrelevant. *Quarterly Journal of Experimental Psychology*, **59**, 1021-1032.

Nishimura, A., & Yokosawa, K. (2010a). Effector identity and orthogonal stimulus-response compatibility in blindness to response-compatible stimuli. *Psychological Research*, **74**, 172-181.

Nishimura, A., & Yokosawa, K. (2010b). Response-specifying cue for action interferes with perception of feature-sharing stimuli. *Quarterly Journal of Experimental Psychology*, **63**, 1150-1167.

Nishimura, A., & Yokosawa, K. (2010c). Visual and auditory accessory stimulus offset and the Simon effect. *Attention, Perception, & Psychophysics*, **72**, 1965-1974.

Nishimura, A., & Yokosawa, K. (2012). Effects of visual cue and response assignment on spatial stimulus coding in stimulus-response compatibility. *Quarterly Journal of Experimental Psychology*, **65**, 55-72.

西村聡生・横澤一彦 (2012). 空間的刺激反応適合性効果　心理学評論, **55**, 436-458.

西村聡生・横澤一彦 (2017). サイモン課題における反応時間と反応強度　*Technical Report on Attention and Cognition*, No. 22.

Ottoboni, G., Tessari, A., Cubelli, R., & Umilta, C. (2005). Is handedness recognition automatic? A study using a Simon-like paradigm. *Journal of Experimental Psychology: Human Perception and Performance*, **31**, 778-789.

Pellicano, A., Iani, C., Rubichi, S., Ricciardelli, P., Borghi, A. M., & Nicoletti, R. (2010). Real life motor training modifies spatial performance: The advantage of being drummers. *American Journal of Psychology*, **123**, 169-179.

Phillips, J. C., & Ward, R. (2002). S-R correspondence effects of irrelevant visual affordance: Time course and specificity of response activation. *Visual Cognition*, **9**, 540-558.

Pick, D. F., Specker, S., Vu, K.-P. L., & Proctor, R. W. (2014). Effects of face and inanimate-object contexts on stimulus-response compatibility. *Psychonomic Bulletin & Review*, **21**, 376-383.

Posner, M. I. (1980). Orienting of attention. *Quarterly Journal of Experimental Psychology*, **32**, 3-25.

Prinz, W. (1997). Perception and action planning. *European Journal of Cognitive Psychology*, **9**, 129-154.

Proctor, R. W. (2011). Playing the Simon game: Use of the Simon task for investigating human information processing. *Acta Psychologica*, **136**, 182-188.

Proctor, R. W., & Lu, C.-H. (1994). Referential coding and attention-shifting accounts of the Simon effect. *Psychological Research*, **56**, 185-195.

Proctor, R. W., & Lu, C.-H. (1999). Processing irrelevant location information: Practice and transfer effects in choice-reaction tasks. *Memory & Cognition*, **27**, 63-77.

Proctor, R. W., Lu, C.-H., Wang, H., & Dutta, A. (1995). Activation of response codes by relevant and irrelevant stimulus information. *Acta Psychologica*, **90**, 275-286.

Proctor, R. W., Miles, J. D., & Baroni, G. (2011). Reaction time distribution analysis of spatial correspondence effects. *Psychonomic Bulletin & Review*, **18**, 242-266.

Proctor, R. W., & Pick, D. F. (1999). Deconstructing Marilyn: Robust effects of face contexts on stimulus-response compatibility. *Memory & Cognition*, **27**, 986-995.

Proctor, R. W., Pick, D. F., Vu, K.-P. L., & Anderson, R. E. (2005). The enhanced Simon effect for older adults is reduced when the irrelevant location information is conveyed by an accessory stimulus. *Acta Psychologica*, **119**, 21-40.

Proctor, R. W., & Reeve, T. G. (Eds.). (1990). *Stimulus-response compatibility: An integrated perspective*. Amsterdam: North-Holland.

Proctor, R. W., Van Zandt, T., Lu, C.-H., & Weeks, D. J. (1993). Stimulus-response compatibility for moving stimuli: Perception of affordances or directional coding? *Journal of Experimental Psychology: Human Perception and Performance*, **19**, 81-91.

Proctor, R. W., & Vu, K.-P. L. (2006). *Stimulus-response compatibility principles: Data, theory, and application*. Boca Raton, FL: CRC Press.

Proctor, R. W., & Vu, K.-P. L. (2010). Universal and culture-specific effects of display-control compatibility. *American Journal of Psychology*, **123**, 425-435.

Proctor, R. W., Vu, K.-P. L., & Pick, D. F. (2005). Aging and response selection in spatial choice tasks. *Human Factors*, **47**, 250-270.

Proctor, R. W., Wang, D.-Y. D., & Pick, D. F. (2004). Stimulus-response compatibility with wheel-rotation responses: Will an incompatible response coding be used when a compatible coding is possible? *Psychonomic Bulletin & Review*, **11**, 841-847.

Proctor, R. W., & Wang, H. (1997). Differentiating types of set-level compatibility. In B. Hommel & W. Prinz (Eds.), *Theoretical issues in stimulus-response compatibility* (pp. 11-37). Amsterdam: North-Holland.

Ratcliff, R. (1979). Group reaction time distributions and an analysis of distribution statistics. *Psychological Bulletin*, **86**, 446-461.

Ricciardelli, P., Bonfiglioli, C., Iani, C., Rubichi, S., & Nicoletti, R. (2007). Spatial coding and central patterns: Is there something special about the eyes? Canadian *Journal of Experimental Psychology*, **61**, 79-90.

Ricciardelli, P., Bricolo, E., Aglioti, S. M., & Chelazzi, L. (2002). My eyes want to look where your eyes are looking: Exploring the tendency to imitate another individual's gaze. *NeuroReport*, **13**, 2259-2264.

Ridderinkhof, K. R., van den Wildenberg, W. P. M., Wijnen, J., & Burle, B. (2004). Response inhibition in conflict tasks is revealed in delta plots. In M. I. Posner (Ed.), *Cognitive neuroscience of attention* (pp. 369-377). New York: Guilford Publications.

Riggio, L., Gawryszewski, L. D. G., & Umiltà, C. (1986). What is crossed in crossed-hand effects? *Acta Psychologica*, **62**, 89-100.

Romaiguère, P., Hasbroucq, T., Possamaï, C.-A., & Seal, J. (1993). Intensity to force translation: a new effect of stimulus-response compatibility revealed by analysis of response time and electromyographic activity of a prime mover. *Cognitive Brain Research*, **1**, 197-201.

Roswarski, T. E., & Proctor, R. W. (1996). Multiple spatial codes and temporal overlap in choice-reaction tasks. *Psychological Research*, **59**, 196-211.

Roswarski, T. E., & Proctor, R. W. (2003). The role of instructions, practice, and stimulus-hand correspondence on the Simon effect. *Psychological Research*, **67**, 43-55.

Rubichi, S., & Nicoletti, R. (2006). The Simon effect and handedness: Evidence for a dominant-hand attentional bias in spatial coding. *Perception & Psychophysics*, **68**, 1059-1069.

Rubichi, S., Nicoletti, R., Iani, C., & Umiltà, C. (1997). The Simon effect occurs relative to the direction of an attention shift. *Journal of Experimental Psychology: Human Perception and Performance*, **23**, 1353-1364.

Rubichi, S., Vu, K.-P. L., Nicoletti, R., & Proctor, R. W. (2006). Spatial coding in two dimensions. *Psychonomic Bulletin & Review*, **13**, 201-216.

Salzer, Y., Aisenberg, D., Oron-Gilad, T., & Henik, A. (2014). In touch with the Simon effect. *Experimental Psychology*, **61**, 165-179.

Schankin, A., Valle-Inclán, F., & Hackley, S. A. (2010). Compatibility between stimulated eye, target location and response location. *Psychological Research*, **74**, 291-301.

Schubö, A., Aschersleben, G., & Prinz, W. (2001). Interactions between perception and action in a reaction task with overlapping S-R assignments. *Psychological Research*, **65**, 145-157.

Sebanz, N., Knoblich, G., & Prinz, W. (2003). Representing others' actions: just like one's own? *Cognition*, **88**, B11-B21.

Shaffer, L. H. (1965). Choice reaction with variable S-R mapping. *Journal of Experimental Psychology*, **70**, 284-288.

Simon, J. R. (1990). The effects of an irrelevant directional cue on human information processing. In R. W. Proctor & T. G. Reeve (Eds.), *Stimulus-response compatibility: An integrated perspective* (pp. 31-86). Amsterdam: North-Holland.

Simon, J. R., Acosta, E., Mewaldt, S. P., & Speidel, C. R. (1976). The effect of an irrelevant directional cue on choice reaction time: Duration of the phenomenon and its relation to stages of processing. *Perception & Psychophysics*, **19**, 16-22.

Simon, J. R., Craft, J. L., & Webster, J. B. (1973). Reactions toward the stimulus source: Analysis of correct responses and errors over a five-day period. *Journal of Experimental Psychology*, **101**, 175-178.

Simon, J. R., Hinrichs, J. V., & Craft, J. L. (1970). Auditory S-R compatibility: Reaction time as a function of ear-hand correspondence and ear-response-location correspondence. *Journal of Experimental Psychology*, **86**, 97-102.

Simon, J. R., & Pouraghabagher, R. (1978). The effect of aging on the stages of processing in a choice reaction time task. *Journal of Gerontology*, **33**, 553-561.

Simon, J. R., & Rudell, A. P. (1967). Auditory S-R compatibility: The effect of an irrelevant cue on information processing. *Journal of Applied Psychology*, **51**, 300-304.

Simon, J. R., & Small, A. M., Jr. (1969). Processing auditory information: Interference from an irrelevant cue. *Journal of Applied Psychology*, **53**, 433-435.

Spironelli, C., Tagliabue, M., & Umiltà, C. (2009). Response selection and attention orienting: A computational model of Simon effect asymmetries. *Experimental Psychology*, **56**, 274-282.

Stins, J. F., & Michaels, C. F. (1997). Stimulus-response compatibility is information-action compatibility. *Ecological Psychology*, **91**, 25-45.

Stock, A., & Stock, C. (2004). A short history of ideo-motor action. *Psychological Research*, **68**, 176-188.

Stoet, G., & Hommel, B. (2002). Interaction between feature binding in perception and action. In W. Prinz & B. Hommel (Eds.), *Attention and performance XIX: Common mechanisms in perception and action* (pp. 538-552). Oxford, UK: Oxford University Press.

Stoffels, E.-J., van der Molen, M. W., & Keuss, P. J. G. (1989). An additive factors analysis of the effect (s) of location cues associated with auditory stimuli on stages of information processing. *Acta Psychologica*, **70**, 161-197.

Stoffer, T. H. (1991). Attentional focusing and spatial stimulus-response compatibility. *Psychological Research*, **53**, 127-135.

Stroop, J. R. (1935). Studies of interference in serial verbal reactions. *Journal of Experimental Psychology*, **18**, 643-662.

Symes, E., Ellis, R., & Tucker, M. (2005). Dissociating object-based and space-based affordances. *Visual Cognition*, **12**, 1337-1361.

Symes, E., Ellis, R., & Tucker, M. (2007). Visual object affordances: Object orientation. *Acta Psychologica*, **124**, 238-255.

Tagliabue, M., Vidotto, G., Umiltà, C., Altoè, G., Treccani, B., & Spera, P. (2007). The measurement of left-right asymmetries in the Simon effect: A fine-grained analysis. *Behavior Research Methods*, **39**, 50-61.

Tagliabue, M., Zorzi, M., Umiltà, C., & Bassignani, F. (2000). The role of long-term-memory and short-term-memory links in the Simon effect. *Journal of Experimental Psychology: Human Perception and Performance*, **26**, 648-670.

Theeuwes, J. (1991). Exogenous and endogenous control of attention: The effect of visual onsets and offsets. *Perception & Psychophysics*, 49, 83-90.

Tipper, S. P., Paul, M. A., & Hayes, A. E. (2006). Vision-for-action: The effects of object property discrimination and action state on affordance compatibility effects. *Psychonomic Bulletin & Review*, **13**, 493-498.

Tlauka, M. (2004). Display-control compatibility: the relationship between performance and judgments of performance. *Ergonomics*, **47**, 281-295.

Tlauka, M., & McKenna, F. P. (1998). Mental imagery yields stimulus-response compatibility. *Acta Psychologica*, **98**, 67-79.

Tlauka, M., & McKenna, F. P. (2000). Hierarchical knowledge influences stimulus-response compatibility effects. *Quarterly Journal of Experimental Psychology*, **53A**, 85-103.

Treccani, B., Umiltà, C., & Tagliabue, M. (2006). Simon effect with and without awareness of the accessory stimulus. *Journal of Experimental Psychology: Human Perception and Performance*, **32**, 268-286.

Treisman, A. M., & Gelade, G. (1980). A feature-integration theory of attention. *Cognitive Psychology*, **12**, 97-136.

Tucker, M., & Ellis, R. (1998). On the relations between seen objects and components of potential actions. *Journal of Experimental Psychology: Human Perception and Performance*, **24**, 830-846.

Umiltà, C. (1994). The Simon effect: Introductory remarks. *Psychological Research*, **56**, 127-129.

Umiltà, C., & Liotti, M. (1987). Egocentric and relative spatial codes in S-R compatibility. *Psychological Research*, **49**, 81-90.

Umiltà, C., & Nicoletti, R. (1990). Spatial stimulus-response compatibility. In R. W. Proctor & T. G.

Reeve (Eds.), *Stimulus-response compatibility: An integrated perspective* (pp. 89-116). Amsterdam: North-Holland.

Urcuioli, P. J., Vu, K.-P. L., & Proctor, R. W. (2005). A Simon effect in pigeons. *Journal of Experimental Psychology: General*, **134**, 93-107.

Vainio, L., Ellis, R., & Tucker, M. (2007). The role of visual attention in action priming. *Quarterly Journal of Experimental Psychology*, **60**, 241-261.

Vainio, L., & Mustonen, T. (2011). Mapping the identity of a viewed hand in the motor system: Evidence from stimulus-response compatibility. *Journal of Experimental Psychology: Human Perception and Performance*, **37**, 207-221.

Valle-Inclán, F., Hackley, S. A., & de Labra, C. (2003). Stimulus-response compatibility between stimulated eye and response location: implications for attentional accounts of the Simon effect. *Psychological Research*, **67**, 240-243.

Valle-Inclán, F., Sohn, F., & Redondo, M. (2008). Spatial compatibility between stimulated eye and response location. *Psychophysiology*, **45**, 279-285.

Van der Lubbe, R. H. J., Jaśkowski, P., & Verleger, R. (2005). Mechanisms underlying spatial coding in a multiple-item Simon task. *Psychological Research*, **69**, 179-190.

Wallace, R. J. (1971). S-R compatibility and the idea of a response code. *Journal of Experimental Psychology*, **88**, 354-360.

Wang, D.-Y. D., Proctor, R. W., & Pick, D. F. (2003). The Simon effect with wheel-rotation responses. *Journal of Motor Behavior*, **35**, 261-273.

Wang, H., & Proctor, R. W. (1996). Stimulus-response compatibility as a function of stimulus code and response modality. *Journal of Experimental Psychology: Human Perception and Performance*, **22**, 1201-1217.

Wascher, E., Schatz, U., Kuder, T., & Verleger, R. (2001). Validity and boundary conditions of automatic response activation in the Simon task. *Journal of Experimental Psychology: Human Perception and Performance*, **27**, 731-751.

Wiegand, K., & Wascher, E. (2005). Dynamic aspects of stimulus-response correspondence: Evidence for two mechanisms involved in the Simon effect. *Journal of Experimental Psychology: Human Perception and Performance*, **31**, 453-464.

Wiegand, K., & Wascher, E. (2007). The Simon effect for vertical S-R relations: changing the mechanism by randomly varying the S-R mapping rule? *Psychological Research*, **71**, 219-233.

Worringham, C. J., & Kerr, G. K. (2000). Proprioception and stimulus-response compatibility. *Quarterly Journal of Experimental Psychology*, **53A**, 69-83.

Wühr, P. (2006). The Simon effect in vocal responses. *Acta Psychologica*, **121**, 210-226.

Wühr, P., & Kunde, W. (2006). Spatial correspondence between onsets and offsets of stimuli and responses. *European Journal of Cognitive Psychology*, **18**, 359-377.

Yamaguchi, M., & Proctor, R. W. (2006). Stimulus-response compatibility with pure and mixed mappings in a flight task environment. *Journal of Experimental Psychology: Applied*, **12**, 207-222.

Zhang, J. X., & Johnson, M. K. (2004). A memory-based, Simon-like, spatial congruence effect: Evidence for persisting spatial codes. *Quarterly Journal of Experimental Psychology*, **57A**, 419-436.

Zorzi, M., Mapelli, D., Rusconi, E., & Umiltà, C. (2003). Automatic spatial coding of perceived gaze direction is revealed by the Simon effect. *Psychonomic Bulletin & Review*, **10**, 423-429.

Zorzi, M., & Umiltà, C. (1995). A computational model of the Simon effect. *Psychological Research*,

58, 193-205.

第 3 章

Adam, J. J., Boon, B., Paas, F. G. W. C., & Umiltà, C. (1998). The up-right/down-left advantage for vertically oriented stimuli and horizontally oriented responses: A dual-strategy hypothesis. *Journal of Experimental Psychology: Human Perception and Performance*, **24**, 1582-1595.

Aisenberg, D., & Henik, A. (2012). Stop being neutral: Simon takes control! *Quarterly Journal of Experimental Psychology*, **65**, 295-304.

Ansorge, U. (2003). Spatial Simon effects and compatibility effects induced by observed gaze direction. *Visual Cognition*, **10**, 363-383.

Bae, G. Y., Cho, Y. S., & Proctor, R. W. (2009). Transfer of orthogonal stimulus-response mappings to an orthogonal Simon task. *Quarterly Journal of Experimental Psychology*, **62**, 746-765.

Bae, G. Y., Choi, J. M., Cho, Y. S., & Proctor, R. W. (2009). Transfer of magnitude and spatial mappings to the SNARC effect for parity judgments. *Journal of Experimental Psychology: Learning, Memory, and Cognition*, **35**, 1506-1521.

Bauer, D. W., & Miller, J. (1982). Stimulus-response compatibility and the motor system. *Quarterly Journal of Experimental Psychology*, **34A**, 367-380.

Biel, G. A., & Carswell, C. M. (1993). Musical notation for the keyboard: An examination of stimulus-response compatibility. *Applied Cognitive Psychology*, **7**, 433-452.

Böffel, C., & Müsseler, J. (2019). Visual perspective taking for avatars in a Simon task. *Attention, Perception, & Psychophysics*, **81**, 158-172.

Brebner, J., Shephard, M., & Cairney, P. (1972). Spatial relationships and S-R compatibility. *Acta Psychologica*, **36**, 1-15.

Buetti, S., & Kerzel, D. (2008). Time course of the Simon effect in pointing movements for horizontal, vertical, and acoustic stimuli: Evidence for a common mechanism. *Acta Psychologica*, **129**, 420-428.

Buhlmann, I., Umiltà, C., & Wascher, E. (2007). Response coding and visuomotor transformation in the Simon task: The role of action goals. *Journal of Experimental Psychology: Human Perception and Performance*, **33**, 1269-1282.

Chambers, K. W., McBeath, M. K., Schiano, D. J., & Metz, E. G. (1999). Tops are more salient than bottoms. *Perception & Psychophysics*, **61**, 625-635.

Chan, A. H. S., & Chan, K. W. L. (2010). Three-dimensional spatial stimulus-response (S-R) compatibility for visual signals with hand and foot controls. *Applied Ergonomics*, **41**, 840-848.

Chan, K. W. L., & Chan, A. H. S. (2009). Spatial stimulus-response (S-R) compatibility for foot controls with visual displays. *International Journal of Industrial Ergonomics*, **39**, 396-402.

Chan, K. W. L., & Chan, A. H. S. (2011a). Spatial stimulus response compatibility for a horizontal visual display with hand and foot controls. *Ergonomics*, **54**, 233-245.

Chan, K. W. L., & Chan, A. H. S. (2011b). Spatial stimulus-response compatibility for hand and foot controls with vertical plane visual signals. *Displays*, **32**, 237-243.

Chang, S., & Cho, Y. S. (2015). Polarity correspondence effect between loudness and lateralized response set. *Frontiers in Psychology*, **6**: 683.

Chase, W. G., & Clark, H. H. (1971). Semantics in the perception of verticality. *British Journal of Psychology*, **62**, 311-326.

Chen, S., & Melara, R. D. (2009). Sequential effects in the Simon task: Conflict adaptation or feature integration? *Brain Research*, **1297**, 89-100.

Cho, Y. S., Bae, G. Y., & Proctor, R. W. (2012). Referential coding contributes to the horizontal SMARC effect. *Journal of Experimental Psychology: Human Perception and Performance*, **38**, 726-734.

Cho, Y. S., & Proctor, R. W. (2001). Effect of an initiating action on the up-right/down-left advantage for vertically arrayed stimuli and horizontally arrayed responses. *Journal of Experimental Psychology: Human Perception and Performance*, **27**, 472-484.

Cho, Y. S., & Proctor, R. W. (2002). Influences of hand posture and hand position on compatibility effects for up-down stimuli mapped to left-right responses: Evidence for a hand referent hypothesis. *Perception & Psychophysics*, **64**, 1301-1315.

Cho, Y. S., & Proctor, R. W. (2003). Stimulus and response representations underlying orthogonal stimulus-response compatibility effects. *Psychonomic Bulletin & Review*, **10**, 45-73.

Cho, Y. S., & Proctor, R. W. (2004a). Influences of multiple spatial stimulus and response codes on orthogonal stimulus-response compatibility. *Perception & Psychophysics*, **66**, 1003-1017.

Cho, Y. S., & Proctor, R. W. (2004b). Stimulus-set location does not affect orthogonal stimulus-response compatibility. *Psychological Research*, **69**, 106-114.

Cho, Y. S., & Proctor, R. W. (2005). Representing response position relative to display location: Influence on orthogonal stimulus-response compatibility. *Quarterly Journal of Experimental Psychology*, **58A**, 839-864.

Cho, Y. S., & Proctor, R. W. (2007). When is an odd number not odd? Influence of task rule on the MARC effect for numeric classification. *Journal of Experimental Psychology: Learning, Memory, and Cognition*, **33**, 832-842.

Cho, Y. S., Proctor, R. W., & Yamaguchi, M. (2008). Influences of response position and hand posture on the orthogonal Simon effect. *Quarterly Journal of Experimental Psychology*, **61**, 1020-1035.

Clark, H. H., & Chase, W. G. (1974). Perceptual coding strategies in formation and verification of descriptions. *Memory & Cognition*, **2**, 101-111.

Corbetta, M., & Shulman, G. L. (2011). Spatial neglect and attentional networks. *Annual Review of Neuroscience*, **34**, 569-599.

De Jong, R., Liang, C.-C., & Lauber, E. (1994). Conditional and unconditional automaticity: A dual-process model of effects of spatial stimulus-response correspondence. *Journal of Experimental Psychology: Human Perception and Performance*, **20**, 731-750.

de Jong, R., Wierda, M., Mulder, G., & Mulder, L. J. M. (1988). Use of partial stimulus information in response processing. *Journal of Experimental Psychology: Human Perception and Performance*, **14**, 682-692.

Dehaene, S., Bossini, S., & Giraux, P. (1993). The mental representation of parity and number magnitude. *Journal of Experimental Psychology: General*, **122**, 371-396.

Driver, J., Davis, G., Ricciardelli, P., Kidd, P., Maxwell, E., & Baron-Cohen, S. (1999). Gaze perception triggers reflexive visuospatial orienting. *Visual Cognition*, **6**, 509-540.

Duncan, J. (1984). Selective attention and the organization of visual information. *Journal of Experimental Psychology: General*, **113**, 501-517.

Dutta, A., & Proctor, R. W. (1992). Persistence of stimulus-response compatibility effects with extended practice. *Journal of Experimental Psychology: Learning, Memory, and Cognition*, **18**,

801-809.

Ehrenstein, W. H., Schroeder-Heister, P., & Heister, G. (1989). Spatial S-R compatibility with orthogonal stimulus-response relationship. *Perception & Psychophysics*, **45**, 215-220.

Gevers, W., Reynvoet, B., & Fias, W. (2003). The mental representation of ordinal sequences is spatially organized. *Cognition*, **87**, B87-B95.

Gevers, W., Reynvoet, B., & Fias, W. (2004). The mental representations of ordinal sequences is spatially organised: Evidence from days of the week. *Cortex*, **40**, 171-172.

Gratton, G., Coles, M. G. H., Sirevaag, E. J., Eriksen, C. W., & Donchin, E. (1988). Pre- and poststimulus activation of response channels: A psychophysiological analysis. *Journal of Experimental Psychology: Human Perception and Performance*, **14**, 331-344.

Greenwald, A. G., McGhee, D. E., & Schwartz, J. L. (1998). Measuring individual differences in implicit cognition: The implicit association test. *Journal of Personality and Social Psychology*, **74**, 1464-1480.

Heister, G., & Schroeder-Heister, P. (1985). S-R compatibility effect or cerebral laterality effect? Comments on a controversy. *Neuropsychologia*, **23**, 427-430.

Heister, G., Schroeder-Heister, P., & Ehrenstein, W. H. (1990). Spatial coding and spatio-anatomical mapping: Evidence for a hierarchical model of spatial stimulus-response compatibility. In R. W. Proctor & T. G. Reeve (Eds.), *Stimulus-response compatibility: An integrated perspective* (pp. 117-143). Amsterdam: North-Holland.

Hellige, J. B., & Michimata, C. (1989). Categorization versus distance: Hemispheric differences for processing spatial information. *Memory & Cognition*, **17**, 770-776.

Hommel, B. (1993). The relationship between stimulus processing and response selection in the Simon task: Evidence for a temporal overlap. *Psychological Research*, **55**, 280-290.

Hommel, B. (1994a). Effects of irrelevant spatial S-R compatibility depend on stimulus complexity. *Psychological Research*, **56**, 179-184.

Hommel, B. (1994b). Spontaneous decay of response-code activation. *Psychological Research*, **56**, 261-268.

Hommel, B. (1996). No prevalence of right-left over top-bottom spatial codes. *Perception & Psychophysics*, **58**, 102-110.

Iani, C., Milanese, N., & Rubichi, S. (2014). The influence of prior practice and handedness on the orthogonal Simon effect. *Frontiers in Psychology*, **5**: 39.

Ishihara, M., Keller, P. E., Rossetti, Y., & Prinz, W. (2008). Horizontal spatial representations of time: Evidence for the STEARC effect. *Cortex*, **44**, 454-461.

Ito, Y., & Hatta, T. (2004). Spatial structure of quantitative representation of numbers: Evidence from the SNARC effect. *Memory & Cognition*, **32**, 662-673.

Klapp, S. T., Greim, D. M., Mendicino, C. M., & Koenig, R. S. (1979). Anatomic and environmental dimensions of stimulus-response compatibility: Implication for theories of memory coding. *Acta Psychologica*, **43**, 367-379.

Kleinsorge, T. (1999). Die Kodierungsabhängigkeit orthogonaler Reiz-Reaktions-Kompatibilität [Coding specificity of orthogonal S-R compatibility]. *Zeitschrift für Experimentelle Psychologie*, **46**, 249-264.

Koch, I., & Jolicœur, P. (2007). Orthogonal cross-task compatibility: Abstract spatial coding in dual tasks. *Psychonomic Bulletin & Review*, **14**, 45-50.

Kosslyn, S. M. (1987). Seeing and imagining in the cerebral hemispheres: A computational approach. *Psychological Review*, **94**, 148-175.

Kosslyn, S. M. (1994). *Image and brain: The resolution of the imagery debate*. Cambridge, MA: MIT Press.

Ladavas, E. (1987). Influence of handedness on spatial compatibility effects with perpendicular arrangement of stimuli and responses. *Acta Psychologica*, **64**, 13-23.

Lee, S., Miles, J. D., & Vu, K.-P. L. (2016). Control-display alignment determines the prevalent compatibility effect in two-dimensional stimulus-response tasks. *Psychonomic Bulletin & Review*, **23**, 571-578.

Lidji, P., Kolinsky, R., Lochy, A., & Morais, J. (2007). Spatial associations for musical stimuli: A piano in the head? *Journal of Experimental Psychology: Human Perception and Performance*, **33**, 1189-1207.

Lippa, Y. (1996). A referential-coding explanation for compatibility effects of physically orthogonal stimulus and response dimensions. *Quarterly Journal of Experimental Psychology*, **49A**, 950-971.

Lippa, Y., & Adam, J. J. (2001). An explanation of orthogonal S-R compatibility effects that vary with hand or response position: The end-state comfort hypothesis. *Perception & Psychophysics*, **63**, 156-174.

Lugli, L., Baroni, G., Nicoletti, R., & Umiltà, C. (2016). The Simon effect with saccadic eye movements. *Experimental Psychology*, **63**, 107-116.

Michaels, C. F. (1989). S-R compatibilities depend on eccentricity of responding hand. *Quarterly Journal of Experimental Psychology*, **41A**, 263-272.

Michaels, C. F., & Schilder, S. (1991). Stimulus-response compatibilities between vertically oriented stimuli and horizontally oriented responses: The effects of hand position and posture. *Perception & Psychophysics*, **49**, 342-348.

Meiran, N. (1996). Reconfiguration of processing mode prior to task performance. *Journal of Experimental Psychology: Learning, Memory, and Cognition*, **22**, 1423-1442.

Meiran, N. (2005). Task rule-congruency and Simon-like effects in switching between spatial tasks. *Quarterly Journal of Experimental Psychology*, **58A**, 1023-1041.

Meiran, N., Chorev, Z., & Sapir, A. (2000). Component processes in task switching. *Cognitive Psychology*, **41**, 211-253.

Memelink, J., & Hommel, B. (2005). Attention, instruction, and response representation. *European Journal of Cognitive Psychology*, **17**, 674-685.

Memelink, J., & Hommel, B. (2006). Tailoring perception and action to the task at hand. *European Journal of Cognitive Psychology*, **18**, 579-592.

Nicoletti, R., & Umiltà, C. (1984). Right-left prevalence in spatial compatibility. *Perception & Psychophysics*, **35**, 333-343.

Nicoletti, R., & Umiltà, C. (1985). Responding with hand and foot: The right/left prevalence in spatial compatibility is still present. *Perception & Psychophysics*, **38**, 211-216.

Nicoletti, R., Umiltà, C., Tressoldi, E. P., & Marzi, C. A. (1988). Why are left-right spatial codes easier to form than above-below ones? *Perception & Psychophysics*, **43**, 287-292.

西村聡生 (2004). 直交型刺激反応適合性に関する研究　東京大学大学院人文社会系研究科 2003 年度修士論文.

西村聡生・横澤一彦 (2004). 複数刺激布置における直交型刺激反応適合性効果　日本バーチャルリアリティ学会論文誌, **9**, 21-26.

Nishimura, A., & Yokosawa, K. (2006). Orthogonal stimulus-response compatibility effects emerge even when the stimulus position is task irrelevant. *Quarterly Journal of Experimental Psychology*, **59**, 1021-1032.

Nishimura, A., & Yokosawa, K. (2007). Preparation for horizontal or vertical dimensions affects the right-left prevalence effect. *Perception & Psychophysics*, **69**, 1242-1252.

西村聡生・横澤一彦（2007）. 直交型サイモン効果における内因性注意の影響　日本心理学会第 71 回大会論文集，667.

Nishimura, A., & Yokosawa, K. (2009). Effects of laterality and pitch height of an auditory accessory stimulus on horizontal response selection: The Simon effect and the SMARC effect. *Psychonomic Bulletin & Review*, **16**, 666-670.

Nishimura, A., & Yokosawa, K. (2010a). Effector identity and orthogonal stimulus-response compatibility in blindness to response-compatible stimuli. *Psychological Research*, **74**, 172-181.

Nishimura, A., & Yokosawa, K. (2012). Effects of visual cue and response assignment on spatial stimulus coding in stimulus-response compatibility. *Quarterly Journal of Experimental Psychology*, **65**, 55-72.

西村聡生・横澤一彦（2014）. 刺激反応適合性効果からみた左右と上下の空間表象　心理学評論，**57**, 235-257.

Nosek, B. A., Greenwald, A. G., & Banaji, M. R. (200). The implicit association test at age 7: A methodological and conceptual review. In J. A. Bargh (Ed.), *Social psychology and the unconscious: The automaticity of higher mental processes* (pp. 265-292). New York: Psychology Press.（ブライアン・A・ノゼック，アンソニー・G・グリーンワルド，& マンザリン・R・バナジ（2009）潜在連合テスト：その概念と方法　ジョン・A・バージ（編）及川昌典・木村晴・北村英哉（編訳）無意識と社会心理学：高次心理過程の自動性　ナカニシヤ出版　pp. 143-166.）

Nuerk, H.-C., Iversen, W., & Willmes, K. (2004). Notational modulation of SNARC and the MARC (linguistic markedness of response codes) effect. *Quarterly Journal of Experimental Psychology*, **57A**, 835-863.

Olson, G. M., & Laxar, K. (1973). Asymmetries in processing the terms "right" and "left". *Journal of Experimental Psychology*, **100**, 284-290.

Olson, G. M., & Laxar, K. (1974). Processing the terms right and left: A note on left-handers. *Journal of Experimental Psychology*, **102**, 1135-1137.

Pellicano, A., Lugli, L., Baroni, G., & Nicoletti, R. (2009). The Simon effect with conventional signals: A time-course analysis. *Experimental Psychology*, **56**, 219-227.

Praamstra, P. (2007). Do's and don'ts with lateralized event-related brain potentials. *Journal of Experimental Psychology: Human Perception and Performance*, **33**, 497-502.

Proctor, R. W., & Cho, Y. S. (2001). The up-right/down-left advantage occurs for both participant- and computer-paced conditions: An empirical observation on Adam, Boon, Paas, and Umilta (1998). *Journal of Experimental Psychology: Human Perception and Performance*, **27**, 466-471.

Proctor, R. W., & Cho, Y. S. (2003). Effects of response eccentricity and relative position on orthogonal stimulus-response compatibility with joystick and keypress responses. *Quarterly Journal of Experimental Psychology*, **56A**, 309-327.

Proctor, R. W., & Cho, Y. S. (2006). Polarity correspondence: A general principle for performance of speeded binary classification tasks. *Psychological Bulletin*, **132**, 416-442.

Proctor, R. W., Koch, I., & Vu, K.-P. L. (2006). Effects of precuing horizontal and vertical dimensions on right-left prevalence. *Memory & Cognition*, **34**, 949-958.

Proctor, R. W., Koch, I., Vu, K.-P. L., & Yamaguchi, M. (2008). Influence of display type and cue format on task-cuing effects: Dissociating switch cost and right-left prevalence effects. *Memory & Cognition*, **36**, 998-1012.

Proctor, R. W., Miles, J. D., & Baroni, G. (2011). Reaction time distribution analysis of spatial correspondence effects. *Psychonomic Bulletin & Review*, **18**, 242-266.

Proctor, R. W., Pick, D. F., Vu, K.-P. L., & Anderson, R. E. (2005). The enhanced Simon effect for older adults is reduced when the irrelevant location information is conveyed by an accessory stimulus. *Acta Psychologica*, **119**, 21-40.

Proctor, R. W., & Shao, C. (2010). Does the contribution of stimulus-hand correspondence to the auditory Simon effect increase with practice? *Experimental Brain Research*, **204**, 131-137.

Proctor, R. W., & Vu, K.-P. L. (2006). *Stimulus-response compatibility principles: Data, theory, and application*. Boca Raton: CRC Press.

Proctor, R. W., & Vu, K.-P. L. (2010). Stimulus-response compatibility for mixed mappings and tasks with unique responses. *Quarterly Journal of Experimental Psychology*, **63**, 320-340.

Proctor, R. W., Vu, K.-P. L., & Marble, J. G. (2003). Mixing location-relevant and irrelevant tasks: Spatial compatibility effects eliminated by stimuli that share the same spatial codes. *Visual Cognition*, **10**, 15-50.

Proctor, R. W., Vu, K.-P. L., & Nicoletti, R. (2003). Does right-left prevalence occur for the Simon effect? *Perception & Psychophysics*, **65**, 1318-1329.

Proctor, R. W., Wang, H., & Vu, K.-P. L. (2002). Influences of different combinations of conceptual, perceptual, and structural similarity on stimulus-response compatibility. *Quarterly Journal of Experimental Psychology*, **55A**, 59-74.

Proctor, R. W., & Xiong, A. (2015). Polarity correspondence as a general compatibility principle. *Current Directions in Psychological Science*, **24**, 446-451.

Ratcliff, R. (1979). Group reaction time distributions and an analysis of distribution statistics. *Psychological Bulletin*, **86**, 446-461.

Reynvoet, B., & Brysbaert, M. (1999). Single-digit and two-digit Arabic numerals address the same semantic number line. *Cognition*, **72**, 191-201.

Ridderinkhof, K. R. (2002). Activation and suppression in conflict tasks: empirical clarification through distributional analyses. In W. Prinz & B. Hommel (Eds.), *Attention and performance XIX: Common mechanisms in perception and action* (pp. 494-519). Oxford: Oxford University Press.

Riggio, L., Iani, C., Gherri, E., Benatti, F., Rubichi, S., & Nicoletti, R. (2008). The role of attention in the occurrence of the affordance effect. *Acta Psychologica*, **127**, 449-458.

Roswarski, T. E., & Proctor, R. W. (2003). Intrahemispherical activation, visuomotor transmission, and the Simon effect: Comment on Wascher et al. (2001). *Journal of Experimental Psychology: Human Perception and Performance*, **29**, 152-158.

Rothermund, K., & Wentura, D. (2004). Underlying processes in the implicit association test: Dissociating salience from associations. *Journal of Experimental Psychology: General*, **133**, 139-165.

Rubichi, S., Gherri, E., Nicoletti, R., & Umiltà, C. (2005). Modulation of the vertical Simon effect in two-dimensional tasks: The effect of learning. *European Journal of Cognitive Psychology*, **17**, 686-694.

Rubichi, S., Nicoletti, R., Iani, C., & Umiltà, C. (1997). The Simon effect occurs relative to the direction of an attention shift. *Journal of Experimental Psychology: Human Perception and*

Performance, 23, 1353-1364.

Rubichi, S., Nicoletti, R., Pelosi, A., & Umiltà, C. (2004). Right-left prevalence effect with horizontal and vertical effectors. *Perception & Psychophysics, 66*, 255-263.

Rubichi, S., Nicoletti, R., & Umiltà, C. (2005). Right-left prevalence with task-irrelevant spatial codes. *Psychological Research, 69*, 167-178.

Rubichi, S., & Pellicano, A. (2004). Does the Simon effect affect movement execution? *European Journal of Cognitive Psychology, 16*, 825-840.

Rubichi, S., Vu, K.-P. L., Nicoletti, R., & Proctor, R. W. (2006). Spatial coding in two dimensions. *Psychonomic Bulletin & Review, 13*, 201-216.

Rusconi, E., Kwan, B., Giordano, B. L., Umiltà, C., & Butterworth, B. (2006). Spatial representation of pitch height: the SMARC effect. *Cognition, 99*, 113-129.

Salzer, Y., Aisenberg, D., Oron-Gilad, T., & Henik, A. (2014). In touch with the Simon effect. *Experimental Psychology, 61*, 165-179.

Saneyoshi, A., & Michimata, C. (2009). Lateralized effects of categorical and coordinate spatial processing of component parts on the recognition of 3D non-nameable objects. *Brain and Cognition, 71*, 181-186.

Santiago, J., & Lakens, D. (2015). Can conceptual congruency effects between number, time, and space be accounted for by polarity correspondence? *Acta Psychologica, 156*, 179-191.

Santiago, J., Lupiáñez, J., Pérez, E., & Funes, M. J. (2007). Time (also) flies from left to right. *Psychonomic Bulletin & Review, 14*, 512-516.

Seymour, P. H. K. (1973). Judgments of verticality and response availability. *Bulletin of the Psychonomic Society, 1*, 196-198.

Simon, J. R. (1969). Reactions toward the source of stimulation. *Journal of Experimental Psychology, 81*, 174-176.

Simon, J. R., Acosta, E., Mewaldt, S. P., & Speidel, C. R. (1976). The effect of an irrelevant directional cue on choice reaction time: Duration of the phenomenon and its relation to stages of processing. *Perception & Psychophysics, 19*, 16-22.

Stürmer, B., Leuthold, H., Soetens, E., Schröter, H., & Sommer, W. (2002). Control over location-based response activation in the Simon task: Behavioral and electrophysiological evidence. *Journal of Experimental Psychology: Human Perception and Performance, 28*, 1345-1363.

Tsai, J. C.-C., Knoblich, G., & Sebanz, N. (2011). On the inclusion of externally controlled actions in action planning. *Journal of Experimental Psychology: Human Perception and Performance, 37*, 1407-1419.

Umiltà, C. (1991). Problems of the salient-features coding hypothesis: Comment on Weeks and Proctor. *Journal of Experimental Psychology: General, 120*, 83-86.

Valle-Inclán, F. (1996). The locus of interference in the Simon effect: an ERP study. *Biological Psychology, 43*, 147-162.

Valle-Inclán, F., & Redondo, M. (1998). On the automaticity of ipsilateral response activation in the Simon effect. *Psychophysiology, 35*, 366-371.

Vallesi, A., Mapelli, D., Schiff, S., Amodio, P., & Umiltà, C. (2005). Horizontal and vertical Simon effect: different underlying mechanisms? *Cognition, 96*, B33-B43.

Vallesi, A., & Umiltà, C. A. (2009). Decay of stimulus spatial code in horizontal and vertical Simon tasks. *Journal of General Psychology, 136*, 350-373.

Vu, K.-P. L., Minakata, K., & Ngo, M. K. (2014). Influence of auditory and audiovisual stimuli on the right-left prevalence effect. *Psychological Research*, **78**, 400–410.

Vu, K.-P. L., Pellicano, A., & Proctor, R. W. (2005). No overall right-left prevalence for horizontal and vertical Simon effects. *Perception & Psychophysics*, **67**, 929–938.

Vu, K.-P. L., & Proctor, R. W. (2001). Determinants of right-left and top-bottom prevalence for two-dimensional spatial compatibility. *Journal of Experimental Psychology: Human Perception and Performance*, **27**, 813–828.

Vu, K.-P. L., & Proctor, R. W. (2002). The prevalence effect in two-dimensional stimulus-response compatibility is a function of the relative salience of the dimensions. *Perception & Psychophysics*, **64**, 815–828.

Vu, K.-P. L., Proctor, R. W., & Pick, D. F. (2000). Vertical versus horizontal spatial compatibility: Right-left prevalence with bimanual responses. *Psychological Research*, **64**, 25–40.

Wallace, R. J. (1971). S-R compatibility and the idea of a response code. *Journal of Experimental Psychology*, **88**, 354–360.

Wallace, R. J. (1972). Spatial S-R compatibility effects involving kinesthetic cues. *Journal of Experimental Psychology*, **93**, 163–168.

Walsh, V. (2003). A theory of magnitude: common cortical metrics of time, space and quantity. *Trends in Cognitive Sciences*, **7**, 483–488.

Wascher, E., Schatz, U., Kuder, T., & Verleger, R. (2001). Validity and boundary conditions of automatic response activation in the Simon task. *Journal of Experimental Psychology: Human Perception and Performance*, **27**, 731–751.

Weeks, D. J., & Proctor, R. W. (1990). Salient-features coding in the translation between orthogonal stimulus and response dimensions. *Journal of Experimental Psychology: General*, **119**, 355–366.

Weeks, D. J., Proctor, R. W., & Beyak, B. (1995). Stimulus-response compatibility for vertically oriented stimuli and horizontally oriented responses: Evidence for spatial coding. *Quarterly Journal of Experimental Psychology*, **48A**, 367–383.

Wiegand, K., & Wascher, E. (2005). Dynamic aspects of stimulus-response correspondence: Evidence for two mechanisms involved in the Simon effect. *Journal of Experimental Psychology: Human Perception and Performance*, **31**, 453–464.

Wiegand, K., & Wascher, E. (2007a). Response coding in the Simon task. *Psychological Research*, **71**, 401–410.

Wiegand, K., & Wascher, E. (2007b). The Simon effect for vertical S-R relations: Changing the mechanism by randomly varying the S-R mapping rule? *Psychological Research*, **71**, 219–233.

Wood, G., Willmes, K., Nuerk, H.-C., & Fischer, M. H. (2008). On the cognitive link between space and number: a meta-analysis of the SNARC effect. *Psychology Science Quarterly*, **50**, 489–525.

Worringham, C. J., & Kerr, G. K. (2000). Proprioception and stimulus-response compatibility. *Quarterly Journal of Experimental Psychology*, **53A**, 69–83.

Wühr, P., & Biebl, R. (2011). The role of working memory in spatial S-R correspondence effects. *Journal of Experimental Psychology: Human Perception and Performance*, **37**, 442–454.

Wühr, P., & Müsseler, J. (2002). Blindness to response-compatible stimuli in the psychological refractory period paradigm. *Visual Cognition*, **9**, 421–457.

Zhang, J., & Kornblum, S. (1997). Distributional analysis and De Jong, Liang, and Lauber's (1994) dual-process model of the Simon effect. *Journal of Experimental Psychology: Human Perception and Performance*, **23**, 1543–1551.

第 4 章

Bernier, P. M., Burle, B., Vidal, F., Hasbroucq, T., & Blouin, J. (2009). Direct evidence for cortical suppression of somatosensory afferents during visuomotor adaptation. *Cerebral Cortex*, **19**, 2106-2113.

Clower, D. M., Hoffman, J. M., Votaw, J. R., Faber, T. L., Woods, R. P., & Alexander, G. R. (1996). Role of posterior parietal cortex in the recalibration of visually guided reaching. *Nature*, **383**, 618-621.

Dolezal, H. (1982). *Living in a world transformed: Perceptual and performatory adaptation to visual distortion*. New York: Academic Press.

Ewert, P. H. A. (1930). A study of the effect of inverted retinal stimulation upon spatially coordinated behavior. *Genetic Psychology Monograph*, **7**, 177-363.

Galati, G., Committeri, G., Sanes, J. N., & Pizzamiglio, L. (2001). Spatial coding of visual and somatic sensory information in body-centred coordinates. *European Journal of Neuroscience*, **14**, 737-46.

Galea, J. M., Vazquez, A., Pasricha, N., de Xivry, J. J., & Celnik, P. (2011). Dissociating the roles of the cerebellum and motor cortex during adaptive learning: the motor cortex retains what the cerebellum learns. *Cereberal Cortex*, **21**, 1761-1770.

Gonshor, A., & Melvill Jones, G. M. (1976). Extreme vestibulo-ocular adaptation in- duced by prolonged optical reversal of vision. *The Journal of Physiology*, **256**, 381-414.

Grafton, S. T., Hazeltine, E., & Ivry, R. (1995). Functional mapping of sequence learning in normal humans. *Journal of Cognitive Neuroscience*, **7**, 497-510.

Hadipour-Niktarash, A., Lee, C. K., Desmond, J. E., & Shadmehr, R. (2007). Impairment of retention but not acquisition of a visuomotor skill through time-dependent disruption of primary motor cortex. *Journal of Neuroscience*, **27.**, 13413-13419.

Harris, C. S. (1963). Adaptation to displaced vision. Visual, motor, or proprioceptive change? *Science*, **140**, 812-813.

Harris, C. S. (1965). Perceptual adaptation to inverted, reversed, and displaced vision. *Psychological Review*, **72**, 419-444.

Harris, C. S. (1980). Insight or out of sight?: Two examples of perceptual plasticity in the human adult. In C. S. Harris (Ed.), *Visual coding and adaptability*. Hillsdale, NJ: Lawrence Erlbaum Associates. pp. 95-140.

Hatada, Y., Miall, R. C., & Rossetti, Y. (2006). Two waves of a long-lasting aftereffect of prism adaptation measured over 7 days. *Experimental Brain Research*, **169**, 417-426.

Hay, J. C., Pick Jr., H. L., & Ikeda, K. (1965). Visual capture produced by prism spectacles. *Psychonomic Science*, **2**, 215-216.

Hay, J. C., & Pick Jr., H. L. (1966). Visual and proprioceptive adaptation to optical displacement of the visual stimulus. *Journal of Experimental Psychology*, **71**, 150-158.

Held, R. (1961). Exposure-history as a factor in maintaining stability of perception and coordination. *Journal of Nervous and Mental Disease*, **132**, 26-32.

Held, R., & Freeman, S. J. (1963). Plasticity in human sensorimotor control. *Science*, **142**, 455-462.

Held, R., & Hein, A. (1958). Adaption to disarranged hand-eye coordination contingent upon reafferent stimulation. *Perceptual and Motor Skills*, **8**, 87-90.

Helmholtz, H. von (1867). (Trs. & Ed. By J. P. C. Southall, 1925) *Treatise on physiological optics. Vol. 3. The perception of vision*. Rochester, New York: The Optic Society of America. (Reprinted in

1962, New York: Dover.)

Imamizu, H., Miyauchi, S., Tamada, T., Sasaki, Y., Takino, R., Pütz, B., Yoshioka, T., & Kawato, M. (2000). Human cerebellar activity reflecting an acquired internal model of a new tool. *Nature*, **403**, 192-195.

Inoue, K., Kawashima, R., Satoh, K., Kinomura, S., Sugiura, M., Goto, R., Ito, M., & Fukuda, H. (2000). A PET study of visuomotor learning under optical rotation. *Neuroimage*, **11**, 505-516.

Inoue, M., Uchimura, M., Karibe, A., O'Shea, J., Rossetti,Y., & Kitazawa, S. (2015). Three timescales in prism adaptation. *Journal of Neurophysiology*, **113**, 328-338.

Kaufman, L. (1974). *Sight and mind: an introduction to visual perception*. New York: Oxford University Press.

Kim, S., Ogawa, K., Lv, J., Schweighofer, N., & Imamizu, H. (2015). Neural substrates related to motor memory with multiple timescales in sensorimotor adaptation. *PLoS Biology*, **13**: e1002312.

Kitazawa, S., Kimura, T., & Uka, T. (1997). Prism adaptation of reaching movements: specificity for the velocity of reaching. *Journal of Neuroscience*, **17**, 1481-1492.

Kohler, I. (1951). (Trans. by H. Fiss, 1964) The formation and transformation of the perceptual world. *Psychological Issues*, **3**, 1-133.

Landi, S. M., Baguear, F., & Della-Maggiore, V. (2011). One week of motor adaptation induces structural changes in primary motor cortex that predict long-term memory one year later. *Journal of Neuroscience*, **31**, 11808-11813.

Leslie, K. R., Johnson-Frey, S. H., & Grafton, S. T. (2004). Functional imaging of face and hand imitation: towards a motor theory of empathy. *Neuroimage*, **21**(2), 601-607.

Linden, D. E., Kallenbach, U., Heinecke, A., Singer, W., & Goebel, R. (1999). The myth of upright vision. A psychophysical and functional imaging study of adaptation to inverting spectacles. *Perception*, **28**, 469-481.

牧野達郎 (1963). 逆転視野の知覚　人文研究 (大阪市立大学), **14**, 157-171.

Michel, C. (2016). Beyond the Sensorimotor Plasticity: Cognitive Expansion of Prism Adaptation in Healthy Individuals. *Frontiers in Psychology*, **6**: 1979.

Michel, C., Pisella, L., Prablanc, C., Rode, G., & Rossetti, Y. (2007). Enhancing visuomotor adaptation by reducing error signals: single-step (aware) versus multiple-step (unaware) exposure to wedge prisms. *Journal of Cognitive Neuroscience*, **19**, 341-350.

Miyauchi, S., Egusa, H., Amagase, M., Sekiyama, K., Imaruoka, T., & Tashiro, T. (2004). Adaptation to left-right reversed vision rapidly activates ipsilateral visual cortex in humans. *Journal of Physiology Paris*, **98**, 207-219.

大倉正暉 (1989). 反転視による視覚運動協応妨害効果の異方性と自己中心的方向の知覚　人間科学年報 (甲南女子大学), **14**, 71-89.

Redding, G. M., Rossetti, Y., & Wallace, B. (2005). Applications of prism adaptation: A tutorial in theory and method. *Neuroscience and Biobehavioral Reviews*, **29**, 431-444.

Redding, G. M., & Wallace, B. (2006). Generalization of prism adaptation. *Journal of Experimental Psychology: Human Perception and Performance*, **32**, 1006-1022.

Redding, G. M., & Wallace, B. (2009). Asymmetric visual prism adaptation and inter-manual transfer. *Journal of Motor Behavior*, **41**, 83-94.

Richter, H., Magnusson, S., Imamura, K., Fredrikson, M., Okura, M., Watanabe, Y., & Långström, B. (2002). Long-term adaptation to prism-induced inversion of the retinal images. *Experimental*

Brain Research, **144**, 445-457.

Rizzolatti, G., & Arbib, M. A. (1998). Language within our grasp. *Trends Neurosci*, **21**(5), 188-194.

Rossetti, Y., Rode, G., Pisella, L., Farne, A., Li, L., Boisson, D., & Perenin, M.-T., (1998). Prism adaptation to a rightward optical deviation rehabilitates left hemispatial neglect. *Nature*, **395**, 166-169.

Rossetti, Y., Kitazawa, S., & Nijboer, T. (2019). Prism adaptation: From rehabilitation to neural bases, and back. *Cortex*, **111**, A1-A6.

積山薫 (1987). 左右反転眼鏡の世界―ボディ・イメージからの接近― ユニオン・プレス

積山薫 (1997). 身体表象と空間認知 ナカニシヤ出版

積山薫 (2005). 視覚運動協応と視空間知覚の可塑性 科学研究費補助金（基盤研究(B)14390042）研究成果報告書

Sekiyama, K., Hashimoto, K., & Sugita, Y. (2012). Visuo-somatosensory reorganization in perceptual adaptation to reversed vision. *Acta Psychologica*, **141**, 231-242.

Sekiyama, K., Miyauchi, S., Imaruoka, T., Egusa, H., & Tashiro, T. (2000). Body image as a visuomotor transformation device revealed in adaptation to reversed vision. *Nature*, **407**, 374-377.

Smith, K. U. & Smith, W. K. (1962). *Perception and motion*. Philadelphia: Saunders.

Snyder, F. W. & Pronko, N. H (1952). *Vision with spatial inversion*. Wichita: University of Wichita Press.

Stratton, G. M. (1896). Some preliminary experiments on vision without inversion of the retinal image. *Psychological Review*, **3**, 611-617.

Stratton, G. M., (1897). Vision without inversion of the retinal image. *Psychological Review*, **4**, 341-360; 463-481.

Sugita, Y. (1996). Global plasticity in adult visual cortex following reversal of visual input. *Nature*, **380**, 523-526.

高田洋一 (1989). 空間定位における感覚様相間の相互依存―反転視野の順応の研究― 昭和62年度大阪市立大学文学部卒業論文

太城敬良・大倉正暉・吉村浩一・雨宮俊彦・積山薫・江草浩幸・筑田昌一・野津直樹 (1984). 上下反転眼鏡実験―基礎資料集― ユニオンプレス

Tsakiris, M. (2010). My body in the brain: a neurocognitive model of body-ownership. *Neuropsychologia*, **48**, 703-712.

吉村浩一 (1997). 3つの逆さめがね（改訂版） ナカニシヤ出版

Yoshimura, H., & Ohkura, M. (1983). Effects of up-down reversed vision and left-right reversed vision on walking tasks. *Psychologia*, **26**, 159-166.

Welch, R. B. (1978). *Perceptual Modification: Adapting to Altered Sensory Environments*. New York: Academic Press.

Welch, R. B. (1986). Adaptation of space perception, in: Boff, K. R., Kaufman, L., Thomas, J. R. (Eds.), *Handbook of Perception and Human Performance Sensory Processes and Perception*, vol. 1. New York: Wiley, pp. 24.1-24.45.

第5章

Alais, D., Newell, F. N., & Mamassian, P. (2010). Multisensory processing in review: from physiology to behaviour. *Seeing and Perceiving*, **23**, 3-38.

Angelaki, D. E., & Cullen, K. E. (2008). Vestibular system: the many facets of a multimodal sense.

Annual Review of Neuroscience, **31**, 125-150.

Angelaki, D. E., Gu, Y., & DeAngelis, G. C. (2009). Multisensory integration: psychophysics, neurophysiology, and computation. *Current Opinion in Neurobiology*, **19**, 452-458.

Armel, K. C., & Ramachandran, V. S. (2003). Projecting sensations to external objects: evidence from skin conductance response. *Proceedings. Biological Sciences*, **270**, 1499-1506.

Arzy, S., Overney, L. S., Landis, T., & Blanke, O. (2006). Neural mechanisms of embodiment: asomatognosia due to premotor cortex damage. *Archives of Neurology*, **63**, 1022-1025.

Aspell, J. E., Lenggenhager, B., & Blanke, O. (2009). Keeping in touch with one's self: multisensory mechanisms of selfconsciousness. *PLoS One*, **4**, e6488.

Avillac, M., Ben Hamed, S., & Duhamel, J. R. (2007). Multisensory integration in the ventral intraparietal area of the macaque monkey. *Journal of Neuroscience*, **27**, 1922-1932.

Baier, B., & Karnath, H. O. (2008). Tight link between our sense of limb ownership and self-awareness of actions. *Stroke*, **39**, 486-488.

Banakou, D., Groten, R., & Slater, M. (2013). Illusory ownership of a virtual child body causes overestimation of object sizes and implicit attitude changes. *Proceedings of National Academy of Science U.S.A.*, **110**, 12846-12851.

Banakou, D. H, Hanumanthu P. D., & Slater, M. (2016). Virtual embodiment of white people in a black virtual body leads to a sustained reduction in their implicit racial bias. *Frontiers in Human Neuroscience*, 10: 601.

Banakou, D., Kishore, S. & Slater, M. (2018) Virtually Being Einstein Results in an Improvement in Cognitive Task Performance and a Decrease in Age Bias. *Frontiers in Psychology*, 9: 917.

Berti, A., Bottini, G., Gandola, M., Pia, L., Smania, N., Stracciari, A., ... Paulesu E. (2005). Shared cortical anatomy for motor awareness and motor control. *Science*, **309**, 488-491.

Blanke, O., & Metzinger, T. (2009). Full-body illusions and minimal phenomenal selfhood. *Trends in Cognitive Sciences*, **13**, 7-13.

Blanke, O., & Mohr, C. (2005). Out-of-body experience, heautoscopy, and autoscopic hallucination of neurological origin implications for neurocognitive mechanisms of corporeal awareness and self-consciousness. *Brain Research Reviews*, **50**, 184-199.

Bolognini, N., Ronchi, R., Casati, C., Fortis, P., & Vallar, G. (2014). Multisensory remission of somatoparaphrenic delusion: my hand is back! *Neurology: Clinical Practice*, **4**, 216-225.

Bottini, G., Bisiach, E., Sterzi, R., & Vallar, G. (2002). Feeling touches in someone else's hand. *Neuroreport*, **13**, 249-252.

Botvinick, M., & Cohen, J. (1998). Rubber hands "feel" touch that eyes see. *Nature*, **391**, 756.

Bremmer, F., Schlack, A., Shah, N. J., Zafiris, O., Kubischik, M., Hoffmann, K. P., Zilles, K., & Fink G. R. (2001). Polymodal motion processing in posterior parietal and premotor cortex: a human fMRI study strongly implies equivalencies between humans and monkeys. *Neuron*, **29**, 287-296.

Burgess, N. (2006). Spatial memory: how egocentric and allocentric combine. *Trends in Cognitive Sciences*, **10**, 551-557.

Chan, B. L., Witt, R., Charrow, A. P., Magee, A., Howard, R., Pasquina, P. F., Heilman, K. M., & Tsao J. W. (2007). Mirror therapy for phantom limb pain. *New England Journal of Medicine*, **357**, 2206-2207.

Costantini, M., & Haggard, P. (2007). The rubber hand illusion: sensitivity and reference frame for body ownership. *Consciousness and Cognition*, **16**, 229-240.

Critchley, M. (1953). *The parietal lobes*. London: Edward Arnold.

de Vignemont, F. (2011). Embodiment, ownership and disownership. *Consciousness and Cognition*, **20**, 82-93.

de Vignemont, F., Ehrsson, H. H., & Haggard, P. (2005). Bodily illusions modulate tactile perception. *Current Biology*, **15**, 1286-1290.

Doehrmann, O. & Naumer, M. J. (2008). Semantics and the multisensory brain: how meaning modulates processes of audio-visual integration. *Brain Research*, **1242**, 136-150.

Dummer, T., Picot-Annand, A., Neal, T., & Moore, C. (2009). Movement and the rubber hand illusion. *Perception*, **38**, 271-280.

Durgin, F. H., Evans, L., Dunphy, N., Klostermann, S., & Simmons, K. (2007). Rubber hands feel the touch of light. *Psychological Science*, **18**, 152-157.

Ehrsson, H. H. (2007). The experimental induction of out-of-body experiences. *Science*, **317**, 1048.

Ehrsson, H. H. (2009). How many arms make a pair? Perceptual illusion of having an additional limb. *Perception*, **38**, 310-312.

Ehrsson, H. H. (2012). The Concept of Body Ownership and its Relation to Multisensory Integration. In B. Stein (Ed.). *The Handbook of Multisensory Processes* (pp. 775-792). Boston: MIT Press.

Ehrsson, H. H., Kito, T., Sadato, N., Passingham, R. E., & Naito, E. (2005). Neural substrate of body size: illusory feeling of shrinking of the waist. *PLoS Biology*, 3: e412.

Ehrsson, H. H., Rosen, B., Stockselius, A., Ragno, C., Kohler, P., & Lundborg, G. (2008). Upper limb amputees can be induced to experience a rubber hand as their own. *Brain*, **131**, 3443-3452.

Ehrsson, H. H., Spence, C., & Passingham, R. E. (2004). That's my hand! Activity in premotor cortex reflects feeling of ownership of a limb. *Science*, **305**, 875-877.

Ehrsson, H. H., Weich, K., Weiskopf, N., Dolan, R. J., & Passingham, R. E. (2007). Threatening a rubber hand that you feel is yours elicits a cortical anxiety response. *Proceedings of the National Academy of Sciences of the United States of America*, **104**, 9828-9833.

Farmer, H., Maister, L., & Tsakiris, M. (2014). Change my body, change my mind: the effects of illusory ownership of an outgroup hand on implicit attitudes toward that outgroup. *Frontiers in Psychology*, 4: 1016.

Feinberg, T. E., Venneri, A., Simone, A. M., Fan, Y., & Northoff, G. (2010). The neuroanatomy of asomatognosia and somatoparaphrenia. *Journal of Neurology, Neurosurgery, and Psychiatry*, **81**, 276-281.

Fogassi, L., Gallese, V., Fadiga, L., Luppino, G., Matelli, M., & Rizzolatti, G. (1996). Coding of peripersonal space in inferior premotor cortex (area F4). *Journal of Neurophysiology*, **76**, 141-157.

Folegatti, A., de Vignemont, F., Pavani, F., Rossetti, Y., & Farne, A. (2009). Losing one's hand: visual-proprioceptive conflict affects touch perception. *PLoS One*, **4**, e6920.

Gallagher, I. I. (2000). Philosophical conceptions of the self: implications for cognitive science. *Trends in Cognitive Sciences*, **4**, 14-21.

Gentilucci, M., Scandolara, C., Pigarev, I. N., & Rizzolatti, G. (1983). Visual responses in the postarcuate cortex (area 6) of the monkey that are independent of eye position. *Experimental Brain Research*, **50**, 464-468.

Goodwin, G. M., McCloskey, D. I., & Matthews, P. B. C. (1972). Proprioceptive illusions induced by muscle vibration: contribution by muscle spindles to perception? *Science*, **175**, 1382-1384.

Graziano, M. S. (1999). Where is my arm? The relative role of vision and proprioception in the neuronal representation of limb position. *Proceedings of the National Academy of Sciences of the United States of America*, **96**, 10418-10421.

Graziano, M. S., & Botvinick, M. (2002). How the brain represents the body: insights from neurophysiology and psychology. In W. Prinz & B. Hommel (Eds.), *Common mechanisms in perception and action: Attention and Performance XIX* (pp. 136-157). Oxford: Oxford University Press.

Graziano, M. S., & Cooke, D. F. (2006). Parieto-frontal interactions, personal space, and defensive behavior. *Neuropsychologia*, **44**, 2621-2635.

Graziano, M. S., Cooke, D. F., & Taylor, C. S. (2000). Coding the location of the arm by sight. *Science*, **290**, 1782-1786.

Graziano, M. S., & Gandhi, S. (2000). Location of the polysensory zone in the precentral gyrus of anesthetized monkeys. *Experimental Brain Research*, **135**, 259-266.

Graziano, M. S., Gross, C. G., Taylor, C. S. R., & Moore, T. (2004). A system of multimodal areas in the primate brain. In C. Spence & J. Driver (Eds.), *Crossmodal space and crossmodal attention* (pp. 51-67). Oxford: Oxford University Press.

Graziano, M. S., Hu, X. T., & Gross, C. G. (1997). Visuospatial properties of ventral premotor cortex. *Journal of Neurophysiology*, **77**, 2268-2292.

Graziano, M. S., Yap, G. S., & Gross, C. G. (1994). Coding of visual space by premotor neurons. *Science*, **266**, 1054-1057.

Guterstam, A., Petkova, V. I., & Ehrsson, H. H. (2011). The illusion of owning a third arm. *PLoS ONE*, **6**, e17208.

Haans, A., Ijsselsteijn, W. A., & de Kort, Y. A. W. (2008). The effect of similarities in skin texture and hand shape on perceived ownership of a fake limb. *Body Image*, **5**, 389-394.

Hagura, N., Takei, T., Hirose, S., Aramaki, Y., Matsumura, M., Sadato, N., & Naito E. (2007). Activity in the posterior parietal cortex mediates visual dominance over kinesthesia. *Journal of Neuroscience*, **27**, 7047-7053.

Heed, T., Gründler, M., Rinkleib, J., Rudzik, F. H., Collins, T., Cooke, E., & O'Regan J. K. (2011). Visual information and rubber hand embodiment differentially affect reach-to-grasp actions. *Acta Psychologica*, **138**, 263-271.

Hohwy, J. & Paton, B. (2010). Explaining away the body: experiences of supernaturally caused touch and touch on non-hand objects within the rubber hand illusion. *PLoS ONE*, **5**, e9416.

Holle, H., McLatchie, N., Maurer, S., & Ward, J. (2011). Proprioceptive drift without illusions of ownership for rotated hands in the "rubber hand illusion" paradigm. *Cognitive Neuroscience*, **2**, 171-178.

Holmes, N. P., & Spence, C. (2005). Multisensory integration: space, time and superadditivity. *Current Biology*, **15**, R762-R764.

Ide, M. (2013). The effect of "anatomical plausibility" of hand angle on the rubber-hand illusion. *Perception*, **42**, 103-111.

Iwamura, Y. (1998). Hierarchical somatosensory processing. *Current Opinion in Neurobiology*, **8**, 522-528.

James, W. (1890). *The principles of psychology*. Cambridge, MA: Havard University Press.

Jenkinson, P. M., Haggard, P., Ferreira, N. C., & Fotopoulou, A. (2013). Body ownership and attention in the mirror: Insights from somatoparaphrenia and the rubber hand illusion. *Neuropsychologia*, **51**, 1453-1462.

Kalckert, A. & Ehrsson, H. H. (2012). Moving a rubber hand that feels like your own: a dissociation of ownership and agency. *Frontiers in Human Neuroscience*, 6: 40.

Kalckert, A. & Ehrsson, H. H. (2014). The spatial distance rule in the moving and classical rubber hand illusions. *Consciousness and Cognition*, **30C**, 118-132.

Kammers, M. P. M., Longo, M. R., Tsakiris, M., Dijkerman, H. C. & Haggard, P. (2009). Specificity and coherence of body representations. *Perception*, **38**, 1804-1820.

金谷翔子・石渡貴大・横澤一彦（2011）．自己による触刺激がラバーハンド錯覚に与える影響．基礎心理学研究，**30**, 11-18.

Kanaya, S., Matsushima, Y., & Yokosawa, K. (2012). Does Seeing Ice Really Feel Cold? Visual-Thermal Interaction under an Illusory Body-Ownership, *PLoS ONE*, **7**(11), e47293.

Karnath, H. O., Baier, B., & Nagele, T. (2005). Awareness of the functioning of one's own limbs mediated by the insular cortex? *Journal of Neuroscience*, **25**, 7134-7138.

Kennett, S., Taylor-Clarke, M., & Haggard, P. (2001). Noninformative vision improves the spatial resolution of touch in humans. *Current Biology*, **11**, 1188-1191.

Kilteni, K., Maselli, A., Kording, K. P., & Slater, M. (2015). Over my fake body: body ownership illusions for studying the multisensory basis of own-body perception. *Frontiers in Human Neuroscience*, 9: 141.

Kilteni, K., Normand, J.-M., Sanchez-Vives, M. V. & Slater, M. (2012). Extending body space in immersive virtual reality: a very long arm illusion. *PLoS ONE*, **7**, e40867.

Lackner, J. R. (1988). Some proprioceptive influences on the perceptual representation of body shape and orientation. *Brain*, **111**, 281-297.

Ladavas, E., di Pellegrino, G., Farne, A., & Zeloni, G. (1998). Neuropsychological evidence of an integrated visuotactile representation of peripersonal space in humans. *Journal of Cognitive Neuroscience*, **10**, 581-589.

Lenggenhager, B., Mouthon, M., & Blanke, O. (2009). Spatial aspects of bodily self-consciousness. *Consciousness and Cognition*, **18**, 110-117.

Lenggenhager, B., Tadi, T., Metzinger, T., & Blanke, O. (2007). Video ergo sum: manipulating bodily self-consciousness. *Science*, **317**, 1096-1099.

Limanowski, J., Lutti, A., & Blankenburg, F. (2013). The extrastriate body area is involved in illusory limb ownership. *Neuroimage*, **86**, 514-524.

Linkenauger, S. A., Leyrer, M., Bülthoff, H. H. & Mohler, B. J. (2013). Welcome to wonderland: the influence of the size and shape of a virtual hand on the perceived size and shape of virtual objects. *PLoS ONE*, **8**, e68594.

Llobera, J., Sanchez-Vives, M. V. & Slater, M. (2013). The relationship between virtual body ownership and temperature sensitivity. *Journal of the Royal Society Interface*, 10: 20130300.

Lloyd, D. M. (2007). Spatial limits on referred touch to an alien limb may reflect boundaries of visuo-tactile peripersonal space surrounding the hand. *Brain and Cognition*, **64**, 104-109.

Lloyd, D., Morrison, I., & Roberts, N. (2006). Role for human posterior parietal cortex in visual processing of aversive objects in peripersonal space. *Journal of Neurophysiology*, **95**, 205-214.

Lloyd, D. M., Shore, D. I., Spence, C., & Calvert, G. A. (2003). Multisensory representation of limb position in human premotor cortex. *Nature Neuroscience*, **6**, 17-18.

Longo, M. R., Betti, V., Aglioti, S. M., & Haggard, P. (2009). Visually induced analgesia: seeing the body reduces pain. *Journal of Neuroscience*, **29**, 12125-12130.

Longo, M. R., Cardozo, S., & Haggard, P. (2008). Visual enhancement of touch and the bodily self. *Consciousness and Cognition*, **17**, 1181-1191.

Longo, M. R., Schüür, F., Kammers, M. P. M., Tsakiris, M. & Haggard, P. (2008b). What is embodiment? A psychometric approach. *Cognition*, **107**, 978-998.

Lundborg, G., & Rosen, B. (2001). Sensory substitution in prosthetics. *Hand Clinics*, **17**, 481-488.

Maguire, E. A., Burgess, N., Donnett, J. G., Frackowiak, R. S., Frith, C. D., & O'Keefe, J. (1998). Knowing where and getting there: a human navigation network. *Science*, **280**, 921-924.

Maister, L., Slater, M., Sanchez-Vives, M. V., & Tsakiris, M. (2015). Changing bodies changes minds: owning another body affects social cognition. *Trends in Cognitive Science*, **19**, 6-12.

Makin, T. R., Holmes, N. P., & Ehrsson, H. H. (2008). On the other hand: dummy hands and peripersonal space. *Behavioural Brain Research*, **191**, 1-10.

Makin, T. R., Holmes, N. P., & Zohary, E. (2007). Is that near my hand? Multisensory representation of peripersonal space in human intraparietal sulcus. *Journal of Neuroscience*, **27**, 731-740.

Maselli, A. & Slater, M. (2013). The building blocks of the full body ownership illusion. *Frontiers in Human Neuroscience*, 7: 83.

Maselli, A. & Slater, M. (2014). Sliding perspectives: dissociating ownership from self-location during full body illusions in virtual reality. *Frontiers in Human Neuroscience*, 8: 693.

Moliné, A., Gálvez-García, G., Fernández-Gómez, J., De la Fuente, J., Iborra, O., Tornay, F., Mata Martín, J. L., Puertollano, M., & Gómez Milán, E. (2017). The Pinocchio effect and the cold stress test: lies and thermography. *Psychophysiology*, **54**, 1621-1631.

Moseley, G. L., Gallace, A., & Spence, C. (2008). Is mirror therapy all it is cracked up to be? Current evidence and future directions. *Pain*, **138**, 7-10.

Moseley, G. L., Olthof, N., Venema, A., Don, S., Wijers, M., Gallace, A., & Spence, C. (2008). Psychologically induced cooling of a specific body part caused by the illusory ownership of an artificial counterpart. *Proceedings of the National Academy of Sciences of the United States of America*, **105**, 13169-13173.

Nakashita, S., Saito, D. N., Kochiyama, T., Honda, M., Tanabe, H. C., & Sadato, N. (2008). Tactile-visual integration in the posterior parietal cortex: a functional magnetic resonance imaging study. *Brain Research Bulletin*, **75**, 513-525.

Osimo, S. A., Pizarro, R., Spanlang, B., & Slater, M. (2015). Conversations between self and self as Sigmund Freud—a virtual body ownership paradigm for self counselling. *Scientific Reports*, 5: 13899.

Pavani, F., Spence, C., & Driver, J. (2000). Visual capture of touch: out-of-the-body experiences with rubber gloves. *Psychological Science*, **11**, 353-359.

Pavani, F. & Zampini, M. (2007). The role of hand size in the fake-hand illusion paradigm. *Perception*, **36**, 1547-1554.

Peck, T. C., Seinfeld, S., Aglioti, S. M., & Slater, M. (2013). Putting yourself in the skin of a black avatar reduces implicit racial bias. *Consciousness & Cognition*, **22**, 779-787.

Petkova, V. I., & Ehrsson, H. H. (2008). If I were you: perceptual illusion of body swapping. *PLoS One*, **3**, e3832.

Petkova, V. I., & Ehrsson, H. H. (2009). When right feels left: referral of touch and ownership between the hands. *PLoS One*, **4**, e6933.

Petkova, V. I., Khoshnevis, M., & Ehrsson, H. H. (2011). The perspective matters! Multisensory integration in ego-centric reference frames determines full-body ownership. *Frontiers in Psychology*, **2**, 35. Epub 2011 Mar 7.

Pouget, A., Deneve, S., & Duhamel, J. R. (2002). A computational perspective on the neural basis of multisensory spatial representations. *Nature Reviews. Neuroscience*, **3**, 741-747.

Ramachandran, V. S., & Altschuler, E. L. (2009). The use of visual feedback, in particular mirror visual feedback, in restoring brain function. *Brain*, **132**, 1693-1710.

Ramachandran, V. S. & Hirstein, W. (1998). The perception of phantom limbs. *Brain*, **121**, 1603-1630.

Ramachandran, V. S., & Rogers-Ramachandran, D. (1996). Synaesthesia in phantom limbs induced with mirrors. *Proceedings. Biological Sciences*, **263**, 377-386.

Riemer, M., Fuchs, X., Bublatzky, F., Kleinböhl, D., Hölzl, R. & Trojan, J. (2014). The rubber hand illusion depends on a congruent mapping between real and artificial fingers. *Acta Psychologica*, **152**, 34-41.

Rizzolatti, G., Fogassi, L., & Gallese, V. (2002). Motor and cognitive functions of the ventral premotor cortex. *Current Opinion in Neurobiology*, **12**, 149-154.

Rizzolatti, G., Luppino, G., & Matelli, M. (1998). The organization of the cortical motor system: new concepts. *Electroencephalography and Clinical Neurophysiology*, **106**, 283-296.

Rizzolatti, G., Scandolara, C., Matelli, M., & Gentilucci, M. (1981). Afferent properties of periarcuate neurons in macaque monkeys. II. Visual responses. *Behavioural Brain Research*, **2**, 147-163.

Rosén, B., Ehrsson, H. H., Antfolk, C., Cipriani, C., Sebelius, F., & Lundborg, G. (2009). Referral of sensation to an advanced humanoid robotic hand prosthesis. *Scandinavian Journal of Plastic and Reconstructive Surgery and Hand Surgery*, **43**, 260-266.

Sereno, M. I., & Huang, R. S. (2006). A human parietal face area contains aligned head-centered visual and tactile maps. *Nature Neuroscience*, **9**, 1337-1343.

Schütz-Bosbach, S., Tausche, P. & Weiss, C. (2009). Roughness perception during the rubber hand illusion. *Brain and Cognition*, **70**, 136-144.

Shallice, T. (1982). Specific impairments of planning. *Philosophical Transaction of the Royal Society B: Biological Science*, **298**, 199-209.

Shimada, S., Fukuda, K., & Hiraki, K. (2009). Rubber hand illusion under delayed visual feedback. *PLoS One*, **4**, e6185.

Shimada, S., Suzuki, T., Yoda, N. & Hayashi, T. (2014). Relationship between sensitivity to visuotactile temporal discrepancy and the rubber hand illusion. *Neuroscience Research*, **85**, 33-38.

Slater, M., Perez-Marcos, D., Ehrsson, H., & Sanchez-Vives, M. V. (2009). Inducing illusory ownership of a virtual body. *Frontiers in Human Neuroscience*, **3**, 214-220.

Slater, M., Spanlang, B., Sanchez-Vives, M. V. & Blanke, O. (2010). First person experience of body transfer in virtual reality. *PLoS ONE*, **5**, e10564.

Stein, B. E., & Stanford, T. R. (2008). Multisensory integration: current issues from the perspective of the single neuron. *Nature Reviews. Neuroscience*, **9**, 255-266.

Taylor-Clarke, M., Kennett, S., & Haggard, P. (2002). Vision modulates somatosensory cortical processing. *Current Biology*, **12**, 233-236.

Tipper, S. P., Lloyd, D., Shorland, B., Dancer, C., Howard, L. A., & McGlone, F. (1998). Vision influences tactile perception without proprioceptive orienting. *Neuroreport*, **9**, 1741-1744.

Tsakiris, M. (2009). My body in the brain: a neurocognitive model of body-ownership. *Neuropsychologia*, **48**, 703-712.

Tsakiris, M., Carpenter, L., James, D., & Fotopoulou, A. (2010). Hands only illusion: multisensory integration elicits sense of ownership for body parts but not for non-corporeal objects. *Experimental Brain Research*, **204**, 343-352.

Tsakiris, M., & Haggard, P. (2005). The rubber hand illusion revisited: visuotactile integration and self-attribution. Journal of Experimental Psychology. *Human Perception and Performance*, **31**, 80-91.

Tsakiris, M., Hesse, M. D., Boy, C., Haggard, P., & Fink, G. R. (2007). Neural signatures of body ownership: a sensory network for bodily self-consciousness. *Cerebral Cortex*, **17**, 2235-2244.

Vallar, G. & Ronchi, R. (2009). Somatoparaphrenia: a body delusion. A review of the neuropsychological literature. *Experimental Brain Research*, **192**, 533-551.

van der Hoort, B., Guterstam, A., & Ehrsson, H. H. (2011). Being barbie: the size of one's own body determines the perceived size of the world. *PLoS ONE*, **6**, e20195.

van Stralen, H. E., van Zandvoort, M. J. E., Kappelle, L. J., & Dijkerman, H. C. (2013). The rubber hand illusion in a patient with hand disownership. *Perception*, **42**, 991-993.

Woods, T. M., & Recanzone, G. H. (2004). Cross-modal interactions evidenced by ventriloquism effect in humans and monkeys. In G. Calvert, C. Spence, & B. E. Stein (Eds.), *The handbook of multisensory processes* (pp. 35-48). Cambridge, MA: MIT Press.

Yee, N. & Bailenson, J. N. (2007). The proteus effect: the effect of transformed self-representation on behavior. *Human Communication Research*, **33**, 271-290.

横澤一彦 (2017). つじつまを合わせたがる脳　岩波書店

Zopf, R., Savage, G., & Williams, M. (2010). Crossmodal congruency measures of lateral distance effects on the rubber hand illusion. *Neuropsychologia*, **48**, 713-725.

索　引

執筆者紹介

横澤一彦（よこさわ かずひこ）第2章，第5章，シリーズ監修
東京工業大学大学院総合理工学研究科修了。工学博士（東京工業大学）。
ATR 視聴覚機構研究所主任研究員，東京大学生産技術研究所客員助教授，
南カリフォルニア大学客員研究員，NTT 基礎研究所主幹研究員，カリフォ
ルニア大学バークレイ校客員研究員などを経て，現在は東京大学大学院人文
社会系研究科教授。著書に『視覚科学』（2010，勁草書房）。

積山　薫（せきやま かおる）第1章，第4章
大阪市立大学大学院文学研究科博士課程心理学専攻修了。博士（文学）。金
沢大学文学部助手，公立はこだて未来大学教授，熊本大学文学部教授を経て，
現在は京都大学大学院総合生存学館教授。著書に『身体表象と空間認知』
（1997，ナカニシヤ出版），『視聴覚融合の科学』（共著，2014，コロナ社）。

西村聡生（にしむら あきお）第2章，第3章
東京大学大学院人文社会系研究科心理学専門分野博士課程単位取得後退学。
博士（心理学）。東北大学産学官連携研究員，日本学術振興会特別研究員等
を経て，現在は安田女子大学心理学部准教授。

シリーズ統合的認知3
身体と空間の表象 行動への統合

2020 年 4 月 20 日　第 1 版第 1 刷発行

著　者　　横澤一彦
　　　　　積山　薫
　　　　　西村聡生

発行者　　井村寿人

発行所　　株式会社　勁草書房

112-0005 東京都文京区水道2-1-1　振替　00150-2-175253
（編集）電話 03-3815-5277／FAX 03-3814-6968
（営業）電話 03-3814-6861／FAX 03-3814-6854
本文組版 プログレス・日本フィニッシュ・松岳社

シリーズ統合的認知

監修　横澤一彦

　五感と呼ばれる知覚情報処理過程によって，われわれは周囲環境もしくは外的世界についての豊富で詳細な特徴情報を得ることができる。このような，独立した各感覚器官による特徴抽出を踏まえて，様々な特徴や感覚を結び付ける過程がわれわれの行動にとって最も重要である。しかし，認知過程を解明するうえで，旧来の脳科学や神経生理学で取組まれている要素還元的な脳機能の理解には限界があり，認知心理学的もしくは認知科学的なアプローチによって，人間の行動を統合的に理解することが必要である。本シリーズでは6つの研究テーマを対象に，それぞれの分野の最先端で活躍する研究者たちが執筆している。各分野に興味を持つ認知心理学や認知科学専攻の大学院生や研究者のための必携の手引書として利用されることを願っている。

―――――――――――――――――――――――――――――勁草書房

＊表示価格は2020年4月現在。消費税は含まれておりません。